Walter Kohan

Uma viagem de sonhos impossíveis

autêntica

Copyright © 2022 Walter Kohan

Todos os direitos reservados pela Autêntica Editora Ltda. Nenhuma parte desta publicação poderá ser reproduzida, seja por meios mecânicos, eletrônicos, seja via cópia xerográfica, sem a autorização prévia da Editora.

EDITORAS RESPONSÁVEIS
Rejane Dias
Cecília Martins

CAPA
Diogo Droschi
(Sobre imagem de Daniel Gaivota Contage)

REVISÃO
Aline Sobreira

DIAGRAMAÇÃO
Waldênia Alvarenga

Ilustrações das páginas 7, 8, 64 e 66: *Daniel Gaivota Contage.*
Imagem da orelha e da página 2: *Foto do autor sobre presente de Jéssica Villiana da Silva.*

Dados Internacionais de Catalogação na Publicação (CIP)
Câmara Brasileira do Livro, SP, Brasil

Uma viagem de sonhos impossíveis / [organização] Walter Kohan. -- Belo Horizonte, MG : Autêntica Editora, 2022. -- (Educação: experiência e sentido.)

Vários autores.
Bibliografia.
ISBN 978-65-5928-232-6

1. Educação - Finalidade e objetivos 2. Filosofia 3. Políticas educacionais 4. Políticas públicas 5. Políticas sociais I. Kohan, Walter. II. Série.

22-130424   CDD-306.43

Índices para catálogo sistemático:
1. Educação e sociedade : Sociologia educacional 306.43

Eliete Marques da Silva - Bibliotecária - CRB-8/9380

Belo Horizonte
Rua Carlos Turner, 420
Silveira . 31140-520
Belo Horizonte . MG
Tel.: (55 31) 3465 4500

São Paulo
Av. Paulista, 2.073, Conjunto Nacional
Horsa I . Sala 309 . Cerqueira César
01311-940 . São Paulo . SP
Tel.: (55 11) 3034 4468

www.grupoautentica.com.br
SAC: atendimentoleitor@grupoautentica.com.br

9   Apresentação
Conversa com Fátima Dowbor Freire

29   **Primeiras palavras: viajar de novo**

45   **Augúrios nefianos**

49   **Cidades**

51   **Fotografias**

65   **A viagem contada pelos anfitriões**
(inclusive eu)

Juliana Paoliello Sánchez Lobos (Serra, ES) (p. 81); Ana Paula da Rocha Silvares (São Mateus, ES) (p. 89); Fátima Freire (Rio de Contas, BA) (p. 106); Cândida Alves (Serra Grande, BA) (p. 106); Sintia Paula dos Santos Carvalho (Santo Amaro, BA) (p. 107); Angelicris Raiane Santos da Silva (Santo Amaro, BA) (p. 109); Ana Rita Ferraz (Feira de Santana, Salvador, BA) (p. 109); Adriana Jesus Santos (Barra de Jaguara, Feira de Santana, BA) (p. 116); Professoras e funcionárias da Escola Municipal de Santana (Ilha da Maré, BA) (p. 118); Christian Lindberg (Aracaju, SE) (p. 119); Cleriston Izidro dos Anjos (Maceió, AL) (p. 121); Ericka Marcelle Barbosa de Oliveira (Maceió, AL) (p. 126); Suzana Marcolino, Francisco Marcolino Machini (Maceió, AL) (p. 133); Eleuza Juvita de Lima (Terra Indígena Wassu-Cocal, AL) (p. 135); André Ferreira (Recife, PE) (p. 136); Maria Aparecida Vieira de Melo (Recife, PE) (p. 143); Flávio Brayner (Recife, PE) (p. 146); Reginaldo José da Silva (Recife, PE) (p. 147); Conceição G. Nóbrega L. de Salles, Adma Soares Bezerra, Vanessa Galindo Alves de Melo, Saulo Feitosa Ferreira, Fernanda Maria Santos Albuquerque, Maria Letícia da Silva, Vannessa Rebeca S. Aquilino Gomes, Anna Líssia da Silva, Jéssica Villiana da Silva, Joane Santos do Nascimento, José Jardel Silva Mergulhão, Juliana Silva Almeida, Fernanda Santos da Cruz, Nádia Priscila de Lima Carvalho, Maria Luanara Barros e Silva, Thiago Gonçalves Silva, Nathália Batista de Andrade (Caruru, PE) (p. 150); Ana Claudia Xavier da Silva (Camaragibe, PE) (p. 155); Monica Valença Nery (Camaragibe, PE) (p. 155); Paulo Benício Vicente (Mamanguape, PB) (p. 157); Fabrícia Montenegro (Bananeiras, PB) (p. 158); Gabriel de Medeiros Lima (Bananeiras, PB) (p. 161); Denis Silva Castro (Senador Georgino Avelino, RN) (p. 163);

Adeilza Gomes da Silva Bezerra (Natal, RN) (p. 166); Carlineide Almeida (Angicos, RN) (p. 168); Maria Eneide de Araújo Melo (Angicos, RN) (p. 173); Paulo Alves (Angicos, RN) (p. 174); Maria Reilta Dantas Cirino (Caicó, RN) (p. 175); Maria Aparecida Vieira Diógenes (Pau dos Ferros, RN) (p. 184); Emanuela Carla Medeiros de Queiros (Mossoró, RN) (p. 186); Shirlene Santos Mafra Medeiros, Maria Reilta Dantas Cirino (Caicó, RN), Nereida Maria Santos Mafra de Benedictis (Vitória da Conquista, BA) (p. 188); Mari Cecília Silvestre da Silva, Claudia Robéria da Silva (Icapuí, CE) (p. 203); Meirilene, Ana Frota, Rebeka, Nice, Cristina, Bernadete, Luciane, Alexandre, Janice, Leandro, Carol, Janaína, Karen, Rosalina e "JOREEEEEL" (Fortaleza, CE) (p. 209); Ana Maria Frota (Fortaleza, CE) (p. 211); Antônio Vladimir Félix-Silva (Parnaíba, PI) (p. 214); Guilherme Prado (Parnaíba, PI) (p. 215); Maria Verônica Almeida Caetano (Parnaíba, PI) (p. 218); Rosilda Diniz Sousa (Barreirinhas, MA) (p. 219); Joberval Carvalho Bertoldo (São Luís, MA) (p. 220); Alexsandro de Jesus Ferreira Pereira (São Luís, MA) (p. 222); Cátia de Oliveira do Carmo Moraes (São Luís, MA) (p. 222); Monica Rodrigues (São Luís, MA) (p. 223); Paloma Sá (São Luís, MA) (p. 224); Shara Jane Holanda Costa Adad (Teresina, PI) (p. 226); Pablo Andrey da Silva Santana, Ana Celia Carvalho Ferreira (Teresina, PI) (p. 228); Maria Dulcinea da Silva Loureiro (Crato, CE) (p. 230); Itamar Soares Oliveira (São Raimundo Nonato, PI) (p. 235); Josemar Martins Pinzoh (Juazeiro, BA) (p. 236); Aldenisse de Souza (Juazeiro, BA) (p. 239); Lusan Paiva (Juazeiro, BA) (p. 240); Evelucia Borges de Almeida (Juazeiro, BA) (p. 242); Maisa Antunes (Juazeiro, BA) (p. 243); Juracy Marques (Salve as Serras, Bonfim, BA) (p. 246); Ilze Braga (Petrolina, PE) (p. 246); Luis Osete (Petrolina, PE) (p. 247); José Bezerra da Silva (Palanqueta, Igaci, AL) (p. 251); Gislene Moreira Gomes (Povoado de São João, BA) (p. 255); Irene de Souza Nunes (Guajeru, BA) (p. 256); Iraci Souza Nunes Marques (Guajeru, BA) (p. 258); Maria de Fátima Sousa Nunes e Silva (Guajeru, BA) (p. 259); Luiz Artur dos Santos Cestari (Vitória da Conquista, BA) (p. 261); Priscila da Silva Rodrigues (Vitória da Conquista, BA) (p. 269); Ana Paula da Rocha Silvares (São Mateus, ES) (p. 271); Fúlvio Barreira (São Mateus, ES) (p. 272).

275 **Aprendizados de uma viagem sonhada**

308 **Referências**

o Brasil profundo, da essência, agradece a dádiva da vida; ele é genuíno e é esse Brasil que você está percebendo; é um povo agradecido, que reconhece o valor da vida...

Madalena Freire

S

APRESENTAÇÃO

Conversa com Fátima Dowbor Freire[1]

A conversa a seguir teve lugar em 4 de outubro de 2021, enquanto Fátima estava em Rio de Contas, BA, e eu, em Mamanguape, PB. Foi um dia curioso, pois, por algumas horas durante essa tarde, as redes sociais caíram, e houve muita incerteza sobre realizar ou não o lançamento. Decidimos mantê-lo. A conversa foi transmitida pelo canal no YouTube do NEFI/UERJ, e eis as palavras-presentes da Fátima.

Walter: Boa noite! Muito bem-vindas, muito bem-vindos! É para nós uma alegria imensa, extraordinária, incomensurável estarmos aqui reunidos num dia em que muitas pessoas ficaram meio sem chão... que é algo para se pensar muito, como é que nós estivemos tão afetados hoje simplesmente porque caíram algumas redes sociais. Algumas pessoas pensaram que estávamos ultra, megacomunicados, e resulta muito interessante perceber que não estávamos tão comunicados assim, e apenas porque algumas redes sociais saíram do ar... mas a gente não desiste nunca, nós do NEFI temos uma premissa de "sempre tentarmos mais uma vez!", e tentamos fazer o lançamento, porque hoje temos uma dessas presenças que a gente quer aproveitar muito e não quer perder nada e esperamos que seja a primeira de muitas...

Hoje temos a Fátima, a Fátima está aqui conosco, ela tem dois sobrenomes, um sobrenome que é o dela e outro que ela recebeu, Freire,

---

[1] A conversa-lançamento do livro *Paulo Freire: 100 anos de um menino* foi transmitida pelo canal do NEFI/UERJ no YouTube: https://bit.ly/3UsLyAq. Transcrição: Ocimar Máximo.

eu vou apresentar ela como a Fátima, e a Fátima vai apresentar o livro *Paulo Freire: um menino de 100 anos*...

Fátima: É uma responsabilidade muito grande, já que tu dizes que eu vou ter que apresentar teu livro... Acho que eu farei outra coisa: vou devolver o que eu entendi [risos].

Walter: É, está certo... Apresentar é muito forte, vamos começar de novo... Fátima está aqui para compartilhar os efeitos da leitura de um livrinho e o que esse livrinho provocou nela.

Fátima: Melhor, muito melhor!

Walter: Ah, ótimo! [Risos] Acolhemos e recebemos todo mundo. Vamos começar, Fátima, vai ser uma conversa... Afinal, estamos aqui para comemorar um livro que nasce, e quando nasce um livro é sempre uma oportunidade de novas ideias, de novos pensamentos, é uma infância, é um começo e quem sabe aonde nos levam os começos... Então é com muita alegria, Fátima, que queremos ouvir o começo que te provocou o livro.

Fátima: [Risos] Olá, posso começar?

Walter: Claro, ou será que começamos já? [Risos]

Fátima: Claro, primeiro quero dar boa noite a todo mundo! E óbvio, né, Walter... Não dá para começar a falar sem agradecer ao teu convite. É gozado, porque é um agradecimento que vem embrulhado totalmente em alegria e gratidão! Alegria, por que alegria? Porque é mais uma chance para eu poder devolver, poder trocar meus sentimentos, minhas compreensões de um livro sobre o meu pai... e gratidão, porque, sei lá, poderia ser qualquer um, por que diabos fui eu? [Risos] Então eu agradeço!

Walter: Você acha que pode ser qualquer um?

Fátima: Repare, se for uma apresentação discursiva, qualquer intelectual pode fazer, porque o cara não é bocó, ele sabe fazer a resenha de um livro... Imagine um professor universitário não saber fazer a resenha de um livro, poxa... Mas enfim, o que eu queria iniciar falando, repare... Antes de começar a falar, eu me pergunto de que raio de lugar estou falando, gosto de fazer essa pergunta para mim mesma e às vezes me dá medo de fazer. Porque às vezes você pode descobrir coisas que dão medo de saber... Considero que nessa devolução, nessa conversa de hoje, eu te diria que posso estar a falar de dois lugares, e seguramente não vou conseguir separá-los, eu misturo, eu vou misturar!

E que lugares poderiam ser esses... O primeiro é o lugar de uma amiga que leu o livro de um amigo e gostou muito... E por que gostou muito? Simplesmente porque ela foi atravessada pelo conteúdo do livro, pela sensibilidade do livro... Mas é óbvio que foi mais que isso! O outro lugar é o lugar de filha do meu pai... no sentido de filha do meu pai e de leitura de tantos outros livros, que tu deves imaginar a quantidade de livros que eu já li do meu pai!

Mas aí o que eu acho mais interessante, o que eu descobri no teu livro (é só estar atenta que a gente faz descobertas), dentre tantos outros que eu li sobre o meu pai, ele se diferencia... Aí, se tu me perguntasse em que ele se diferencia, eu te diria que a maioria dos livros que eu já li de paizinho... e olha que eu sou uma engolidora de livros, eu engulo livros... porque amo ler, é uma paixão para mim... e a diferença da maioria dos livros que eu já li sobre meu pai, o teu livro é realmente um livro de meu pai, e não sobre meu pai... Repare, porque faço uma distinção sobre o que pode ser "falar de" e "falar sobre": acho que são dois lugares distintos. Para falar de tenho que ter intimidade, tenho que me envolver com uma certa intimidade com o conteúdo que eu estou a falar, senão não funciona... quando a gente está falando sobre, está muito mais discursando sobre o conteúdo, discursando e opinando, do que se posicionando sobre o conteúdo, aí tem uma distinção muito grande para mim, e é interessante que talvez por isso seja tão difícil para a maioria de nós nos posicionarmos, porque o posicionamento por sua vez requer intimidade. Requer intimidade consigo próprio.

Então, quero saber por que a maioria das pessoas opinam mais do que se posicionam; respondendo a mim mesma, sem nenhum medo de estar errada, consigo dizer que é muito mais fácil emitir opiniões do que emitir posicionamentos, porque nós fugimos de nós mesmos, como o diabo foge da cruz, a gente morre de medo de estar com a gente. Se a gente perguntasse quantos de nós temos intimidade conosco, eu estico a minha cancela, caio dura [risos]... Não somos muitos, porque não fomos educados para isso. Então, essa é uma das grandes diferenças do seu livro... Não sei se vou exagerar, mas... poderia ser um bom motivo para que aquelas pessoas que gostam do Freire, aquelas pessoas que realmente querem entender melhor o Freire, que leiam o teu livro, Walter! É interessante, porque uma coisa que me chamou a atenção logo na entrada são os agradecimentos que tu fazes, e, por via de regra, quando escrevemos um livro, a gente sempre agradece as pessoas mais importantes que contribuíram para o "parimento" do livro. Tu não imaginas a minha alegria e a boniteza da descoberta (acho que é na segunda ou terceira página, não me recordo), tu fazes uma dedicatória a um povo... e não é qualquer povo, ou seja, óbvio que cada povo é um povo, cada povo é importante justamente porque é um povo. Mas achei isso interessante, no mínimo, pelo menos nunca vi, pode ser que eu esteja desatenta... Achei, assim, de uma boniteza, de uma sensibilidade, que tu tenhas feito esse agradecimento. E tu ainda achou pouco e "adjetivou" o povo... dócil e generoso, povo doce... não lembro... E, como boa nordestina, vou para a cova me orgulhando por ser nordestina. Mas o que me chamou a atenção não é o fato de eu ser nordestina, mas a generosidade de ter feito uma dedicatória a um povo!

Walter: A dedicatória diz: "À doçura e à gentileza do povo nordestino"... Ela foi-me inspirada por uma colega da UERJ, também nordestina, Conceição Seixas.
Fátima: Doçura e gentiliza que são verdadeiras, né? É interessante que, se você pega o adjetivo "dócil", é faca de dois gumes, porque é uma docilidade generosa, mas é uma docilidade também que veio do colonialismo, de a gente não reagir, de ser dócil, no mau sentido da palavra.

Walter: Mas, Fátima, não é dócil, é doçura [risos]... Eu não sei se tem doçura de doce, *dulce*, em castelhano [risos].
Fátima: Aaah, melhor ainda, retiro! Tu vês, uma das coisas boas nessa pandemia é que mesmo nessas interações a gente pode ter devolutivas ao vivo, estás a perceber? É de uma importância brutal, né? Porque depende da pessoa, tem pessoas que não se deixam e não aceitam! Fantástico!!! Doçura... Agora, tu sabes? Outra coisa que me chamou muito a atenção... Repare, eu em todo o meu percurso de tentar ser educadora invento muita coisa e eu brinco muito comigo. Uma das minhas curiosidades enormes e com a qual eu brinco, dependendo de onde eu esteja e com quem eu esteja, é de me perguntar: qual é o fio vermelho que estrutura as coisas,

os objetos, o mundo, as pessoas, as situações, qual é o fio vermelho que costura tudo isso, que dá vida a tudo isso? Estás a perceber?

E você poderia perguntar: "Mas por que diabos a cor vermelha? Por que não poderia ser um azul, um verde, um amarelo, um lilás... (eu adoro lilás...)".

Aí eu te diria: "Não, tem que ser vermelha!".

Aí tu poderia me perguntar: "Por que tem que ser vermelha?".

Duas razões: primeiro, o vermelho, para mim, é uma cor que me possui [risos]... me possui e me povoa ao mesmo tempo, porque ela me remete à vida, ao sangue que corre nas veias, estás a perceber? A gente vai ficando velho e vai tendo umas sacadas geniais da infância da gente, coisas que tinham passado despercebidas, mas ainda muito fortes no corpo... Eu fui associar que no Nordeste (não sei se tu sabes, talvez tu já saibas) o vermelho é de encarnado. Mas, repare, se tu atentas para a palavra "encarnado", é de uma força, é de uma significância que não dá para não ser atravessado por ela, não dá, não dá, não!!! E aí, quando eu estava lendo teu livro, eu fui juntando as pontas, sabe a lembrança que me deu? Eu não sei se tu também conheces disso, eu não me lembro bem, mas acho que é em dezembro que tem as danças de pastoril no Nordeste, eu era do encarnado, porque tinha o azul e o encarnado, dos blocos, né? Eu era dos encarnados já desde pequena. E me atentando a essa palavra, o toque (é, eu acho que é toque, cada um tem a sua sensibilidade, certo?), mas eu diria que uma pessoa que seja minimamente sensível, ao ler o danado do teu livro, seguramente vai perceber a quantidade de carne encarnada que o estrutura... Então, isso foi mais um dos aspectos que mexeram extremamente comigo, é muito bom ler, é uma coisa belíssima... Porque a gente vai construindo intimidade com o diabo da pessoa que escreve, a gente vai conversando, né? E é gozado, porque de novo me vem a sensação do engolimento, eu te engoli! (lógico, porque foi tu que escreveu!), e, nessa "engolição", a riqueza de trocas e de diálogos, imaginários, não imaginários, fictícios, não interessa. O que interessa é a possibilidade de dialogar, estás a perceber? Eu me deleitei, me deleitei!

Outra coisa (com essa eu fiquei assustada)... A leitura do teu livro... como é que eu te trago isso? Repare, ler, para mim, é se emocionar, estás a perceber? É se emocionar por se permitir ser atravessada pelo que tu lês! Foi muito divertido, tinha trechos em que eu parava e a minha emoção era tamanha que eu tinha que parar de ler, eu tinha que não fazer nada, nem pensar, nem nada. Ia para o quintal, andava... me dizia: "O que é que está acontecendo, Maria de Fátima?!", é uma sensação similar à que você sente, ressente (no bom sentido mesmo, o ressentido que ressente aquilo de novo) quando lê o livro do seu pai, então, foi muito interessante para mim.

O livro me tocou soberanamente, porque esticou no meu corpo um tipo de emoção que eu tive que educar, senão eu não continuava a ler, e foi muito interessante (óbvio, tudo isso ao mesmo tempo, no simultâneo) o corpo irrequieto, sentindo, se adentrando nessas emoções todas e tendo que tomar distância de si próprio e se acalmar, não é? E se acalmar para quê? Para continuar a ler... E continuar a ler por quê? De que forma? Com o meu corpo-coração e o meu corpo-cabeça! Porque faço uma distinção em relação a isso. Eu considero que a maioria de nós (o que é uma tristeza muito grande) separamos o coração da cabeça... e do resto do corpo, óbvio.

Mas essa arte do corpo, para mim, enquanto educadora, é de uma importância tão grande, mas tão grande, que brinco de novo comigo mesma, estás a perceber? Trouxe essa fala há muitos anos em Toronto, as pessoas se espantaram muito, mas depois entenderam e acharam interessante... Eu dizia assim: quando percebo que estou conhecendo só com a minha cabeça, eu pego esse conhecimento, eu sacolejo, sacolejo no meu coração antes de pôr para fora do corpo.

Foi uma forma que eu tive de descobrir, e que me acalmou profundamente, porque descobri que meu coração e minha cabeça estão casados... E isso, para quem educa, acho que é muito bom, mas exige um trampo enorme, né? Estou constantemente educando e reeducando as minhas emoções, justamente porque você não controla os seus sentimentos... mas você pode educá-los. Eu posso tomar distância deles e me perguntar por que eu estou sentindo aquilo que estou sentindo. E aí, é interessante, porque, à medida que tu percebes como brincadeira a tua forma de estar contigo próprio e com os outros, é fantástico como isso te ajuda a tu não te misturar com o outro... Porque a emoção desgovernada ou deseducada faz com que tu percas o teu lugar de ocupante, na minha compreensão... Então, esse, para mim, também foi um dos motivos de gratidão profunda por ti. Eu imagino que quem vai te ler, seguramente (óbvio, as descobertas não serão as mesmas, serão outras), não é possível que não beire essa compreensão... Não sei se eu estou falando muito, a outra coisa que eu queria te dizer...

Walter: Estás falando pouco, queremos mais... É tão encantadora a tua palavra que não quero te interromper, quero que tu fales mais.

Fátima: Tudo bem, então, já que tu estás a falar isso, eu vou pegar essa deixa, não de fala encantadora, mas de fala cheia... Quando eu encontro pessoas que não conheço ou quando vou dar formação, não abro logo o jogo, porque tu sabes que tu tens que criar ao menos uns espaços, uma certa intimidade, para dizer algumas coisas, né? Quando não existe o tempo hábil de criar esses espaços, eu vou no corpo da pessoa e digo: "Minha filha, eu estou vendo algumas coisas, eu posso lhe dizer?", então essa é uma das minhas maiores curiosidades, eu mapeio aqueles corpos que têm ou que possuem falas cheias.

Walter: E o que é uma fala cheia?

Fátima: Para descobrir quem tem fala cheia, fico de olho, de butuca, naquela sala, posso testar que corpos são os que estão a falar cheios, com falas cheias!!! Tu tens uma fala cheia!!! Ou seja, eu conheço muito mais a tua escrita, eu te conheço muito pouco, na verdade... Eu imagino uma tonelada do que tu és, mas não te conheço ao mesmo tempo. Eu só estou a falar que tu tens uma fala cheia, porque eu estou entrando pelo viés da tua escrita, que é cheia, e quem tem escrita cheia, forçosamente, na maioria dos casos, também tem fala cheia... e aí, como diriam os grandes educadores, o grande desafio é a gente localizar no simultâneo, fala cheia e escrita cheia. Meu pai era um homem que tinha fala cheia e escrita cheia, estás a perceber? Esses são os imprescindíveis, esses são os mais importantes, porque... o que é uma fala cheia? Uma fala cheia... eu inventei esse nome para poder me entender em todo o meu percurso... O que poderia ser uma fala cheia? Uma fala cheia é uma fala capaz de atravessar o corpo do outro e, às vezes, é tão perigosa também que pode romper o corpo do outro, e não só atravessar, e é por isso que é perigosa e exige muita responsabilidade... quando tu falas com o outro ou quando tu falas para o outro, consegues captar?

Walter: É mais ou menos como o "sobre" e o "de" de antes...

Fátima: Tem uma distinção entre essas duas falas, né? Uma fala vazia, ela é tão vazia de significância, de vivência, que ela roça o corpo, ela não atravessa o corpo, não consegue, não chega lá, então ela não estrutura.

Por isso, ser educador é barra-pesada, ainda mais para aqueles que estão indo contra a maré, como nós. O nosso instrumento pedagógico, um dos mais fortes e violentos, é a nossa fala, e quem fala em fala fala em discurso, quem fala em discurso fala em palavra, quem fala em palavra… O discurso estrutura o corpo da gente, mexe com o corpo da gente! Um dos trabalhos internos que eu faço, de maior intensidade, é descolar do meu corpo falas que não são minhas, porque estão tão grudadas que eu chego ao ponto de achar que são minhas… mas não são.

Então, essa coisa de falar cheio é muito forte. Voltando lá para trás, para a coisa da fala para o outro e da fala com o outro, o paizinho nunca disse isso de uma forma clara, mas ele é ele, e eu sou eu. Para mim, o que eu vivi com ele de aprendizado, de dialogar… eu cheguei à conclusão de que na compreensão do diálogo, ele se constitui justamente em duas falas, em dois tipos de fala, que é a fala para e a fala com. Agora, aí as coisas se embaralham, porque essas falas mudam e têm outro significado, dependendo da situação de igualdade em que tu estás ou não com o teu educando, com a tua sala de aula. Tu sabes que eu percebo, nos meus cursos de formação, é incrível que a gente tenha a mania, não acho que seja só aqui no Brasil (quero crer que não), de juntar o que a gente tem que separar e de separar o que a gente tem que juntar… Então, isso é um problema para mim. Por exemplo, um educador que se permite, que se autoriza a perguntar: "Em que situações então, Fátima, eu tenho que falar para e em que situações eu tenho que falar com?", é uma pergunta importante, que requer um processo reflexivo de como tu andas a ensinar e aprender… E o que eu tenho percebido nas escolas e nos depoimentos de professores, nas assessorias, é que a gente inverte: a gente está dentro de sala de aula "falando para", quando a gente poderia estar "falando com"… e a gente está "falando com" quando nós deveríamos "falar para"… E isso me preocupa enormemente, porque, se eu acredito que o discurso estrutura, pois bem, eu estou a desestruturar o corpo do bichinho, estou desorganizando as ações dele, o corpo dele, e aí não tem como! Como eu estudei muito Piaget, que é um cara que eu gosto, eu fui privilegiada, porque eu tive o paizinho explicando em casa e eu tinha lá o Piaget em Genebra. Aí me apoio muito na compreensão e na concepção piagetiana, quando ele diz que o pensar é a ação internalizada também. Então, se as minhas ações estão desorganizadas, o meu pensamento também estará desorganizado, imagino eu… Estás a perceber?

Enfim... estou me perguntando, eu aqui e agora, o que mais eu posso dizer sobre o teu livro, eu acho que já, antes de tudo, eu acho que você foi de uma felicidade arretada... não só na escolha do título desse livro, mas na escolha do título do teu livro anterior também! Tu foste muito feliz, na minha compreensão, é um título que realmente chama muito a atenção, me baixou uma pergunta meio cretina, sabe [risos]... Tu deste o título antes ou depois da escrita?

Walter: Ah, sim, foi depois, só no finalzinho, e até duvidamos se seria *Paulo Freire: um menino de 100 anos* ou *Paulo Freire: 100 anos de um menino*, mas, sim, foi depois! E também procuramos um título para chamar a atenção, porque penso que o título procura provocar, tu deves ter percebido obviamente isso, porque aparentemente é uma contradição... Porque as pessoas mais próximas de uma lógica formal diriam: "Ou tu és um menino ou tu tens 100 anos", mas não pode ser as duas coisas, pareceria ter uma confusão, pelo menos isso poderia parecer numa primeira leitura [risos]...
Fátima: Foi por isso que te perguntei, não foi uma pergunta de pegadinha [risos], foi uma pergunta de querer escutar a confirmação única mesmo, é dessas perguntas que a gente sabe a resposta, mas quer a confirmação, visto que não foi a gente que protagonizou... Por que eu te digo isso? Não dá para não acreditar ou imaginar que possa ter sido diferente, mesmo quando eu não sabia da tua fala agora, do teu posicionamento, é pela estrutura, pelo encaminhamento e pela forma como tu trazes cada capítulo, entrelaça, costura, alinhava e desalinhava, não daria para ter esse título antes, a não ser que tu fosses gênio.

Walter: Não sou não [risos], com certeza não sou desses.
Fátima: Agora, se tu queres saber das coisas pelas quais eu mais te agradeço por ter me possibilitado a leitura do teu livro... é que tu não imaginas a avalanche que provocou, no meu corpo, de perguntas!!! Aí me senti tão desvairada, tão enlouquecida que eu só pude me jogar a escrever... Eu não escrevo antes para ler depois, sou muito preconceituosa, creio que são imagens que a gente põe no corpo e às vezes tem dificuldades de desmantelar, porque, repare, a imagem que eu tenho de mim mesma, das minhas falas, é que eu sou uma criatura que fala muito mais durante e depois, mas não antes... e eu levei muitos anos para aceitar isso, e eu ainda me dizia

irresponsável, porque todas as palestras a que me convidavam no exterior e até aqui mesmo dentro do Brasil... eu me sentia tão mal internamente comigo mesma, porque não escrevia antes o que ia falar, e as poucas vezes que eu escrevia antes para poder carregar a responsabilidade de ser filha do meu pai, de sair pelo mundo fazendo as coisas, eu não dizia nunca o que eu tinha escrito antes, no durante eu não correspondia em nada ao antes, o que aconteceu foi que eu parei de me achar irresponsável, fiquei feliz pela minha descoberta e aqui nesse caso é igual, não consegui escrever algo para ler aqui... Quero dizer, toda a escrita que se desencadeou no meu corpo não foi para o lançamento, foi para mim própria, porque eu não saberia falar durante...

Mas eu só estou trazendo isso para te agradecer!!! Um beijo no coração!!! Porque me abriu a possibilidade de estar descobrindo coisas em relação às quais eu estava sendo reacionária, isso para mim também é de uma gratidão profunda, por eu ter lido o teu livro...

Veja bem, essa concepção filosófica de educação com crianças que tu trazes é de uma potência violenta. Essa frase de que a infância não é uma idade, mas sim uma forma de estar no mundo... é muito forte!!! Não só isso, também uma postura filosófica tua, de pensar e de estar no mundo, que no início mexeu comigo de forma a me incomodar... A coisa de abrir sem fechar ou de iniciar sem acabar, sei lá quantas outras coisas que eu não estou me lembrando agora, entendeu? E esse conteúdo pôs meu corpo de cabeça para baixo... Por quê? Porque eu antes era uma pessoa que acreditava que só podia fechar aquilo que estivesse aberto, e só podia abrir aquilo que estivesse fechado e não... aquilo era de uma obviedade para mim... aí vem tu e me desmantelas, graças a deus que eu tenho a capacidade de me "mantelar" de novo, entendeu? Foi muito rico, porque ao mesmo tempo eu percebi que estava com o pensamento linear, e é contra essa forma de pensar que brigo tanto, para que os professores não a tenham... Eu estava tendo e não tendo ao mesmo tempo... Não vamos ser tão radicais, não vamos ser tão dramáticas... porque é óbvio que essa expressão minha de uma forma literal faz sentido! Tu já abriste alguma coisa que não estivesse fechada, concretamente? Outra coisa que eu percebi, você foi de uma felicidade muito grande na escolha, na forma como você arquitetou o teu livro, a forma como tu costurou todos os capítulos e com o fio encarnado, violentamente visível, isso na minha concepção deu uma vinga e uma carne ao livro que são poucos os autores que o conseguem, entende? Quando eu entrei no capítulo com Maradona, eu pensei: "Que diabos é isso, para onde esse homem viajou, está doido?", mas eu amei esse capítulo de paixão, considero que você foi de uma capacidade reflexiva de interconectar situações, sentimentos, inclusive posicionamentos políticos que talvez não sejam tão visíveis à primeira vista... eu acho, assim, diga-se de passagem, a tua postura escritural do livro inteiro, para mim foi de desvelamento no sentido de dizer de outra forma, de ir além... Então, fantástico o teu livro!!!

Agora, tu queres saber um desencontro? Não me recordo que página era, na nota de rodapé número 19, quando tu pedes desculpas às meninas, porque poderia parecer que irias encontrar apenas meninos, revolucionários e crianças... e aí, pensei, será que pelo menos procurou as meninas, ou será que simplesmente os meninos caíram na mão dele e ele catou, porque, se tivesse procurado, terias encontrado milhões delas, milhões de nós e milhões de nós faminatas, necessidades de sermos vistas e de podermos ter fala, e tu exemplificas só o menino... Mas já valeu o pedido de desculpas...

Walter: É o mínimo que eu podia fazer [risos].
Fátima: Percebi, mas o mais importante é que tu te questiones: "Por que era o mínimo e não pode ser o máximo?", não sei... acho que eu estou falando demais agora...

Walter: Tu estás falando uma fala cheia, que não é a mesma coisa que falar demais... Está fazendo uma fala que não tem tamanho, tem sensibilidade!!!
Fátima: É verdade... é o que as pessoas me dizem, Walter. Você sabe que foi uma das coisas mais bonitas que eu catei do meu pai, mais do meu pai do que da minha mãe, é essa capacidade de se enxergar sem se pôr em nenhum lugar especial. É o outro que te coloca no lugar especial. No meu processo de te ler, era tanta coisa, a avalanche era tamanha, que comecei a pensar os tópicos que naquele momento eram mais chamativos. Levantei 16, às vezes era só uma frase, uma palavra, e eu me punha a escrever sobre aquilo... Isso o paizinho trazia de uma forma muito clara e você também retoma, com a sua forma de dizer... essa relação entra a leitura e a escrita. É incrível como a leitura é interessante [risos]... porque, quando a gente está lendo, a gente está lendo muito mais do que a gente está lendo, sem se dar conta. E, quando a gente está escrevendo,

a gente está escrevendo muito mais do que a gente está escrevendo. Para mim, isso é muito forte! Por isso talvez que a escrita seja um processo de libertação! Eu me lembro de uma citação, acho que da Clarice Lispector, ela disse que levou um bom tempo para aprender que com as palavras não tem muito como… ou tu as falas, ou tu as escreves, ou elas te sufocam… tão verdadeiro, né? Se eu não escrevesse, tu terias me sufocado!!! Por isso escrever é libertar. O que foi muito gostoso, foram aquelas descobertas, que eu também não tenho vergonha nenhuma de dizer…, porque uma das definições mais bonitas que eu aprendi do que é o pensar foi com a María Zambrano, uma filosofa espanhola, figura belíssima, ela disse que pensar é sentir… é de uma boniteza terrível, e se pensar é sentir, que diabos eu estou sentindo, como eu sinto, como eu percebo o sentir do outro? O mais bonito, para mim, é quando você aprende a dialogar com a figura que escreveu o livro, não é? Quero dizer, quanto mais você exercita isso, mais você aprende a ler, quanto mais você tem algumas frases, algum texto que você vê e pensa: por que ele escreveu desse jeito, o que ele realmente está querendo dizer? Enfim… se eu não converso com quem escreveu da mesma forma como conversei contigo, do teu contexto, do teu texto com o meu contexto, a tua leitura não vai me levar para muito longe…

Seguramente não estou a falar tudo que eu gostaria de falar, mas como a gente fala muito mais do que a gente está pensando, devo ter falado sem querer o que queria dizer… Mas, enfim, para mim, foi uma alegria poder estar aqui! Eu considero que isso seja outra postura do educador, que é pela democratização, pela amorosidade, tem que exercitar profundamente, é poder estar… porque, Walter, nós não estamos mais… é *fake*, estamos fingindo, brincando que estamos, mas não estamos…

Walter: Tu falas de uma fala cheia e uma escuta cheia; tem também uma escuta cheia e uma escuta vazia?
Fátima: Total! Olha que interessante, quando se trata da escuta, tu tens uma escuta cheia, no bom sentido…, mas fundamentalmente tu tens que ter uma escuta vazia, que não é a mesma que uma fala vazia…

Walter: Claro, é o que corresponde à fala cheia…
Fátima: Isso… É aquele exercício, aquela capacidade que alguns educadores desenvolvem de escutar o que não está sendo falado, de escutar

o que não está sendo perguntado... Porque eu posso discorrer mais de um minuto sobre uma pergunta e não é aquilo que eu estou querendo perguntar, estás a perceber? E se tu que estás a me escutar não estiver atento a isso, tu vais responder o que eu não estou querendo... [risos] como é que é... você vai me responder o que eu estou perguntando mas não estou querendo saber... [risos] Deu para entender?

Walter: O que não está perguntando, é isso?

Fátima: Isso!!! Então, com o processo de escutar, é muito interessante... Eu tenho uma metáfora, é como se tu viesse envolvido em vários véus, é como se a tua pessoa tivesse vários véus, e, quando você está no processo de escuta com o outro, você tem que tirar esses véus, porque esses véus impedem que a fala do outro chegue ao teu coração... Da mesma forma como no processo de tomada de consciência, o corpo do professor e do educando também está coberto por véus, agora, a delicadeza do educador é não arrancar, tu não podes arrancar, mas o que tu podes fazer?! Se tu tens um ventilador dentro de sala de aula, ligue ele a todo vapor e o véu voa [risos]... É verdade, eu vivo isso. É gozado o quanto nós temos dificuldade de escuta, e tu sabes que a escuta é outra coisa que eu preciso de extrema intimidade comigo mesma, muita, muita intimidade comigo mesma, senão eu não consigo, e é interessante, porque é tão forte a correlação entre perguntar e escutar, porque para perguntar também eu tenho que ter uma certa intimidade com os conteúdos. Eu sempre me pergunto como aprendi a falar, como eu falo e como aprendi a falar. Normalmente a forma como eu falo foi como aprendi a falar, óbvio..., mas aí, o que varia é: tu aprendeste a falar, o teu corpo aprendeu a falar, banhado, encharcado, acariciado nas águas da escuta ou nas águas do silêncio? Porque, se o teu corpo foi banhado nas águas do silêncio, tu estás na infância cronológica, entendeu? Tu não sabes perguntar e não sabes escutar, porque tu o silencias, tu não escutaste a voz de ninguém. Então, se o meu corpo foi banhado, acariciado nas águas da escuta, sou criança até hoje.

Walter: Agora entrastes no fio vermelho de como te escuto: senti na tua fala de hoje o tempo inteiro muita infância, muita meninice, e isso é justamente o que une e atravessa a escrita do livro... Ou seja, sinto, na tua leitura, uma infantilidade muito próxima da escrita na relação com as

palavras… E tua palavra é tão extraordinariamente generosa, alegre, cheia de vida, que me emociona te sentir assim tão inspirada e inspiradora… O que mais pode querer um autor, depois de ter escrito um livro, além de alguém que o leia como tu o tens lido?! Entendes? É o máximo.
Fátima: Podes, podes querer mais, não sejas modesto, vá!

Walter: Sempre a gente quer mais, mas sinto é que a tua leitura é uma leitura muito menina, é uma leitura própria de um tempo, mais do que de uma idade, é própria de uma maneira de estar no mundo: claro, tu és uma persona de uma riqueza, com a fortuna de ter podido habitar línguas, culturas… isso te oferece uma sensibilidade menina, que é tocante, emocionante… E é, também, uma força educadora, uma potência filosófica, no sentido de que permite sonhar com outros mundos, permite abrir novos mundos, é utópica, sonhadora… amorosa, porque tu dizes coisas como se fossem as mais simples do mundo, e são coisas extraordinárias, maravilhosas, e dizes essas coisas como as diz uma criança, com a simplicidade, no bom sentido, de uma criança… com a profundidade de uma criança… sem voltas, sem vergonha, e é muito bonita essa expressão, você disse três vezes "não tenho vergonha disso", é um gesto muito inspirador para pensar o que fazemos. Também me emocionei muito que tenhas gostado de Diego e Pablo… e tu sabes que o livro, que de fato não foi pensado antes como livro, na verdade eu não escrevi um livro, planejando e pensando que ia escrever um livro, assim como ficou, o livro veio depois das escritas… Ou seja, escrevi primeiro e depois vi coisas que tinha escrito e pensei que essas coisas tinham conexão e podiam conformar um livro. Então, para mim, isso é motivo de grande alegria, que tu me digas que gostas da forma como o livro vai se estruturando… Foi algo que conversamos muito com Simone Berle, a editora, a ordem dos capítulos… Porque significa que tu leste alguma coisa que não está apenas nas palavras, que não está apenas nas ideias, nos conceitos, tu fizeste uma leitura cheia, e senti uma emoção grande em te ouvir… e uma espécie de medo…
Fátima: Medo? [Risos]

Walter: Sim, sim… No sentido de que, quando percebemos a palavra como cheia, não fica nenhum buraquinho, não há nenhum vazio. Tu sabes que eu sempre deixo as portas, janelas, tudo em casa aberto, os armários, tudo que se pode abrir eu abro, e a ideia que tu falaste agora me lembrou dessa mania... Acho que é uma espécie de loucura infantil, de querer sempre começar, ou conectar, deixar aberta a possibilidade de conexões, de nunca querer fechar ou terminar... De pensar que a vida, a educação, a filosofia, o pensamento, a amizade, o amor, enfim todas as coisas maravilhosas da vida têm a ver com começar, e é possível que às vezes tenhamos que recomeçar várias vezes... mas, quando algo está cheio, é difícil começar, porque não há lugar, porque não há espaço, porque está cheio...

Fátima: Agora pergunto: Por que diabos está cheio? Porque eu vivi tanto que em determinado momento de cheiura eu tenho que esvaziar, e é esse movimento de esvaziar que é fundamental, é fundamental!!! Eu não tenho por que ter medo de me encher; a grande pergunta é: eu estou cheia de quê?... A pergunta não é se eu estou cheia, é cheia de quê? Porque eu posso estar cheia de coisas boas ou ruins...

Walter: Mas o que eu quero dizer é que, mesmo que tu estejas cheia de muitas coisas maravilhosas, também estás cheia, e não sei se estar cheio é tão legal, mesmo de coisas muito boas... Que tal se dissermos "uma leitura que enche", em vez de "uma leitura cheia"?

Fátima: Ótimo, por isso que eu gosto de ti! Você está fazendo comigo o mesmo que foi com a coisa do fechado e do aberto, fantástico! Estou numa emoção arretada, arrepiada, de ir amanhã para Recife, tu não imaginas.

Walter: Posso imaginar [risos]. Tu sabes que antes de ontem eu estava no Recife antigo, numa manifestação, é muito impressionante essa parte da cidade... Considero-me muito sortudo! Hoje, por exemplo, estou aqui em Mamanguape, na Paraíba... Fomos mais cedo à Baía da Traição...

Fátima: Que nome!!!

Walter: Baía da Traição, nome que deram os portugueses... Os traidores seriam os indígenas, por terem se aliado aos holandeses contra os portugueses... Sem comentários, né?

Fátima: Olha que interessante...

Walter: É uma história duríssima. Estávamos em uma escola na aldeia Forte. O Nordeste é uma coisa muito forte! Para mim é difícil encontrar

palavras, é como se a cada dia fossem-nos apresentados muitos mundos de uma riqueza, de uma complexidade… Por exemplo, essa aldeia, parecia que ela estava num mundo completamente diferente de dois dias atrás, em Recife. O Nordeste é como milhares de nordestes, infinitos nordestes, e realmente, quando tu disse "alegria arretada de ir a Recife", é muita coisa, porque é ir a tua cidade, à cidade onde nasceste. Mas ao mesmo tempo é ir a uma cidade de que em certo sentido tu precisaste te distanciar também…
Fátima: Totalmente!!!

Walter: Como é a tua relação com Recife?
Fátima: Sofrida!!! Extremamente sofrida. Tanto é que… tu não sabes. Vou fechar com isso, tu não gostas de fechar, eu gosto! Foi tu e teu livro que me fizeram entrar em contato com minha infância, eu sempre me percebi infantil, criança, sempre me percebi, nunca tive dúvidas! A minha dúvida, sabe qual era e que tu fizeste movimentar? Por que diabos eu me sinto tão criança… Por que eu renego tanto de Recife no sentido de estar lá? De entrar em tudo, onde eu vivi, o que eu vivi, por onde eu andei…? Tu sabes que eu tenho a geografia de Recife inteira no meu corpo, eu fecho os olhos, Walter, e eu faço o percurso a pé da escola para a casa da minha avó, para a casa da tia… geografia totalmente engolida e internalizada! Incrível, meu! Então, eu devo a você uma dívida e eu espero algum dia pagar, se é que preciso pagar [risos]… estou indo e estou indo de coração aberto, estou indo fazer uma coisa que eu nunca fiz, que é juntar toda a família, quero dizer, eu não estou juntando, eles estão se juntando para me receber… e se isso está acontecendo é porque eu estou permitindo, coisa que eu nunca permiti… Eu ia a Recife a trabalho, sempre fui a Recife a trabalho, fazia o que eu tinha que fazer e pegava o avião e voltava… Agora eu estou indo para ficar. Então, muito obrigada!!! Gratidão profunda, profunda, viu!!!

Walter: Que bom… ótimo! Então, a gente agora tem que encontrar uma maneira de terminar sem terminar, de fechar abrindo [risos].
Fátima: Antes de terminar, deixa eu só te fazer uma pergunta? Você constantemente deixa muito claro no livro, aí às vezes acho que tem uma mistura do teu pensamento com o pensamento do meu pai que eu não vou me dar ao luxo de separar… que é, assim, essa coisa de não responder o que me perguntam, ou então de responder fazendo pergunta, aí eu te

pergunto, descaradamente, tu já pensou que pode haver situações em que eu tenha que responder fechado àquele corpo que está a me perguntar?! Eu preciso responder fechado, justamente para que ele possa…

Walter: É uma pergunta?
Fátima: Sim, é uma pergunta!

Walter: Você já sabe a resposta! [Risos]
Fátima: Não interessa, mas eu quero…

Walter: Mas Fátima, como tu faz uma pergunta que tu já sabes a resposta?
Fátima: Pois é…

Walter: Eu acho que é uma pergunta maravilhosa, porque de fato é um esforço danado, uma coisa que me enlouquece, me obseda… Isso que o teu pai diz da resposta, do perigo de, ao responder, castrar uma curiosidade…
Fátima: Eu sou contra, literalmente contra, eu sou contra o paizinho nisso…

Walter: Desculpa, eu sou a favor [risos]… Acho que tem a ver com o cheio e o não cheio, porque penso que um dos desafios principais como educador seja se manter sempre aberto a um espaço de interrogação, um espaço de pensamento, um espaço de interrogações, um espaço de incompletude. Então, não é que não possamos responder, podemos… não digo que não podemos…
Fátima: Tu disseste que não podemos [risos]…

Walter: Tu é genial, porque… tem vezes como agora que tu sabes melhor que eu o que penso, aliás, tu lês melhor que eu o que estou pensando, isso é ótimo [risos].
Fátima: Não tem nada de maravilhoso nisso, a gente é um péssimo leitor da gente.

Walter: É verdade, é quase óbvio que nós lemos muito melhor o outro do que nós mesmos…
Fátima: Imagina, por isso é que eu preciso constantemente do outro, e por isso preciso de um outro que tenha coragem de me dizer o que está

vendo, percebendo e sentindo! Entendeu? Por isso que, para mim, educar é um ato de devolução, de devolver, aí me incomoda de certa maneira quando eu te faço uma pergunta e tu foge da resposta e me faz outra pergunta!!! Eu não quero outra pergunta! [Risos]

Walter: Espera... eu estou fugindo ou eu estou te devolvendo uma outra inquietação em relação com a que tu me deste?!
Fátima: Eu digo, tu estás a fugir no sentido em que não respondes o que te pergunto...

Walter: Certo, mas eu tenho que devolver o que tu queres que te devolva, ou aquilo que eu sinto que é o melhor que eu posso te oferecer como devolução à pergunta que me faças?... Ou seja, quem ou como se determina aquilo que devemos devolver quando recebemos uma curiosidade? E claro que essa pergunta é ainda mais relevante quando estamos pisando o campo da educação...
Fátima: Não se determina, daí o grande risco de se devolver, por isso é que nós não devolvemos, nós nos borramos de medo de devolver e deixamos o outro sozinho a ver navios...

Walter: Eu sinto que sempre se devolve alguma coisa, não há possibilidade de não se devolver nada, e entendo que pode ser uma frustração não sentir a devolução como esperávamos. Mas eu sinto também...
Fátima: Mas, quando tu dizes isso, se tu não devolves, ou devolves com outra pergunta, como é que eu sei que não era a devolução que eu esperava?

Walter: Porque tu estás esperando uma resposta, então qualquer pergunta, seja a pergunta que for, te gera uma incomodidade, porque aquilo não é uma resposta, é uma pergunta, inclusive eu até poderia dizer que tu quase não dá chance à nova pergunta, porque estás incomodada com o fato de que seja uma pergunta que vem de volta, e não uma resposta.

Mas que tal se tu percebes também que qualquer pergunta é uma forma de resposta, que todas as perguntas também contêm uma resposta?... De alguma forma é impossível não devolver, não responder, muito menos quando damos uma pergunta... e uma pergunta pode até ser mal

direcionada, mal escolhida, mas quem quer acolher a pergunta e sente que pode oferecer e entregar algo em relação a uma pergunta pode sentir que o melhor que tem para oferecer é outra pergunta para que a pergunta recebida continue viva, para que essa pergunta tome algum caminho que não tomou, para que a pergunta se encontre com outra pergunta...
Fátima: Nisso estou de acordo, o que eu posso ter lido errado, não errado, mas de outra forma, é que o que pode castrar o corpo do meu aluno não é a resposta da pergunta, é a forma como eu respondo...

Walter: Também... concordo plenamente com isso, assim como pode castrar também a forma como se devolve uma pergunta... não é que uma pergunta garanta o não... Em certo sentido, uma resposta castra sempre, concordo plenamente... Só que na minha relação com as perguntas, na maneira como eu penso, sinto e tento praticar uma pedagogia menina da pergunta, me encontro assim, adoro fazer isso com perguntas e tenho dificuldades para fazer isso com respostas... É uma limitação minha, eu tenho uma limitação com a forma de responder.
Fátima: Eu não sei se é uma limitação ou é a tua forma de estar no mundo!

Walter: Creio que no caso da relação pedagógica sinto dificuldade em encontrar formas de respostas que de fato sejam como tu afirmas, ou seja, que não sejam castradoras, que sejam potencializadoras... E tem outra limitação grande, que já apontaste, e prometo que estou procurando enfrentar, de conversar com meninos e não com meninas... Inclusive aceito convites, sugestões, encontrar meninas para escrever, e certamente sei que o mundo está cheio de meninas interessadas e interessantes, faz parte de minha percepção limitada ter apenas trabalhado com meninos, e, de verdade, agradeço a ajuda...
Fátima: É interessante, né? Porque o título é a pedagogia menina da pergunta...

Então, vamos esperar, porque isso para mim é outro livro, né? Talvez tu tenhas agora a chance de localizar todas essas meninas.

Walter: E de fato estou encontrando, porque, como tu sabes, estou indo todos os dias a escolas e geralmente são meninas que encontro, tem poucos meninos de idade adulta educando nas escolas... E te agradeço muito,

Fátima, tem sido um privilégio, uma alegria, não sei, uma emoção grande, grande, te sentir dessa maneira… te sentir menina, te sentir pulsante, viva, alegra… As coisas que uma leitura tem gerado, como dizias, são coisas que qualquer escritor desejaria, me sinto completamente honrado e agradecido de ter recebido a tua leitura e só quero te agradecer e te dizer de nossa alegria, de nossa admiração, de nossos corpos vibrantes de ter te ouvido, ter te sentido, te sentir na mesma forma menina de habitar o mundo e de nos relacionarmos com a palavra, com a escuta, com a educação, com essa sensação de estarmos compartilhando uma sensibilidade mais do que qualquer outra coisa. Isso também somos, porque isso é infância, uma sensibilidade, como a filosofia, um sentimento…
Fátima: Imagina, eu que agradeço!

Walter: Simone, está por aí? Não vai falar alguma coisinha?
Simone: Não tem como falar não… depois de vocês, o que é que eu vou falar? Depois da Fátima, dessa conversa contigo e com o Paulo Freire, não sei… Acho que é sem palavras mesmo, a gente está aqui transbordando… A Fátima trouxe essa fala cheia e essa pergunta menina, né? Tu com essas perguntas meninas… a gente só sai aqui transbordando mesmo. É uma alegria poder participar do projeto, ver o livro nascer e agora estar aqui, né? Vendo o livro ganhar mundo e acho que cumprindo o seu propósito, né? Eu acho que quando a gente desejou fazer livros foi para poder sentir conversas sobre eles, e a Fátima fez isso lindamente. Muito obrigada por poder escutá-los, é um privilégio, né? Fiquei escutando a Fátima e pensando: "Gente, ela é filha do Paulo Freire e estudou com o Piaget", aqui na sala também, me peguei com o mesmo privilégio, estou escutando a filha do Paulo Freire e estudei com o Walter e participei da organização de um livro do Paulo Freire, então acho que é uma noite de festa, de honras… E como a gente brincou no prólogo, a Magda, é uma noite 100, uma noite sem palavras, enfim… muito agradecida!

Walter: Obrigado, Simone, Obrigado, Fátima! Fátima, a última palavra para terminar, tu terminas?
Fátima: Eu???

Primeiras palavras:
viajar de novo

Passaram-se apenas alguns meses desde o final da "viagem das perguntas" e ainda ela está tão presente em mim... Concordamos com o querido amigo Ricardo Sassone quando conversávamos, em Buenos Aires, sobre a viagem: ele nos lembrou que o mais difícil de uma viagem é terminá-la, terminar de viajar quando o deslocamento físico termina. Isso porque ficamos viajando ainda com a viagem já concluída, como que continuando a experienciar o tempo da viagem mesmo em terra firme. Quanto mais intensa a viagem, mais ela demora a terminar, mais difícil deixar para trás esse tempo. Nesse sentido, uma boa parte de mim ainda está no Nordeste, naquele tempo persistente de uma viagem tão extraordinária que se resiste a terminar. Quem sabe escrever seja uma forma de se despedir, e a minha necessidade presente de escrever a viagem seja uma forma de aceitar que está na hora desta viagem terminar, para, quem sabe, poderem começar outras.

Na minha lembrança, no início e no fim aparecem nitidamente as imagens da partida e da chegada com Milena, a minha filha mais nova, a única das três que estava no Rio de Janeiro nesse momento inaugural e de aparente clausura. As sensações me atravessam em diversos sentidos: sinto igualmente as alegrias distintas e semelhantes da partida e do retorno, da despedida e do reencontro. No meio delas, uma viagem que se passou como uma dessas experiências transformadoras que nos sacodem, alimentam e fazem pensar e viver de outra maneira, depois de termos sido convidados a dar de cara, no corpo e no pensamento, com "as coisas importantes da vida" e a verdade nua de um Brasil-mundo que se mostrou como nunca antes.

Foram mais de 15 mil quilômetros no contador do meu carro, mas devo ter percorrido bem mais do que isso, porque em alguns lugares o carro ficou estacionado e fui levado por outros transportes. Mesmo assim, a média dá uns 150 quilômetros por dia, e em muitos dias dirigi várias centenas de quilômetros. Minha rotina foi muito intensa. Acordava em torno das 5 horas da manhã e raramente dormia antes da meia-noite. Subi seguindo um percurso perto do mar numa rota que contornou praticamente todo o litoral do Nordeste, do extremo-sul da Bahia até o Maranhão. Claro que, para chegar ao Nordeste, tive de atravessar os estados do Rio de Janeiro e de Espírito Santo, e quase no limite entre eles, ainda no Rio de Janeiro, encontrei o cenário quase dantesco do mar engolindo uma cidade, em Atafona, e ainda pude apreciar a beleza singela do litoral capixaba. E já entrando no Nordeste, essa rota litorânea soube de desvios para o semiárido baiano, o agreste pernambucano, o brejo paraibano e o Seridó potiguar. E, desde São Luís, a capital maranhense, desci pelo interior, atravessando as profundezas de Maranhão, Piauí, Ceará, Pernambuco e Bahia. Se na ida maravilhei-me com a imensidade e a temperatura dos mares; a exuberância, potente, negra e musical, da Bahia; a lindeza singela e discreta de Sergipe; a diversidade densa de Alagoas; o portento e prodígio do Recife antigo e do modo de ser dos pernambucanos; a singularidade da terra e das raízes do povo potiguar; as areias infinitas e a língua inventiva do Ceará; o singularíssimo delta de Parnaíba e o sincretismo multicolor e musical de São Luís; ao retornar reencontrei o beijo inaugural de América na reserva da Serra da Capivara, encantei-me com o celeiro cultural do Cariri, a beleza plena e calma do rio São Francisco, contornei boa parte da exuberante Chapada Diamantina... contudo, o que mais encontrei e me encantou foi a gente, foram as pessoas, seres humanos, e do que mais gostei e do que mais aprendi foi das inúmeras existências de diversas classes sociais, etnias, gêneros, idades que encontrei, em especial o povo nordestino, em toda sua diversidade, riqueza e generosidade extraordinárias. Mas, antes de fazer afirmações demasiado grandiloquentes, é preciso ir até os começos da viagem, ou um pouco antes até dos começos, se é que pode existir algo antes de um começo.

Todas as viagens têm uma história e um antes da viagem. Alguns até pensam que as viagens começam nos seus preparativos, e que o antes da viagem faz parte também da viagem. Que uma viagem começa a se saborear bem antes do seu começo efetivo. Eis uma das singularidades do tempo das viagens: ele começa antes de começar e termina depois de terminar. Como todas as viagens, esta viagem foi sonhada muito antes e pretendida diversas vezes… estivemos perto de realizá-la antes da pandemia, com Alice Pessanha e Daniel Gaivota, companheiros do NEFI, e até ia ser bem maior, pela América do Sul inteira. Contudo, tivemos de adiá-la um pouco antes da pandemia. Depois Alice e Daniel começaram outras viagens, e, com a pandemia de covid-19, parecia que viajar se tornaria muito mais difícil, senão impossível; até que, no inverno de 2021, comecei a perceber que se davam algumas condições para poder pensar numa viagem. Estava sendo um ano muito difícil no Brasil, atravessado pelos efeitos terríveis da (des)política de saúde do desgoverno bolsonarista e, de um modo mais amplo, pelo vírus do autoritarismo de que padecemos mais fortemente nos últimos anos no Brasil e que só tem se exacerbado depois do golpe de 2016.

Tinha viajado pela última vez em março de 2020, logo antes do início do *lockdown* pela pandemia, para Argentina e Colômbia. Levava já quase um ano e meio no Rio, sem viajar, o que para um viajante empedernido era quase uma eternidade. Durante a pandemia havíamos tido a sorte de que nossas outras duas filhas, Giulietta e Valeska, tiveram de voltar ao Brasil pelo fechamento das universidades onde estudam, fora do país, e assim as tivemos por perto, inesperada e extraordinariamente, mais de um ano, o que tinha tornado a pandemia um pouco menos pesada e mais alegre. Contudo, no início de agosto de 2021, elas voltaram a seus lugares de estudo, e Milena, que manifestava crescentemente desejos de uma vida independente, tomou com grande entusiasmo a possibilidade da minha viagem, pois ela ficaria sozinha em casa e poderia fazer, finalmente, uma experiência de certa independência. Por outro lado, a Universidade do Estado do Rio de Janeiro (UERJ) havia tornado pública a decisão de manter on-line as aulas e demais atividades pelo menos até o final do ano 2021. A pandemia estava longe de terminar; sair ao exterior ainda não era possível, mas estavam dadas as condições para empreender uma viagem de alguns meses pelo Brasil.

Claro que o Brasil é um país continental, então havia que delimitar o roteiro. Não me foi muito complicado: 2021 foi o ano do Centenário de Paulo Freire, estávamos até perto do dia de seu nascimento, de modo que, assim que comecei a fantasiar com a ideia da viagem, logo senti muita vontade de percorrer sua terra de origem e sentido e fazê-lo de um modo e num tempo mais demorados que os habituais para a vida acadêmica. Tinha de fato ido muitas vezes ao Nordeste em meus 25 anos do Brasil, mas eram quase sempre aquelas viagens acadêmicas, curtas, específicas, exageradamente governadas pelo tempo do calendário. E tinha feito muitas *lives* em eventos organizados no Nordeste para comemorar esses 100 anos e sentia vontade de participar de outro modo dessas comemorações. Pensei, ademais, que seria uma oportunidade extraordinária de reencontrar ou visitar amigas e amigos queridos no Nordeste e criar com eles certa intimidade que as viagens mais apressadas não tinham nos permitido. Queria, então, me aproximar do Nordeste, intimar-me com seu povo.

Certamente, ainda estávamos em pandemia, e muitas pessoas me perguntavam se estava delirando e se não seria mais prudente esperar condições melhores para atividades presenciais. Mas as escolas e outras instituições já estavam abrindo em todos os cantos do país, e eu também não me sentia muito confortável com ter de ficar com as atividades das universidades públicas on-line, completamente síncronas, mas dentro de casa e com todas elas completamente fechadas. Claro que entendia os riscos que significava o retorno das aulas presenciais, mas sentia certa responsabilidade, como professor de uma universidade pública, de sair da virtualidade e colocar o corpo na rua. Deve ter também influenciado, mesmo que inconscientemente, uma certa sensação de incômodo pelo privilégio de poder ficar em casa, a diferença da imensa maioria dos milhões de trabalhadores no Brasil que não tinham essa opção. Ajudou também que eu acabava de ter pegado covid-19, e em agosto já tinha minha segunda dose da vacina, de modo que sentia que estava com uma imunidade relativamente alta, e então os riscos seriam menores. De qualquer maneira, os encontros deveriam respeitar o distanciamento, ser preferencialmente em locais abertos, os participantes usaríamos permanentemente máscaras, teríamos álcool por perto…

Decidida a viagem, pensei então em estabelecer alguns princípios para enfrentar algumas perguntas que se apresentaram logo com força: trataria de traçar um mapa de antemão ou deixaria que a viagem me levasse pelo seu próprio caminho? Que espaços visitaria? Que tipos de atividade proporia? Como compatibilizar as aulas e demais atividades on-line na UERJ com as atividades presenciais da viagem? De que forma organizaria a logística (alimentação, hospedagem, materiais pedagógicos etc.)? O que levaria na viagem? Essa última pergunta tornou-se mais e mais imperiosa à medida que se aproximava o início da viagem. Sentia medo de esquecer algo necessário ou de levar coisas completamente desnecessárias. Sabia que certamente erraria em algumas decisões, mas qual seria uma medida aproximada, considerando que meu carro não é muito grande, e a possibilidade de retornar para buscar algo esquecido seria logo inviável? Em qualquer caso, decidi partir do mais seguro: uma bola (que ficaria com umas crianças em São Luís), livros, pouca roupa, alguma garrafa de vinho e alguns potes de doce de leite, vários presentes (que não chegariam muito longe)… Quanto ao itinerário, pensei que seria bom combinar algumas paradas fixas, deixando tempo disponível para outros lugares que a própria viagem indicasse visitar… assim, contatei algumas amigas e amigos e decidimos algumas paradas e atividades, especialmente no início, e também restaria bastante tempo aberto e atenção especial para os sentidos que a viagem proporcionaria. Por último, tomei algumas decisões: a viagem não envolveria pagamento de nenhum tipo; ficaria hospedado só em casas de família oferecidas pelas pessoas que topassem o convite e participassem das atividades; privilegiaria espaços públicos ou comunitários e evitaria entrar em instituições particulares; buscaria visitar acampamentos do Movimento dos Trabalhadores Rurais Sem Terra (MST), comunidades indígenas e quilombolas, associações diversas, onde houvesse um coletivo interessado em experimentar uma pedagogia menina da pergunta.

 Para dizê-lo em poucas palavras: promoveria encontros filosóficos de educação popular. Ou, em outras palavras: exercícios de uma pedagogia menina da pergunta. Os 100 anos de Paulo Freire seriam mobilizadores desses encontros, mas não um fim em si mesmo. Seriam uma inspiração, mais do que qualquer outra coisa: eles dariam algo do esperançar, da amorosidade, da con-vers-ação, da meninice, da curiosidade, do compromisso político e do poder de resistência presentes no extraordinário educador pernambucano. E seria uma viagem de exploração, de luta, de sonhos, de reinventar uma pedagogia menina da pergunta através do seu próprio exercício. Assim, escrevi uma carta apresentando a viagem e a enviei para amigas, amigos e colegas, pedindo divulgação e mostrando-me disponível a quem topasse o convite. Eis a carta com que apresentei a viagem:

Viajando nas perguntas

Alguns consideram que a muito popular expressão "a filosofia é uma viagem" é um desrespeito à filosofia. Ao contrário, considero-a um elogio à filosofia, sobretudo se pensarmos em uma forma especial de viajar: a errância. Errar é se deslocar sem antecipar o sentido da viagem, pois a própria viagem inventará os sentidos. No Núcleo de Estudos de Filosofias e Infâncias (NEFI), da Universidade do Estado do Rio de Janeiro (UERJ), estamos viajando, entre filosofias e infâncias, afirmando uma pedagogia menina da pergunta, dentro e fora da universidade.

No atual contexto, repudiamos a política de morte, o descaso com a vida e a gestão antidemocrática que viraram o modo oficial de fazer política no Brasil. Pensamos, ao contrário, que a educação é uma forma de viver uma outra política: curiosa, inquieta, esperançadora de um mundo mais bonito, amoroso e justo. Dessa forma a praticamos, dentro e fora da universidade.

Assim, num momento em que nossas atividades acadêmicas na universidade pública continuam on-line, pela falta de uma política séria de vacinação e cuidado da população, sairei de viagem, com nossa pedagogia menina da pergunta, à busca de encontros filosóficos que nos ajudem a problematizar o mundo e a forma como o habitamos. Educar e educar-se exigem sair do lugar. Será uma viagem de formação, de outras e outros, e também de autoformação, de ensinagens e aprendimentos. Uma viagem menina e errantemente inventiva, no sentido de criadora de caminhos, mas também uma viagem de hospitalidades, cheiros e a-braços.

Sairei de carro, desde o Rio de Janeiro, passando por Espírito Santo, para entrar em Bahia, Sergipe, Alagoas, Pernambuco, Paraíba, Rio Grande do Norte, Ceará, Piauí, Maranhão... viajando com perguntas à espera de encontros, rodas de conversa... Fazendo exercícios de filosofia e infância, em trânsito... com o pé na estrada, as mãos nas perguntas e o coração no mundo... com-versando com crianças e adultos, pessoas de todas as idades dispostas a experimentar

> uma infância no pensamento… em escolas, assentamentos, parques, praças, praias, pátios, quintais… pelo gosto de pensarmos juntos o mundo que vivemos e o que poderíamos viver.
> Quer fazer parte da viagem?
>
> *Walter Kohan*

Com apenas as duas primeiras semanas bastante organizadas e alguns contatos para depois, sentia-me preparado para começar a viagem. Por uma coincidência talvez provocada para fortalecer o início, o começo da viagem seria coletivo, em comum com outros seres errantes e viajantes, amigas e amigos próximos. Assim, na primeira semana, compartilhamos a viagem um grupo de oito colegas do NEFI/UERJ. Fomos oferecer uma experiência de formação na Secretaria de Educação do Município de São João da Barra, ainda no estado do Rio de Janeiro, entre os dias 23 e 27 de agosto de 2021. Uma vez terminada essa formação, no sábado, 28 de agosto, meus colegas nefianes voltaram ao Rio, e eu segui para Vitória, onde começaria a segunda parada da viagem, no Espírito Santo, portanto ainda na região Sudeste. O último nefiano em retornar ao Rio foi Daniel Gaivota e, além de visitarmos Atafona, esse lugar tão impressionante que teima em prenuncia um futuro preocupante e surreal, conversamos bastante sobre os sentidos da viagem. Quando me despedi de Daniel senti que a viagem estava encontrando um novo começo ou que tínhamos ficado por fim a sós a viagem e eu.

Espírito Santo é um estado onde trabalhamos muito desde o NEFI e onde temos diversas parcerias, de modo que não poderia simplesmente atravessá-lo. Assim, estacionei alguns dias em Vitória e Serra e depois segui para São Mateus, na região norte do estado, onde a filosofia é ensinada por pessoas queridas desde a educação infantil. De São Mateus me internei na Bahia e já não deixei o Nordeste até o regresso, no penúltimo dia da viagem, 7 de dezembro, quando voltei a passar por São Mateus, dessa vez mais rapidamente, para visitar uma creche e fazer uma parada no caminho de retorno ao Rio.

Esse dia, 7 de dezembro, quando estava deixando a Bahia para entrar no Espírito Santo, recebi de minha querida amiga Laura Agratti, no carro, a terrível notícia da morte de Malena Bertoldi, uma professora argentina extraordinária que fez parte do NEFI nos últimos anos com uma alegria, um compromisso e uma sensibilidade filosófica e pedagógica deslumbrantes. Malena apaixonou-se pelo mundo que a filosofia inaugurava na sua vida pedagógica e veio várias vezes ao Rio, participou de muitos eventos na Argentina, viajou a Colômbia e México e era uma amostra viva do que a filosofia pode quando uma professora a acolhe com abertura e determinação. Seu trabalho na Escola Anexa da Universidade Nacional de La Plata era admirável. A pandemia a afetou muito, e uma doença fulminante a levou exageradamente cedo. Ela estava internada no hospital, mas tínhamos trocado algumas mensagens via WhatsApp; ela iria participar, junto ao NEFI, do lançamento do XI Colóquio Internacional de Filosofia e Educação (XI CIFE), e sua morte foi tão incompreensível quanto difícil de digerir. Uma perda intolerável que ainda estamos tentando aceitar. Foi um sintoma de que a viagem tinha mesmo de terminar. Preferi participar, esse mesmo dia, da última atividade prevista numa creche em São Mateus com Fúlvio Barreira, porque senti que era o que Malena preferiria e porque não fazê-la não teria ajudado em nada nem a ninguém. Ademais, estar fazendo o que ela tanto amava não deixava de ser uma pequena homenagem a sua vida, que ensinou tanto a tantos e tantas. De qualquer modo, ainda penso no significado da "coincidência" de sua morte com o final da viagem.

    Duvidei bastante a respeito de como organizar este livro, e com seu estilo e formato. Inicialmente, tinha pensado em escrever uma crônica detalhada da viagem, uma espécie de narrativa que descreveria com pormenores as aproximadamente 200 atividades realizadas durante os 110 dias que durou a viagem. Contudo, como na viagem, a escrita da viagem também trouxe surpresas: quando comecei a escrever, ocorreu-me de convidar meus anfitriões da viagem a redigirem um pequeno texto relacionado com minha passagem pela sua terra, e, para minha surpresa, recebi mais de 50 textos, alguns mais curtos, outros mais extensos; alguns mais acadêmicos, outros mais informais; alguns mais detalhados, outros mais literários, mas que, em seu conjunto, cumpriam essa tarefa de descrever e oferecer uma ideia bastante acabada, ao mesmo tempo diversa e comum, do que tinha sido a viagem.

    Ler esses testemunhos, alguns meses depois de terminada a viagem, portanto alguns testemunhando uma passagem que tinha acontecido três, quatro, cinco ou até seis meses atrás, significou, para mim, um viajar de novo. Outra vez viajar. Em cada palavra. Em cada gesto. Revisitar os lugares, as atividades, as conversas, os sotaques, os encantamentos, as paisagens, as emoções, as surpresas. Degustar outra vez os sabores, sentir novamente os cheiros e, sobretudo, abraçar e ser abraçado mais uma vez pela afetividade extraordinária do povo nordestino. Essa é a sensação ao ler os testemunhos das anfitriãs e dos anfitriões que me acolheram numa viagem que começou se chamando "Viajando nas perguntas" e terminou por se chamar "Uma viagem de sonhos impossíveis", realizada entre 22 de agosto e 8 de dezembro de 2021, 100 dias que se tornaram 110 dias para comemorar os 100 anos de Paulo Freire.

A mudança do nome tem uma história que merece ser contada. "Viajando nas perguntas" foi o primeiro título, que dei à viagem quando escrevi a primeira carta apresentando-a. Queria incluir a viagem no título e preferia o gerúndio ao substantivo. As perguntas pareciam essenciais e deviam entrar também no título. Claro que o título da viagem foi recebendo diversas variações que podem ser comprovadas na forma diversa como ela é mencionada nas escritas anfitriãs. Contudo, um episódio mudou decisivamente o nome da viagem ou a renomeou de um modo difícil de não querer preservar. Estava em São Raimundo Nonato, Piauí, quando me ligou Jason Wozniak, amigo nefiano estadunidense que viveu durante alguns anos no Rio. Conversamos um pouco sobre a viagem, e ele me perguntou qual havia sido a pergunta que mais tinha me impactado até o momento. Então, depois de pensar um pouco, disse para ele que, de fato, o que mais tinha me impressionado durante a viagem tinha sido uma fala, mais do que qualquer pergunta. E contei para ele a respeito de uma conversa acontecida numa Associação de Moradores em Eusébio, na periferia de Fortaleza, Ceará, organizada por Ana Frota, Meirilene Barbosa e um grupo animadíssimo de colegas cearenses que cuidaram de atividades desde minha entrada no Ceará, vindo de Mossoró, até minha saída de Fortaleza. Aquela tinha sido uma conversa com crianças e adolescentes em roda com bastantes adultos sentados por perto, alguns observando e outros participando da conversa. Perguntei para aquela turma quais eram os seus sonhos, e cada criança/adolescente começou a contar esses sonhos. De início eram sonhos individuais, de estudo ou trabalho. Alguns pareciam mais interessantes do que outros, iam desde ser médico ou veterinário até militar ou segurança. Eu escutava os relatos com atenção e, depois de cada um contar o seu sonho, fazia uma ou outra pergunta relativa ao sonho apresentado; tentava não me posicionar sobre ele ou pelo menos dissimular as sensações negativas que alguns sonhos me inspiravam, sobretudo pela maneira como as justificativas apresentadas revelavam-se pouco infantis e reproduziam os discursos midiáticos à ordem do dia. Em alguns casos oferecia alguma pergunta, convidando a dar mais uma volta no pensamento sobre o sonho apresentado. Nisso estávamos quando Lara, uma das participantes que não parecia inicialmente muito envolvida e que foi se interessando cada vez mais pela conversa à medida que seus colegas compartilhavam os seus sonhos, levantou a mão e me disse: "Eu sonho com um mundo em que caibam todos os sonhos". Senti que a fala dela dava novo sentido a toda a atividade e me ensinava também a importância de haver sonhos diferentes, inclusive contrastantes: todos os sonhos e também os sonhos de todos (e todas). Quando contei a anedota para o Jason, coincidimos em que tínhamos encontrado um novo título para a viagem, ou para o livro que a contasse. Depois dessa fala da Lara, o título do livro seria *Uma viagem para seguir sonhando*. Mas depois continuei viajando. Encontrei Jorge Larrosa, que me disse que não tinha gostado desse título. E, mesmo que suas objeções ao sonhar não tenham me convencido muito, me fizeram sentir certo incômodo como o "para" e o "seguir". Depois voltei a encontrar o cartógrafo Daniel Gaivota que me lembrou do título do livro de Paulo Freire, *A pedagogia dos sonhos possíveis*. E com ele veio um novo título: *Uma viagem de sonhos impossíveis*, como o de Lara. O título faz muito sentido porque o sonho da Lara é, em certo modo, um sonho impossível, desses sonhos impossíveis por necessários, impostergáveis, essenciais para respirar, em especial num momento político como o que estamos transitando no Brasil. E também porque foram muitos os sonhos impossíveis que a viagem nos fez sonhar aos que participávamos dela.

Sinopse das atividades realizadas durante a viagem

A seguir, apresentarei um quadro com as principais paradas durante a viagem. Trata-se de uma síntese das estações da viagem que começou em Rio de janeiro, em 22 de agosto de 2021, e terminou na mesma cidade, em 8 de dezembro de 2021. Destaco as cidades e as instituições/espaços.

Foram mais de 15 mil quilômetros percorridos e umas 200 rodas de pedagogia menina realizadas. Às vezes foram várias rodas no mesmo dia. Particularmente em algumas escolas, fizemos umas quatro ou cinco rodas num mesmo dia. O número total aproximado de participantes nas rodas foi de 3.200 pessoas, de todas as idades, entre 0 e 87 anos. A viagem foi toda registrada, e tenho umas 400 horas filmadas que, espero, possam ser também compartilhadas. Eis uma síntese das localidades visitadas e as atividades da viagem:

Dia	Município	Espaço/instituição	Número de participantes
		Agosto	
22	Rio de Janeiro, RJ	Partida de casa	2
23-27	São João da Barra, RJ	Secretaria Municipal de Educação de São João da Barra	50
30	Serra, ES	Centro Municipal de Educação Infantil Oceania	60
31	Serra, ES	Centro Municipal de Educação Infantil Vantuil Raimundo Bessa	60
		Setembro	
2	Vitória, ES	Grupos de pesquisa da Universidade Federal do Espírito Santo (UFES)	20
2	São Mateus, ES	Escola Municipal de Ensino Fundamental Lilazina Gomes de Souza	35
2	São Mateus, ES	Escola Municipal de Ensino Fundamental João Pinto Bandeira (EJA)	45
3	São Mateus, ES	Escola Municipal de Ensino Fundamental Lilazina Gomes de Souza	40
3	São Mateus, ES	Escola Municipal de Ensino Fundamental Almir Queiroz	35
3	São Mateus, ES	Assentamento 13 de Setembro (MST)	20
4	São Mateus, ES	Sítio Histórico do Porto	15
6	Rio de Contas, BA	Casa de Fátima Dowbor Freire	1
8	Serra Grande, BA	Escola Dendê da Serra	20
8	Serra Grande, BA	Rede de Profissionais de Uruçuca	35
9	Arataca, BA	Assentamento Terra Vista (MST)	20

Dia	Município	Espaço/instituição	Número de participantes
10	Santo Amaro, BA	Assentamento Nova Suíça (MST)	15
11	Feira de Santana, BA	Colégio Estadual José Ferreira Pinto	30
12	Barra de Jaguara, Feira de Santana, BA	Escola Municipal Maria Andiara da Silva Souza	50
13	Salvador, BA	Escola Comunitária Luiza Mahim	30
14	Ilha de Maré, Salvador, BA	Creche e Escola Municipal de Santana	40
17	Aracaju, SE	Escola Estadual Franco Freire	30
18	Aracaju, SE	Biblioteca Pública Estadual Epiphanio Dória	30
20	Aracaju, SE	Associação de Moradores do Loteamento Senhor do Bomfim	35
21	Garça Torta, AL	Bar Giramundo	40
22	Maceió, AL	Praça Padre Cícero	10
22	Maceió, AL	Grupos de pesquisa da Universidade Federal de Alagoas (UFAL)	15
23	Joaquim Gomes, AL	Escola Indígena Wassu-Cocal	30
24	Bonança, PE	Cidade Evangélica dos Órfãos	25
27	Vitória de Santo Antão, PE	Centro de Estudos Paulo Freire da Universidade Federal de Pernambuco (UFPE)	25
27	Caruaru, PE	Grupo de pesquisa da Universidade Federal de Pernambuco (UFPE)	20
28	Caruaru, PE	Assentamento Normandia	15
29	Jaboatão dos Guararapes, PE	Visita às casas onde morou Paulo Freire	10
30	Camaragibe, PE	Centro Municipal de Educação Infantil	30
Outubro			
1º	Recife, PE	Creche Carolina de Jesus (MTST)	25
4	Mamanguape, Baía da Traição, PB	Escola Indígena Potiguara Dr. Antônio Estigarríbia	60
5	Bananeiras, PB	Creche Comunitária Lucilene	15
5	Bananeiras, PB	Escola Nossa Senhora do Carmo	25
6	Bananeiras, PB	Campus III da Universidade Federal da Paraíba (UFPB)	45
8	Senador Georgino Avelino, RN	Secretaria Municipal de Educação	70

Dia	Município	Espaço/instituição	Número de participantes
9	Natal, RN	Universidade Federal do Rio Grande do Norte (UFRN); Secretaria Municipal de Educação	44
9	Natal, RN	Casa de Marcos Guerra	1
10	Natal, RN	Casa de Valquíria Félix	1
11-13	Angicos, RN	Ex-alunos do curso de 1963	20
13	Angicos, RN	Escola Estadual José Rufino	60
13	Angicos, RN	Escola Estadual Joana Honório da Silveira Moura	60
13	Angicos, RN	Universidade Federal Rural do Semi-Árido (UFERSA) (visita ao Memorial Paulo Freire)	2
13	Angicos, RN	Centro de Cultura Popular Palácio Professor Paulo Freire	2
14	Caicó, RN	10ª Diretoria Regional de Educação e Cultura e dos Desportos (DIREC)	40
14	Cruzeta, RN	Câmara de Vereadores	20
14	Caicó, RN	Escola Municipal Maria Leonor Cavalcanti	60
14	Caicó, RN	Rádio Comunitária Professora Luzinete Araújo	4
15	Pau dos Ferros, RN	15ª Diretoria Regional de Educação e Cultura (DIREC)	80
16	Fazenda Melancia, RN	Engenho Dr. Pedro Diógenes Fernandes	10
18	Mossoró, RN	Escola Municipal Cornélio Barbalho de Carvalho	25
19	Icapuí, CE	Comunidade pesqueira de Redonda (ONG Aquasis)	50
20	Icapuí, CE	Praia de Ponta Grossa	15
21	Icapuí, CE	Praia de Requenguela; Centro de Educação Infantil Ângela de Gois (ONG Brasil Cidadão)	25
21	Icapuí, CE	Centro de Educação Infantil José Cláudio (CVTP); Paróquia de Icapuí; Banda de Música	25
22	Icapuí, CE	Escola Mizinha	25
22	Icapuí, CE	Orquestra de Sopro de Icapuí	5
22	Icapuí, CE	Casa do cenopoeta Ray Lima	5
23	Icapuí, CE	Secretaria Municipal de Educação	25

Dia	Município	Espaço/instituição	Número de participantes
23	Icapuí, CE	Assentamento São Francisco	35
23	Itaiçaba, CE	Assentamento Tomé Afonso	50
23	Canoa Quebrada, CE	Comunidade Quilombola e Escola de Circo	35
24	Aracati, CE	Comunidade Quilombola Córrego de Ubaranas	20
24	Eusébio, CE	Associação de Moradores e Amigos do Cauassu (Amacauassu)	45
25	Fortaleza, CE	Centros de Educação Infantil Madre Teresa de Calcutá e Presidente Médici	70
26	Curió, CE	Biblioteca Livro, Livre, Curió, Curió	20
28	Almofala, CE	Escola Indígena Maria Venância	30
29	Sobral, CE	Escola de Formação Permanente do Magistério e Gestão Educacional (ESFAPEGE), Secretaria Municipal de Educação	15
29	Parnaíba, PI	Associação Nacional de Pescadoras	20
30	Ilha Grande, PI	Associação de Catadoras de Mariscos	15
Novembro			
1	Barreirinhas, MA	Escola Municipal	
3	São Luís, MA	Centro de Integração Comunitária Fé em Deus	30
4	São Luís, MA	Escola de Cinema do Maranhão	10
4	São Luís, MA	Instituto Dica Ferreira	20
5	São Luís, MA	Centro Integral de Educação Infantil – Creche da Liberdade	32
6	Paço do Lumiar, MA	Fraternidade Colibri	
7	São Luís, MA	Avenida Litorânea	3
8	Caxias, MA	Escola Tia Joana	30
8	Teresina, PI	Associação dos Docentes da Universidade Federal do Piauí (ADUFPI)	25
9	Nova Olinda, CE	Casa de Expedito Celeiro	3
9	Nova Olinda, CE	Fundação Casa Grande - Museu do Homem Kariri	15
10	Crato, CE	Casada Música Solibel - Sociedade Lírica do Belmonte (ONG Beatos)	15

Dia	Município	Espaço/instituição	Número de participantes
11	Crato, CE	Universidade Regional do Cariri (URCA)	20
12	Crato, CE	Universidade Regional do Cariri (URCA)	50
13	Juazeiro do Norte, CE	Centro de Cultura Popular Mestre Noza	5
14	Exu, PE	Museu do Gonzagão	3
16	Oeiras, PI	Secretaria Municipal de Educação	25
16	Oeiras, PI	Escola Benedito Sá (Comunidade Canto Fazenda Frade)	70
17	São João do Piauí	Casa do Nego Bispo	2
18	São Raimundo Nonato, PI	Escola Elzair Rodrigues de Oliveira (Comunidade Novo Zabelê)	60
18	São Raimundo Nonato, PI	Secretaria Municipal de Educação	20
19	São Raimundo Nonato, PI	Escola José Caetano dos Santos, (Comunidade São Vítor)	60
22	Vale do Salitre, BA	Carrapicho	15
22	Juazeiro, BA	Universidade do Estado da Bahia (UNEB)	15
24	Sobradinho, BA	Instituto Regional da Pequena Agropecuária Apropriada (IRPAA)	15
24	Sobradinho, BA	Escola Família Agrícola	50
24	Petrolina, PE	Projeto Vida Nova das irmãs Carmelitas (ACARI)	35
25	Juazeiro, BA	Departamento de Ciências Humanas (DCH III/UNEB)	15
26	Monteirópolis, AL	Comunidade Quilombola Paus Pretos	150
27	Palmeira dos Índios, AL	Lideranças do povo Xukuru-Kariri	10
27	Serra das Pias, AL	Coopcam	5
29	Tijuaçu, BA	Comunidade Quilombola	12
30	Serra dos Morgados, BA	Projeto Salve as Serras	2
30	Povoado de São João, BA	Casa da dona Maria	10
		Dezembro	
1º	Povoado de São João, BA	Casa da Gislene Moreira Gomes, estudantes da Universidade do Estado da Bahia (UNEB)	10
1º	Boninal, BA	Escola Municipal Maria Quitéria	2

Dia	Município	Espaço/instituição	Número de participantes
2	Rio de Contas, BA	Colégio Estadual Carlos Souto	90
2	Rio de Contas, BA	Centro Integrado Riocontense de Educação e Assistência (CIRCEA)	50
3	Rio de Contas, BA	Colégio Estadual Carlos Souto	30
4	Rio de Contas, BA	Casa da Fátima Freire	2
6	Guajeru, BA	Colégio Estadual Jorge Amado; Feira da cidade	40
6	Vitória da Conquista, BA	Colégio Modelo Luís Eduardo Magalhães	20
7	São Mateus, ES	Centro de Educação Infantil Municipal Amabile Zanelato Quinquim	25
8	Campos, RJ	Secretaria de Educação de São João da Barra	2
8	Rio de Janeiro, RJ	Retorno para casa	

Augúrios nefianos

Antes de começar a viagem, procurei as boas inspirações dos colegas do Núcleo de Estudos de Filosofias e Infâncias (NEFI)… Era uma época difícil, de pandemia, nós não nos encontrávamos pessoalmente. Enviei uma mensagem ao grupo de WhatsApp do NEFI com a carta, e eis as mensagens postadas no grupo. Foram palavras carregadas de bons augúrios, e as coloco aqui como augúrios também para este livro.

Pedro
Nossaaaa!! Terminou a carta com "quer fazer parte desta viagem?" Pergunta perigosa! Cuidado com as respostas rsrsrs… mas daqui adorarei trocar com um filósofo viajante, parabéns pela coragem Walter.

Vanise
Então, vamos viajar com você? E será que isso é possível? Sermos atravessados por esta viagem? Bem, se curiosidade e perguntas fazem parte desta viagem 💼 poderia ser isso que teremos em comum?

Suzana
Malas prontas! Goiás está dentro!!!

Giovania
Que movimento lindo! Que as deusas te acompanhem e o carro chegue em lugares lindos, diversos, coloridos e que muitas novas gentes passem a fazer parte da sua vida e das nossas. Boa sorte!! 🚗⭐

Vanise

Gentemmmm

O que levar numa viagem com perguntas? Uma bússola? Mas se a natureza ama ocultar-se, que sentidos errantes ela poderia indicar?

Carlineide

Muito barra.com! Superemocionada em saber que Angicos/RN será um dos pontos de chegada/partida desta viagem. Delícia de cardápio: curiosidade, pergunta...

Giovânia

Compartilho uma dança para vc levar uma imagem de que você é quem vai e que estamos todos juntos com você. Multiplicidade e unidade. A bússola da Vanice vai lhe ajudar a buscar o norte nos caminhos... A imagem desta arte é TB o convite para o oriente, para que os pontos cardeais se misturem na sua errância: "se oriente rapaz, pela constelação do Cruzeiro do Sul" (𝄞 Gil). Faça e refaça malas e mandalas.

Ana Corina

Gente eu acho que precisava levar um relâmpago (eu! 😊) para garantir surpresa e a luz nos momentos de mais escuridão.

E também acho que cabe nesse carro alguém que goste da cor amarela, né? @Vanise Dutra Gomes 😊 e sempre esteja de amarelo para garantir a vitalidade... Porque às vezes as perguntas, mesmo que elas possam nos mobilizar, nem sempre vitalizam. Sabe? E posso continuar, chamando talvez a poesia, né? @Edna Olímpia Da Cunha...

Edna

Oi, Coriiii! A poesia está às voltas, viajando com as palavras do filósofo quilombola, Antônio Bispo... O que ele diz é que "não estamos mais sabendo voltar para casa". Talvez essa seja a mais difícil das viagens. Mas o que é uma casa? Viajar voltando para casa? Onde está essa casa? Também viajo com Drummond com o poema "O homem, as viagens". Levo na mochila esse livrinho! Convido para viagem até Platão, que expulsou os poetas... O que é mesmo uma viagem?

Paulo
Uma bola? ⚽

Paula Vieira
Cartas de viagem

Que se espera de uma viagem? Quem viaja? Os que partem? Os que ficam? Os que ficam com vontade de ir e os que vão com vontade de ficar? Que se espera do viajante? Talvez que convide para a viagem, que partilhe o percurso da viagem, que compartilhe a preparação da viagem, que vá dando conta das viagens dentro da viagem. Dar conta da viagem é, de certa forma, manter o convite, para viajar em conjunto, sempre vivo. Dar conta da viagem com postais e cartas. Os postais contam por imagem e palavras, poucas; as cartas por palavras, mais demoradas... Ambos encantam. Mas será preciso começar a viagem para enviar cartas de viagem? Há viajantes que, ainda não tendo começado a viagem – será?, já vão escrevendo cartas. Em outros tempos, o viajante poderia enviar cartas, mas não podia receber cartas... Quando se recebia o postal ou a carta já ninguém estaria no mesmo lugar. Do viajante não se sabia a morada certa, encontrava-se em parte incerta. Então para onde enviar uma carta ao viajante, errante mais do que nunca? Parece que as cartas do viajante serão para ler e reler, guardar e esperar pelo regresso, não para responder. Então, de repente, pensei: mas isso era dantes. Agora o viajante tem uma morada virtual e leva consigo a caixa de correio, eletrônico já se sabe. A caixa do correio viaja com o viajante... Será que as cartas do viajante continuarão a ficar sem retorno? Que outras possibilidades de viajar se abrem, para os viajantes que partem e para os que ficam, com esta caixa de correio andante? é por estas andanças que ando. philobjokas.

Márcio
Leva duas malas vazias. Uma pra colocar mais perguntas que vão aparecer e outra pra colocar as delícias que vai encontrar, @Walter Kohan. Na volta, traz mais perguntas e bolo de rolo, por favor. rs 😂😌

Lara Sayao
🌿✨ já estou imaginando o livro viajante lindo que leremos depois desta viagem!! ✨🌿 Ô sorte!!! ✨✨

José Ricardo Jr.
Se o invisível não ocupar o espaço dos variados sabores de bolos de rolo; das castanhas ao natural, salgadas e caramelizadas; das frutas cristalizadas e em calda; dos biscoitinhos dos mais variados tipos… Tudo bem! KkKkKk

Daniel Gaivota
Se eu precisasse dizer alguma coisa sobre isso, diria que o invisível não é nada vazio… ☺

Jason Wozniak
Leve os últimos versos de um dos meus poemas favoritos de todos os tempos, do meu poeta estadunidense favorito, Walt Whitman… O título do poema é "Canção da estrada aberta" ("Song of the Open Road").

Allons! a estrada está diante de nós!
É segura – eu a tentei – meus próprios pés a tentaram – e não fui detido!

Deixe o papel permanecer na escrivaninha sem ser escrito, e o livro na prateleira sem ser aberto!
Deixe as ferramentas permanecerem na oficina! Que o dinheiro permaneça não apreendido!
Deixe a escola permanecer de pé! Não se importe com o grito do professor!
Deixe o pregador pregar em seu púlpito! Deixe o advogado defender no tribunal, e o juiz expor a lei.

Camerista, eu lhe dou minha mão!
Eu lhe dou meu amor mais precioso do que o dinheiro,
Eu lhe dou a mim mesmo antes da pregação ou da lei;
Você mesmo me dará você? Você virá viajar comigo?
Vamos ficar um ao lado do outro enquanto vivermos?

CIDADES (pela ordem em que foram deparadas)

Rio de Janeiro, **S**ão João da Barra, **V**ila Velha, **S**erra, **V**itória, **S**ão Mateus, **R**io de Contas, **S**erra Grande, **A**rataca, **F**eira de Santana, **J**aguara, **S**anto Amaro, **S**alvador, **S**antana (Ilha de Maré), **A**racaju, **M**aceió, **G**arça Torta, **J**oaquim Gomes, **R**ecife, **B**onanza, **J**aboatão dos Guararapes, **C**aruaru, **O**linda, **C**amaragibe, **B**aía da Traição, **B**ananeiras, **C**onde, **S**enador Georgino **A**velino, **N**atal, **A**ngicos, **C**aicó, **C**ruzeta, **P**au dos Ferros, **M**ossoró, **I**capuí, **I**taiçaba, **C**anoa Quebrada, **A**racati, **C**urió, **F**ortaleza, **E**usébio, **S**obral, **A**lmofala, **P**arnaíba, **B**arreirinhas, **S**ão Luís, **P**aço do Lumiar, **C**axias, **T**eresina, **N**ova Olinda, **C**rato, **J**uazeiro do Norte (CE), **O**eiras, **C**omunidade Quilombola Canto Fazenda Frade, **S**ão João do Piauí, **S**ão Raimundo Nonato, **J**uazeiro (BA), **S**alitre, **S**obradinho, **P**etrolina, **M**onteirópolis, **P**aus Pretos, **P**almeira dos Índios, **S**erra das Pias, **P**alanqueta, **S**enhor de Bonfim, **S**erra dos Morgados, **T**ijuaçu, **P**ovoado de São João, **R**io de Contas, **G**uajeru, **V**itória da Conquista, **S**ão Mateus, **C**ampos, **R**io de Janeiro.

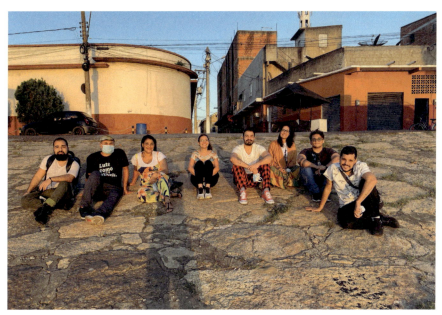
Em São João da Barra (RJ) com Robson, Edna, Alice, Daniel, Carolina, Felipe e Pedro, colegas do NEFI, contemplando o pôr do sol, no começo da viagem.

À escuta de crianças do Centro Municipal de Educação Infantil Oceania, Serra (ES). Foto: Nayara Perovano.

Com a professora Adriana, dona Carmosina e a comunidade de crianças e adultos na igreja de Barra de Jaguara, Feira de Santana (BA). Foto: Valter Vinicius Ramos de Andrade.

Encontro com educadoras na Escola Ernesto Che Guevara, Assentamento Nova Suíça, Santo Amaro (BA). Foto: Angelicris Raiane.

Em roda com jovens na escola comunitária Luiza Mahim, Salvador (BA). Foto: Ana Rita Queiroz Ferraz.

Encontro com crianças e adultos no Assentamento Normandia do MST, Caruaru (PE). Foto: Conceição G. Nóbrega L. de Salles.

Com crianças e a professora na Escola Indígena Potiguara Dr. Antônio Estigarríbia, Baia da Traição (PB). Foto: Paulo Benício Vicente.

Roda de mãos dadas com crianças e professores na Escola Municipal Senador Jessé Pinto Freire, Senador Georgino Avelino (RN). Foto: Fabiana Bezerra.

Atentos com Maria Clara enquanto Miguel cuida do gol na Escola Municipal Senador Jessé Pinto Freire, Senador Georgino Avelino (RN). Foto: Karyne Dias Coutinho.

Conversando, no meio de um caminhar meninamente, no Parque das Dunas, Natal (RN).

Com Paulo Alves, ex-alfabetizando do curso de 1963 em Angicos (RN). Foto: Carlineide Almeida.

Com Carlineide e Maria Gildenora, ex-alfabetizanda do curso de 1963, em Angicos (RN).

Roda com estudantes da Escola Municipal Cornélio Barbalho de Carvalho, zona rural de Mossoró (RN). Foto: Emanuela Carla Medeiros de Queiros.

"Cultura popular e infâncias", roda na comunidade pesqueira de Redonda, Icapuí (CE), com crianças e adolescentes, professor@s, ONG Aquasis, convidados locais e curiosos.

Roda de pedagogia menina com a comunidade do Assentamento Tomé Afonso, Itaiçaba (CE). Foto: Meirilene Barbosa.

Domingo de tarde na Associação de Moradores e Amigos do Cauassu no Eusébio (CE). Foto: Meirilene Barbosa.

Com Lara, na Associação de Moradores e Amigos do Cauassu no Eusébio (CE). Foto: Rebeka Costa.

Com João Pedro, no Assentamento Tomé Afonso, Itaiçaba (CE). Foto Rebeka Costa.

Escutando a música da Sofia, em São Luís (MA). Foto: Poliana Pereira Costa Rabêlo.

Encontro com educadoras e educadores do Centro Integral de Educação Infantil – Creche da Liberdade, São Luís (MA).

Com jovens do pré-vestibular comunitário no Instituto Dica Ferreira, São Luís (MA).

À escuta das histórias das pescadoras e marisqueiras da Comunidade do Labino, Ilha Grande (PI), vinculados à Articulação Nacional das Pescadoras. Foto: Antônio Vladimir Félix-Silva.

Crianças que fazem o projeto "Casa Grande" em Nova Olinda (CE). Foto: Miguel Junior Zacarias Lima.

Encontro com educadores e gestores da Secretaria Municipal de Educação em Oeiras (PI). Foto: Reginaldo Oliveira.

Com crianças da Escola Benedito Sá na Comunidade Quilombola Canto Fazenda Frade, Oeiras (PI). Foto: Reginaldo Oliveira.

Roda de pedagogia menina com jovens da república de estudantes do Instituto Regional da Pequena Agropecuária Apropriada (IRPAA), Juazeiro (BA). Foto: Luis Osete.

Com jovens do Colégio Estadual Carlos Souto, Rio de Contas (BA).

Roda com crianças, Fúlvio Barreira e professoras do Centro Municipal de Educação Infantil Amábile Zanelato Quinquim, São Mateus (ES). Foto: Karla Rigoni.

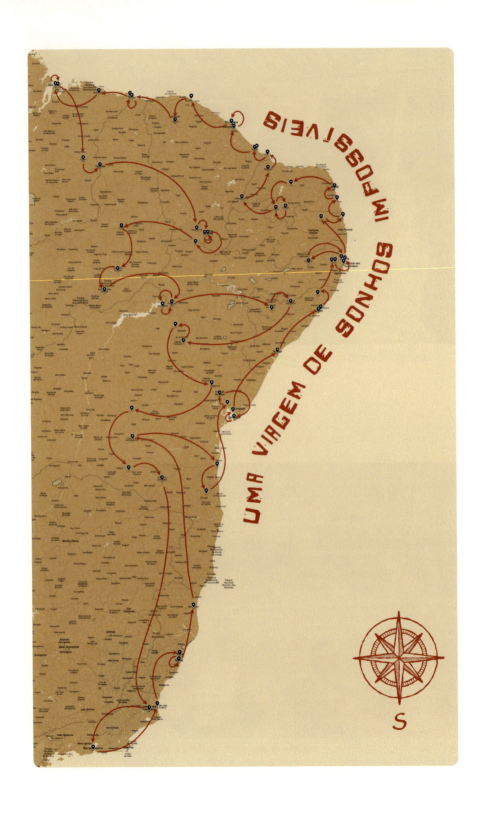

A viagem contada pelos anfitriões (inclusive eu)

S

V iajar requer muita energia. As viagens demandam um esforço e uma presença que, dependendo do caso, podem significar multiplicar as forças que puxamos quando estamos em casa. Numa viagem como essa, então, eu sentia que devia redobrar o esforço para dar conta das suas diversas dimensões. Por favor, quero ser límpido: não é que fosse uma viagem sofrida, ao contrário, sentia-me muito bem, alegre, disposto, mas também muito demandado nas minhas energias. Não é difícil entender o porquê. Por um lado, tinha constantemente de organizar a própria viagem, as etapas sucessivas, cuidando de ter o tempo suficiente em cada parada e ao mesmo tempo organizando as seguintes para que cada uma pudesse se seguir precisamente à outra, e as paradas se concatenassem sem espaços em branco. Não que não pudesse ficar algum dia "vazio", mas mesmo esse vazio tinha de ser pensado e cuidado. Fazia o contato com meus anfitriões na maior parte das vezes no carro, enquanto dirigia, e em muitos locais o sinal de telefone e internet é muito fraco, o que dificultava um pouco a comunicação. Em alguns casos, as pessoas me conheciam, e, nessas circunstâncias, eu dava carta branca para a/o anfitrião organizar as atividades segundo esse conhecimento prévio e com as sugestões contida na carta de apresentação inicial; mas, em outros casos, as pessoas que me acolhiam não me conheciam, então tinham muitas dúvidas sobre o que organizar e como… e era preciso conversar bastante para encontrar um sentido comum. Por outro lado, além de acompanhar a organização das atividades da viagem, tinha de realizá-las; certamente, não as "planejava"; às vezes as pensava nas largas horas em que dirigia; mas não as preparava minuciosamente, não apenas por falta de tempo, mas também por considerar que era muito mais interessante chegar desarmado aos lugares, sentir o ambiente, a expectativa, e realizar algo mais sensível a esse contexto; e quase todo dia tínhamos atividades, às vezes três ou quatro por dia... E, embora eu não "passeasse" e tenha recusado boa parte dos convites para visitar lugares fora das próprias atividades, elas tomavam muito do tempo do dia. E eram acompanhadas de lanches, almoços, cafezinhos, visitas a instituições e espaços culturais, reuniões protocolares ou de projetos de extensão ou pesquisa. Essa parte é uma das mais saborosas desta viagem (e, talvez, não só dela); os "entre", as surpresas, os encontros não planejados, as conversas informais, a aproximação mais íntima com as pessoas que, em cada lugar, tinham respondido ao convite: esses "entre-tempos" com nossos intercessores, que nos esperam, nos acolhem e querem conversar conosco. Há então diversos tempos, ou muitas experiências temporais atravessando uma viagem como essa e, talvez, seja um bom momento parar para pensar nelas.

Afinal era uma viagem "pedagógica". Melhor, "filosófica" e "pedagógica". Ou, ainda mais precisamente, uma viagem "menina ou infantilmente filosófica e pedagógica". O que isso significa? Muitas coisas: entre elas que o sentido da viagem era sensível a suas dimensões filosófica e pedagógica, ou seja, que ela estaria se inspirando permanentemente numa e noutra, e que a infância daria o tom, as formas, as modalidades e, também, o tempo "principal" da viagem. Em outras palavras, a viagem proporia uma experiência compartilhada de filosofia, pedagogia e infância. E se a filosofia e a pedagogia podem ser percebidas como exercícios adultos, fazer da viagem um exercício infantil talvez seja o maior desafio para os que deixamos a idade infantil há um bom tempo cronológico: habitar, viajando, um tempo presente, intensivo, amoroso, artístico, inventivo e, ao mesmo tempo, estar atentos as dimensões de organização, preparação e realização que exigem um tempo passado e futuro. Ainda em outras palavras: viajar amando, brincando, criando, sonhando, esperançando sem perder a hora, o "timming" que nos permite responder às demandas envolvidas na concretização da viagem. E a elas precisamos acrescentar, neste caso, as exigências de minhas atividades habituais na UERJ, as aulas na graduação e na pós, a pesquisa e os projetos de extensão, as atividades editoriais e de orientação, as bancas, os eventos dos quais eu tinha me comprometido a participar antes de decidir empreender a viagem. Só a viagem bastaria para me ter bastante ocupado e ainda estavam todas as atividades de uma vida muito entregue ao trabalho. Ou dito desde outra perspectiva, minha vida sem a viagem estava cheia de compromissos que não poderia desatender e, a todos eles, incorporou-se, alegremente, a viagem. Quando contava para as pessoas que me acolhiam que não estava de licença na universidade e que precisaria de alguns momentos para atender a compromissos virtuais, não acreditavam que a viagem fosse um "a mais" às atividades habituais. Mas eu me sentia tão cheio e privilegiado pelas aprendizagens e pelos achados da viagem que mal podia pensar que ela estava sendo cansativa. Sentia que vivia intensamente, inclusive quando dormia. Dormia poucas horas a cada dia, mas acordava descansado e bem-disposto. Até minha coluna, que foi bastante exigida, parecia se sentir muito à vontade e não deu sinal algum de moléstia ou dor durante toda a viagem. Parece estranho e é tão simples: o corpo nos dá sempre sinais para andar pelos caminhos da vida, estejamos ou não atentos a eles.

Claro que cometi muitos erros e fiquei perdido em muitos momentos. Uma das coisas de que não cuidei certeiramente foi o registro da viagem. Não que não estivesse registrando a viagem, mas um sinal chegou com mais da metade do caminho já andado e me fez perceber que minha estratégia de registro era insuficiente. Registrava quase tudo com meu celular. Geralmente pedia a alguém que cuidasse desse registro, por várias razões. Por um lado, me liberava dessa tarefa e assim podia me atentar ao que estava acontecendo; por outro, era uma outra forma de envolver os participantes da viagem. Eram sempre voluntários que faziam o registro, geralmente jovens muito mais familiarizados que eu com a tarefa e a tecnologia, de modo que esse aspecto funcionava relativamente bem. Mas eu não tinha muitas condições e tempo de escrever sobre o que ia acontecendo, e isso me fez desatender o registro escrito.

De fato, durante a própria viagem, houve um episódio que me ajudou a perceber e mudar essa minha falta de escrita. Trocava mensagens de texto e áudio via WhatsApp com Madalena Freire, a filha mais velha de Paulo. Geralmente escutava e gravava os áudios no carro, enquanto dirigia. Trocávamos impressões sobre a viagem. Ela me dizia que sentia, a partir dos meus relatos, que a viagem tinha me apresentado o Brasil profundo, de quem a gente recebe "injeções, na veia, de entusiasmo e fé da vida", de como "o Brasil profundo, da essência, agradece a dádiva da vida; ele é genuíno, e é esse Brasil que você está percebendo; é um povo agradecido, que reconhece o valor da vida...". E num desses áudios ela me disse: "Claro que você está escrevendo um diário de tudo isso, né? Pelo amor de Deus, faça o favor!"... Apenas escutei essa pergunta-chamado de atenção percebi meu erro. Respondi que não, que não encontrava tempo para escrever e me concentrava em estar o mais presente possível nos encontros. A resposta dela foi muito enfática e engraçada: "Não é verdade essa história toda de viver com a presença; isso é verdade, mas uma frase, um parágrafo, todo santo dia, você não pode perder isso, não pode! A escrita é o território mais sagrado da marca humana; claro que tem outros territórios, não é só esse; mas se esforce, se imponha... Um parágrafo, uma frase, três palavras da essência... Não relaxe... Um abração para você! Juízo... E escreva, desgraçaaaadoooooo!!!!!". O tom da Madalena, ao mesmo tempo firme e doce, foi tão convincente que o dia anterior àquele foi mesmo o último dia da viagem em que não escrevi. Até me fez lamentar só ter recebido essa mensagem carinhosa e profunda no finalzinho de outubro, com mais da metade da viagem já andada. Contudo, pensei que era melhor tarde do que nunca, e, a partir desse dia, 28 de outubro, passei a escrever "todo santo dia", mesmo que fosse um pequeno parágrafo antes de dormir... E agradeço a Madalena Freire por me ajudar a perceber o que não percebia e, dessa forma, estar viajando também comigo nesta viagem ao Brasil profundo.

  Compartilharei alguns desses registros escritos a partir das palavras de Madalena. De fato, agora que visito o arquivo guardado com as anotações, percebo que tinha escrito algo nos dois primeiros dias... de modo que as anotações têm dois parágrafos do final de agosto e depois começo novamente a escrever em 28 de outubro. E percebo uma diferença evidente e chamativa: os dois primeiros parágrafos, dos dois primeiros dias, estão escritos em castelhano... e a partir de 28 de outubro, depois do contato com o Brasil profundo da essência, como Madalena disse, minha escrita passa a ser em português, todo um sintoma de uma viagem interior. Nas primeiras palavras escritas em castelhano faço referência à alegria de voltar ao trabalho presencial, à potência sentida no trabalho com as e os companheiros do NEFI na semana que estivemos em São João da Barra. Menciono também o impacto que gerou em mim a fala de uma professora de um dos centros de educação infantil em Serra, ES. Ela me agradeceu por ter-lhe permitido voltar a se encontrar com suas colegas. Foi um registro repetidamente sentido durante toda a viagem: minha presença gerou que muitas pessoas se encontrassem pela primeira vez depois da pandemia. Era uma explosão de alegria, e eu me sentia muito bem de ser uma espécie de vórtice da retomada da presencialidade e de tudo que vem com ela. Um vórtice, uma espécie de transformador de energia potencial em energia cinética. Ponte. Intercessor. Conector. Uma espécie de menino conectivo e conjuntivo, como Paulo Freire tanto gostava de se perceber a si mesmo.

Vou transcrever algumas passagens da escrita desse diário que tem mesmo um tom narrativo, despretensioso, mesmo que no território "mais sagrado da marca humana" como tinha afirmado Madalena na busca de algumas palavras sobre o essencial de cada dia:

29 de outubro

"Hoje, acordei às 5 horas… na casa do pai do Getúlio, do povo Tremembé; foi maravilhosa, ontem à noite, a festa de aniversário de dona Teresa, mãe do Getúlio, que tive a fortuna de compartilhar, com a família toda… conversei brevemente com ele e dona Teresa… me desculpei por ir ao banheiro sem saber que estava com defeito, tomei um limão grande da horta, agradeci novamente a hospitalidade e me fui com a sensação de que, como me disse Getúlio, ganhei uma nova família… subi descalço o caminho de areia até o carro… carreguei as plantas que me acompanham e segui viagem… às 8 horas e pouco estava chegando a Sobral para uma formação na Esfapege, no centro da cidade… foi bonito o encontro, estavam Amaury, o diretor, e umas 15 pessoas da equipe, Daniel, Carmem, Acleriston, Mara, Deliane, Adriana, Robson, Luciana, Janaina (de Educ. Infantil), Renata… e mais alguém cujo nome não anotei e do qual nem me recordo… pedi que se apresentassem com uma pergunta…e fomos comentando cada pergunta, percebendo o que elas afirmavam… o exercício correu bem… eles se envolveram, senti que gostaram, que faziam um exercício interno de reflexão, que as perguntas levavam em conta e dialogavam com as anteriores… almocei com Amaury e saí logo para Parnaíba; tomei dois cafés para não dormir no carro… a viagem foi tranquila e demorei algo menos que as três horas e pouco que dizia o GPS... cheguei à casa do Guilherme, que foi muito atencioso... tomei um banho e corremos para o encontro com as mulheres da Associação Nacional de Pescadoras... foi genial, maravilhoso... elas estavam nos esperando, chegamos com 15 minutos de atraso... fomos também com Vladimir... eram umas 15 ou 20 mulheres... Raquel tinha organizado a atividade, estávamos na casa de Maria de Jesús, e a sua filha Daina também era uma das organizadoras... foi um encontro muito gostoso; depois de um momento em que pareciam um pouco desconcertadas, elas riam sem parar, era óbvio que adoravam a atividade, estavam surpreendidas... contaram que estão habituadas a outra coisa em eventos desse tipo... por momentos riam a gargalhadas e ficavam muito pensativas... e mudaram de atitude: uma delas, Francisca, de início estava grudada ao celular... numa hora fiquei conversando com ela, perguntando outras coisas e mostrando como era boa sua participação... e a reação foi imediata: deixou o celular a um lado até o final da atividade... Navegantes disse que o tempo passou voando e que amou a atividade... outra participante, também chamada Francisca, mostrou seu evangelismo, e tentei com perguntas tirar um pouco do peso de sua fala... No decorrer da atividade, conversamos bastante sobre o começo, sobre como começar, o significado de começar, começar juntos e todos, recomeçar... passei uma boa parte da atividade perguntando a elas se tínhamos começado, se podíamos começar, se ficaríamos só começando... elas amaram e eu também... aprendi coisas interessantes, por exemplo, que o professor é um pescador, que para ser professor e ser pescador há a necessidade de coisas muito semelhantes: atenção, coragem, resistência, luta, escuta, aprender, tempo... Uma outra participante, Navegantes, disse que a vida é tempo... e apareceram tantas ideias interessantes... amei a atividade, que terminou com um lanche... depois fomos jantar com Guilherme e Hortência, e estou mortinho com farofa, pronto para dormir já, já, acho que desligo o notebook e já estarei dormindo..."

2 de novembro

"Ontem cheguei de tarde a Barreirinhas para uma atividade com professoras e professores do município; Rosilda, a tia de Hortênsia, que é também professora, organizou. Foi uma atividade bonita, e acho que eles ficarão se encontrando e estudando agora a partir do encontro de ontem… Um lindo desdobramento… Foi curiosa a pergunta da Luciane ao se apresentar: 'Você tem algum retorno financeiro com esta viagem?'… estavam também Ana Maria e Marcelo, que esteve muito atento e tem pensamentos muito interessantes… Hoje fomos ao cemitério muito cedo, ainda não eram 5 horas, para chegar antes que o vento ficasse mais forte e impedisse de acender as velas… o céu estava lindo, com uma lua minguante intensa e luminosa… acendi uma vela na cruz do alto do cemitério, onde me disseram que se acendiam velas para os mortos que não estão aqui… pensei em Marta, Inti, Isaac… foi uma linda cerimônia com Rosilda, Hortênsia e a mãe dela, e para mim uma maneira completamente nova de habitar um cemitério… depois fomos ao rio, nadamos, andamos de canoa, ouvi de dona Tereza histórias sobre o rio, sobre seres que moram numa cidade no fundo do Rio, me lembrei do mito da Atlântida com a cidade submergida no oceano nos *diálogos* de Platão, chupei uma manga deliciosa… foi bom ouvir as histórias da família da Hortênsia… o espírito e o clima de uma família… e depois vim de carro para São Luís… estrada boa, parei só para tomar um cafezinho… senti a lenta intensidade do tempo da estrada outra vez, esse tempo que parece suspenso… e aqui em São Luís cheguei a um sítio encantador, a casa de Paloma, Fraternidade Colibri, na localidade de Rio São João, que está situada em Paço do Lumiar, município da Ilha de São Luís. Ela veio me acolher com seus filhos Sereno e Nino, encantadores. E estou numa oca-casa maravilhosa… com rede mosqueteira para dormir, rede para descansar, casa redonda de barro e muito amor…" Oh sorte a minha.

3 de novembro

"De manhã terminei o projeto para apresentar no CNE/FAPERJ e de tarde vieram as crianças de Paloma e outras crianças, todas adoráveis; fazem aqui uma escola informal… me levaram a visitar o sítio, que é maravilhoso… comi bastantes tamarindos, elas subiram a muitas árvores, jogamos bola… depois fui para um encontro no Centro de Integração Comunitária Fé em Deus, coordenado por Juberval… foi um encontro muito intenso e sentido… pessoas idosas na maioria, lutando por regularizar sua terra e encontrar espaços para uma vida melhor... o bairro era um pouco longe, mas cheguei bem... houve um momento de apresentações, de uma história inicial contada por um líder do movimento negro... participaram umas 30 pessoas... dentre elas, Rosângela, Cristina, outra professora e José Francisco Diniz, do Movimento Nacional pela Moradia... As pessoas pareciam cansadas, depois de uma longa jornada, mas também muito animadas e bem dispostas. Fizeram perguntas importantes e conseguimos que se percebessem como seres de saber e de inquietação, ao colocarem muitas perguntas para se apresentar... Terminamos tarde, quase 22 horas, com um lanche comunitário... Senti que o encontro provocou certo impacto nas pessoas. Percebe-se nos corpos, nos gestos, mesmo que seja difícil de explicitar ou precisar o que vai acontecendo em cada uma. E é nítida a mudança que uma pedagogia da pergunta gera nos que participam dela."

9 de novembro

"Acordei às 4 horas em Teresina para ir até Nova Olinda... chovia bastante na estrada e senti um pouco de apreensão, estava muito escuro e alagado... o GPS marcava mais de sete horas e 30 minutos... só depois de algum tempinho a estrada ficou melhor e mais agradável... até que em torno de umas 8 horas me parou pela primeira vez um policial em Picos, PI... foi educado, mas insistia em ver meu documento de 2021... e só tinha, impresso, o de 2020... eu não conseguia baixar a carteira digital, mas foi bom ir ao banheiro da PRF... e depois de alguns minutos ele me liberou e segui viagem... quase sem parar cheguei a Nova Olinda às 11h45... encontrei Dulce e Miguel, comemos otimamente na Casa Grande e fiz uma oficina com uma turma de crianças da própria casa... foi linda... depois uma das crianças, Kaica, nos mostrou a casa, os projetos, a biblioteca, a rádio, a TV, tudo muito lindo... parece que antigamente a Casa tinha autogestão das próprias crianças, mas essas crianças cresceram e em lugar de passar a posse para outras crianças, elas mesmas seguem cuidando da casa, só que já sem idade de crianças... como se não pudessem se desprender dela... mas o projeto continua lindo... visitamos também o Expedito Celeiro, que é uma figura impressionante e tem uma casa, museu e exposição de uma rua inteira em Nova Olinda... conversamos bastante... uma personagem potente, artesã em torno de uma cultura do boi e do couro... suas peças são muito lindas... e a conversa foi muito agradável, mais pela forma que pelo conteúdo... tomamos um cupuaçu e seguimos para Crato, onde cheguei muito cansado para dormir na casa de Dulcinea..."

12 de novembro

"Foi um dia intenso, em Crato, CE, de duas oficinas com pessoas envolvidas em projetos de filosofia com crianças, grupos de pesquisa e extensão, bolsistas PIBID e também estudantes e professores da Universidade Regional do Cariri (URCA), também educadoras infantis... foram duas rodas muito bonitas sobre o começo... quase três horas cada uma... na primeira, além de conversar sobre o começo, nos apresentamos com perguntas e fizemos uma roda de perguntas e exercícios com perguntas até fazer uma reflexão sobre o próprio exercício... na segunda foi semelhante, só que nos apresentamos com sonhos e o clima foi mais coeso ainda, muito leve... recomeçamos algumas vezes pela chegada de novas pessoas e tudo transcorreu maravilhosamente... foram duas rodas muito produtivas ambas... e apresentação de Ellen foi com um sonho muito lindo: poder sempre seguir sonhando."

18 de novembro

"Hoje fomos de manhã à Escola Elzair Rodrigues de Oliveira, na Comunidade Novo Zabelé, perto de São Raimundo Nonato, PI. É uma comunidade que foi expulsa do Parque quando se criou a reserva... foi muito mal tratada e até hoje sentem essa violência... na escola me encontrei com professores pela manhã... foi uma conversa muito boa numa sala pequena, com Wilton, Lucineide, Larissa, Jordana, Carolina, Ailton e algumas outras pessoas... falamos em torno de duas horas sobre a escola e o tempo... apareceu o passado da destituição violenta – que algumas professoras confessaram desconhecer – e o tempo que a escola pode oferecer para pensar esse passado... Depois fizemos uma atividade com crianças... foi uma conversa com umas 50 crianças de diversas idades, num pátio... pedi que adivinhassem o que eu estava buscando na viagem... ficaram muito tempo tentando; depois me fizeram algumas perguntas... foram se soltando... e algumas perguntas foram muito boas... e algumas crianças tímidas participaram... e perguntei o que tinham aprendido... foi lindo perceber não apenas o monte de coisas que disseram que tinham aprendido como também a vibração com que se expressavam... de tarde tivemos um encontro na secretaria, com diretores e coordenadores... foi especial... comecei com a brincadeira do começo e no começo foi difícil... porque todas as pessoas pareciam ao mesmo tempo incomodadas e com medo de se expor... mas aos poucos foram entrando na brincadeira... e ela foi se tornando cada vez mais interessante... e o clima voltou-se mais relaxado... chegamos à apresentação e a secretaria, Nailler, se apresentou: 'O que poderia estar fazendo que não estou fazendo pela educação de São Raimundo Nonato?'... e Itamar: 'O que é uma pedagogia menina?', e Alexis: 'O que me trouxe até aqui?', e assim foram traçando conexões muito boas e potentes e ficamos duas horas e as pessoas não queriam terminar... tinham se apresentado menos de 10... de umas 30 em total... e perguntei às outras o que tinham aprendido e saíram coisas muito interessantes sobre a própria prática em sala de aula, sobre a falta de escuta e atenção... no final, estavam todas relaxadas, sorrindo e curtindo muito o momento..."

25 de novembro

"Acordei cedo e já tinha muitas mensagens pelo meu aniversário... que também é o primeiro aniversário da morte de Diego e será difícil não pensar nele... a sensação é que meu aniversário nunca mais será apenas meu aniversário... começo a pensar que foi mais um presente dele, uma forma de nos entrelaçar no nascimento e na morte, de fazer-se ainda mais presente em mim... Pela manhã, fui à UNEB, onde o grupo de um seminário do Pinzoh me cantou parabéns com música e fez uma festa bonita com comes e bebes... fui vestido de Diego, vesti e contei a história da camisa que tem uma caricatura de Diego e duas frases em italiano. A primeira frase foi pendurada numa tarja no muro do Cemitério de Poggioreale quando o Napoli foi, pela primeira vez, campeão da Itália, em 1987: '*Guagliù, che ve site persi*' ('Rapazes, o que vocês perderam!'). Uns dias mais tarde, os mortos responderam com uma outra tarja, dessa vez no muro do Cemitério de Soccavo: '*E non sanno che se só perso*' ('E como sabem que o perdemos?'). Voltei à casa do Pinzoh para fazer uma *live* com uma criança na Colômbia... e depois fui tomar um banho maravilhoso no rio São Francisco com Luis Ozete... na ilha do fogo, fomos de caiaque alugado, coincidentemente, a um menino com o nome sagrado, Diego, muito simpático... depois voltei para resolver coisas no computador e mais tarde encontrei Nisse para assistirmos ao pôr do sol... quando voltei, a ex-esposa de Pinzoh tinha organizado um jantar de comemoração... senti o carinho das pessoas, das filhas do Pinzoh, Marina e Bárbara, e de colegas professores... que não conhecia até essa semana... falei com as meninas, Vale e Giuli... Mile ficou dormida... fiquei resolvendo coisas do computador até tarde..."

27 de novembro

"Ontem, sexta, dia 26, saí para encontrar Bezerra em Monteirópolis... carreguei as plantas, cada vez mais, e cheguei umas 14 horas ao posto em que Bezerra me esperava... ele estava sentado, esperando-me... fomos para Paus Pretos... haveria uma festa e quem sabe uma pelada... esperamos numa sala cheia de bolos, verduras, tapiocas, pé-de-moleque de coco... era um ambiente de fartura... senti-me algo estranho por ser a atração principal de uma festa pelo mês da consciência negra... mas tentei moderar minha tendência a julgar o que estava acontecendo e me colocar numa atitude mais acolhedora do que julgadora, mais receptiva do que crítica... nos tratavam generosa e amorosamente... nos serviram um café muito poderoso... parecia que os preparativos ainda requeriam um tempo, e enquanto esperávamos fiz alguns vídeos para um compromisso acadêmico com a Universidade Nacional de Mar del Plata... Ainda demorou um pouco para começar a festa... como parte dela, estava acontecendo um campeonato de futebol, e quando vi sua seriedade percebi que era melhor desistir da pelada. Depois de algumas horas a festa começou... como parte dela fui chamado para fazer uma palestra na praça principal para muita gente... tentei não defraudar... não consegui conter minha tendência crítica e, na minha fala, analisei uma frase que estava pintada numa das paredes de frente para a praça: 'Não deixe que a sua cor de pele impeça que você seja quem deve ser'... Embora possa parecer afirmativa, me pareceu poder reforçar o pré-conceito e a recusa da própria pele... enfim, falei de uma escola para perguntar, pensar e sonhar... Depois chegou Ericka, e, junto a Bezerra e autoridades locais, assistimos a premiações, entregamos prêmios, participamos como banca de concurso de beleza, tudo junto e misturado, tentando apreciar e valorizar o significado daquela festa e não julgá-la... acabamos partilhando um jantar coletivo e a alegria de um povo que parecia querer sorrir ao mundo... Hoje acordamos cedo e fomos primeiro a um encontro com o povo Xukuru-Kariri, em Palmeira dos Índios, na casa de lideranças... conversamos com o líder, seu pai, sua mãe, chegou Jenivaldo, professor de História e um professor líder do movimento... que enfatizou como os governos do PT foram um retrocesso grande na luta pela recuperação e demarcação da terra indígena por não responderem às expectativas de demarcação da terra e ainda desmobilizando o movimento, cooptando muitos jovens que não retornaram às comunidades e ficaram em Brasília... tentei motivá-los a criar uma escola, quando me falaram que na escola regular as condições não são muito favoráveis à sua luta... e depois fomos até a cooperativa Coopcam, na Serra das Pias... onde fazem um vinho e outros produtos de jabuticaba... conversamos com Hélio, que nos contou de suas perguntas: como fazer para aumentar a participação no movimento? Como expandir o movimento entre os jovens? E como motivá-los a que permaneçam e contribuam para formar novas pessoas que continuem o movimento? É um movimento importante, sem uso de transgênicos ou agrotóxicos, cooperativo, ativo... ligado também à pastoral... Hélio nos contou de sua admiração pelo padre Cícero... foi 25 vezes como romeiro a Juazeiro do Norte... E depois voltamos a Palanquete, à casa de Bezerra... tivemos um ótimo lanche com a esposa dele, conversamos do Vélez, e começou a chover muito forte, o que é raro e muito bom para a região... mais um sintoma de que estávamos num dia de festa... ❀ ♡ 🐘"

2 de dezembro

"Hoje é o aniversário de Vale. Tão longe e tão perto. Cheguei ontem de noite a Rio de Contas, à casa de Fátima. Foi difícil chegar, porque estão alguns caminhos cortados pelas chuvas intensas. Hoje tive muitas atividades em dois colégios daqui: o Estadual Carlos Souto e o CIRCEA... primeiro no Carlos Souto, com três turmas de ensino médio pela manhã... foram atividades lindas... jovens atentos, interessados... e de noite fomos ao CIRCEA... a atividade foi sensacional... tinha professores e estudantes do EJA... e todos os funcionários da escola... uma discussão interessante com muitas questões políticas que apareceram mais fortemente que em outras vezes e outros lugares... finalmente, quase às 21 horas voltamos à outra escola, Carlos Souto, porque havia ali outra turma de alunas e alunos da EJA nos esperando... foi linda a conversa... No dia seguinte a diretora Luciana me disse que o porteiro Edson lhe tinha confessado que não tinha podido dormir aquela noite pensando em algumas perguntas que surgiram na atividade... não que eu duvidasse do que estávamos fazendo, mas escutar esses gestos potenciava minha alegria e a sensação de que a viagem estava sendo muito significativa para muita gente, além de mim mesmo."

    Assim era a minha escrita. Notas. Registros. O ritmo da viagem era intensíssimo. Conseguia registrar algo de noite, antes de dormir, pela maneira como ressoava em mim o apelo de Madalena e porque sentia também que era preciso anotar esses registros, mesmo de forma precária e sucinta. Nunca tive desejos de que a viagem terminasse, mas nos primeiros dias de dezembro Milena começou a se comunicar de forma bastante diferente comigo, me fazendo saber que, diferentemente dos inícios da viagem, estava começando a sentir muito minha falta. E então senti que estava na hora de apressar o ritmo do retorno. Decidi, assim, acelerar o caminho de volta para casa. Os últimos dias foram um pouco vertiginosos. No sul da Bahia estava, raro, chovendo muito fortemente, e tive sorte em atravessar algumas estradas que depois ficaram cortadas. Parecia que vários sinais me levavam para casa, e a boa fortuna me acompanharia até a última estrada. Contudo, a notícia da morte de Malena deu um tom imerecido ao último trecho. Uma tristeza inevitável tomou conta de mim no último dia da viagem. A chegada foi o abraço com Milena e a sensação de que, mesmo que já não me subisse ao carro, ia demorar bastante tempo para terminar a viagem.

    Depois de algumas semanas comecei a pensar neste livro e num documentário. São quatrocentas horas filmadas das que, espero, surja um material que mereça ser mostrado. E quando pensei no livro, senti a necessidade da escrita dos meus anfitriões, aquelas e aqueles que fizeram possível a viagem, que aceitaram o convite mesmo quando as condições não eram as mais favoráveis e a prudência indicava outra coisa, e ainda deram muito tempo e esforço na preparação e na realização das atividades. A imensa maioria dos anfitriões respondeu prontamente ao convite. Alguns agradeceram e se desculparam porque não conseguiram escrever nada; mas a maioria das pessoas respondeu prontamente com um escrito; cada uma escolheu um estilo. Em alguns casos, sobretudo em relação àqueles que me tinham acolhido no início da viagem, já tinha passado bastante tempo, e as lembranças poderiam não ser tão precisas. Eu só pedi algum registro escrito da minha passagem, mesmo que fosse curto, seja da preparação, da visita, seja de algum efeito dela. Contudo, os depoimentos são de uma riqueza singular e fazem parte principal da narrativa da viagem. Contêm transcrições literais de algumas conversas com crianças e adultos, relatos de muitas atividades realizadas, escrita em cordel, poemas, prosas elegantes, sisudas... e a história de Carmosina, uma senhora de 85 anos que me presenteou com um chapéu de palha de palmeira, confeccionado enquanto partilhávamos uma roda de pedagogia menina em Barra de Jaguara, BA.

Um viajante, um menino, uma estrada e muitas, muitas perguntas...

Juliana Paoliello Sánchez Lobos[1]
SERRA, ES

Viajando nas perguntas por 110 dias, em peregrinação pelos solos *brasilis*, *menino Kohan*, o mochileiro errante, realizou sua viagem na primavera de 2021, pelos territórios litorâneos, instigado pela pedagogia menina freiriana da pergunta, ou das perguntas... Menino curioso, enveredou-se pelas estradas, num lançamento de si aos gestos que inspiram uma pedagogia menina, e nos provocou a deslocarmos os sentidos de vida, igualdade, amor, errância e infância, produzidos nas andanças educativas. De uma vida estrangeira, pela *igualdade* de condições, por *amor* à vida, nas *errâncias* dos caminhos e das *infâncias* como começos, pudemos compor com esse menino uma potente amizade filosófica.

No outono de 2021, movidos por uma forte *vontade de conversa*, convidamos o professor Walter, ou o *menino Kohan* (modo carinhoso como nos referimos ao professor aqui no município da Serra, ES), para compor conosco uma rede de conversação com os profissionais da educação do Espírito Santo (e outros estados e países) numa série[2] intitulada "Tempo(s) e infância(s) na educação infantil". Esses encontros foram de tal modo fortalecidos numa rede de intensidades pulsantes, que

---

[1] Secretaria Municipal de Educação, Serra, ES.
[2] O professor Walter participou do nosso projeto formativo intitulado "Conexões Serrana: agenciamento com os territórios crianceiros", numa série de três encontros: o primeiro, "Paulo Freire e os tempos de infâncias"; o segundo, "Uma pedagogia menina da pergunta para a Educação Infantil"; o terceiro, "Outras vozes para meninizarmo-nos esperançando".

desconfiguravam uma ideia universal de escola, educação, tempo(s) e infância(s). Ainda em 2021, agora ao convite do professor Walter, participamos de um percurso da andança "Viajando nas perguntas".

Com uma enorme alegria, a matilha serrana acolheu o convite e topou viajar nas perguntas. Os dias que antecederam a passagem do *menino Kohan* em nosso estado se constituíram de conversas por meio das quais pudemos pensar os lugares em que compartilharíamos nossas perguntas com professores, professoras, gestores e, claro, com as crianças que habitam os *territórios crianceiros*[3] do município da Serra, ES.

> O professor Walter Kohan faz sua primeira parada e chega ao município da Serra com sua mala cheia de alegrias, perguntas, inquietações, curiosidades e com a vontade de meninizar-se com as crianças, com os professores e todos que toparam embarcar nesta viagem menina da pergunta (Professora Nayara dos Santos Perovano – Gerência de Educação Infantil da Serra, ES).

De coração aberto, pudemos exercitar a hospitalidade que expande as portas de nossas casas, para abrigá-lo em nosso coração, com os nossos afetos, com o nosso amor, com a nossa alegria…

Nessa vibrante hospitalidade, levamos o *menino Kohan* para os *territórios crianceiros*, a fim de produzirmos encontros… bons encontros… Assim, o viajante passou pelos espaços-tempos conversando, ouvindo e fazendo perguntas… Perguntas que se desembrulhavam e se desdobravam em linhas de fuga, para produzirem sentidos sensíveis de uma dinâmica educativa que se engendra com a vida… com os processos de existência.

Nesse ir e vir dos pensamentos, em que cada pergunta nos instigava várias outras perguntas, pudemos experimentar uma pedagogia forasteira, subversiva, perigosa, visto que desconstrói imagens cristalizadas dos modos de significar a escola. Essa desconstrução deu lugar para pensarmos a escola como tempo livre, tempo da invenção, da criação, da relação, da desconstrução… lugar que move o pensamento coletivo, que se derrama, entorna, transborda… A *skholé* do ócio, do tempo da criação, do *aión*, do *kairós*, do tempo presente no presente tempo.

---

[3] Centros Municipais de Educação Infantil (CMEI).

Aqui na Serra, neste tempo presente, experimentamos a escola, ou os *territórios crianceiros*, numa temporalidade afetiva, no sentido espinosista, que nos permite um olhar sensível para ela, na sua condição inventiva e infantilante. Foi assim, ao adentrarmos os territórios do "tempo livre", que nos encontramos com as crianças: entre risos, olhares atentos e uma certa desconfiança, que enunciava uma *vontade de pergunta*, ao mesmo tempo que elas criavam seus modos próprios de brincar, de experimentar e de perguntar: "Quem é você?", "Como chegou até aqui?", "Vocês gostam de brincar?", "Gente grande brinca?".

Infantilar a pedagogia menina da pergunta, que nos desloca e nos leva para as "Maresias"[4] de conversações à beira do mar, dos rios, dos territórios crianceiros, ao som dos tambores de congo e casacas capixabas que, ao movimentar nossos pensamentos pelos abalos das provocações, afirma enunciações dançantes nas melodias eufóricas de *los chiquititos* que, acalorados pelo viajante, acolheram o mochileiro na sua *trip* pelas andanças freirianas...

Crianças e adultos interagiam com perguntas que nos deslocavam a pensar uma "infância para educação", como começos que produzem em nós devires e invencionices. Ao movimento dos pensamentos e dos corpos que se deslocavam nos espaços-tempos, infantilando as conversas pelo *território crianceiro*, e também à beira da Lagoa Juara,[5] que nos trazia inspiração, leveza e flutuações no pensamento... Ao som da viola de Rizi,[6] as músicas enunciavam uma "vontade de pergunta", por meio das afecções que produziam em nossos corpos em composição, com as inquietações sentidas e vividas na trajetória educacional...

> O encontro com o professor Kohan foi realizado a partir de um diálogo filosófico movido por muitas perguntas aos funcionários, professores, as crianças, andanças pelos espaços dos Centros Municipais de Educação Infantil da Serra (CMEIS). Depois dessa interação nos CMEIS, teve um momento com muita música, registros fotográficos, risadas,

---

[4] Praia localizada no município da Serra, ES, no bairro chamado Manguinhos. Maresias é famosa pelo encontro do rio com o mar.

[5] Lagoa Juara, localizada na região litoral do município da Serra, ES, muito próxima do Centro Municipal de Educação Infantil Vantuil Raimundo Bessa.

[6] Rizi é professora e compõe conosco uma grupalidade potente com os movimentos formativos com os docentes do município da Serra, ES.

emoções e degustação de um bom peixe da região, memórias e muitas composições às margens da Lagoa Juara, que expressam a ideia de que estamos sempre começando... (Professor Marcel – Gerência de Educação Infantil da Serra, ES).

Estamos sempre começando! Então podemos dizer que estamos sempre em estado de infância? Sempre começando uma ideia? Começando uma música? Começando uma conversa? Começando um pensamento? Começando uma pergunta? Nos embalos dos ares marítimos das praias serranas, adentramo-nos no *território crianceiro* chamado "Oceania", em que, aos sons dos atabaques, casacas e tambor de congo, o menino viajante foi recebido...

> Na educação e na vida ele veio até nós. Quem diria? Num cantinho aqui na Serra, em Oceania, naquela manhã de primavera, ele chegou. Kohan... Olhos lindos... Olhar atento... Sotaque diferente... E nós celebramos a sua chegada como um presente. Crianças ansiosas com aquele que viajou especialmente para nos conhecer e dialogar conosco. Quantos porquês????? E algo que parecia pequeno tornou-se grandioso, ida ao encontro dos pequeninos, conversas, risadas, surpresas... Professores envolvidos, apresentação com roda de música ao som do violão, congo, nossa belíssima cultura serrana, dançada pelo menino Kohan. Quanta alegria, pensamentos... Uma pedagogia menina da pergunta... *É necessário não saber para poder saber? Cada vez que encontramos uma pergunta começamos?* Deixou em nós, num começo de conversa, a calmaria do tempo, desejos de produzir procuras e muitas leituras (Equipe do CMEI Oceania, Serra, ES, grifo nosso).

"É necessário não saber para poder saber?" "Cada vez que encontramos uma pergunta começamos?" As perguntas são assim, pode até parecer clichê, mas, quando as exercitamos, percebemos que o campo do possível[7] se abre. Expandir pela via das perguntas que nos movimentam pelos deslizamentos das incertezas é como produzir as gagueiras nos discursos universais/padrões de conceber a educação brasileira. As perguntas são ferramentas, ou armas que nos munem de argumentações provocativas

---

[7] O possível, no sentido deleuziano, que não está no campo das possibilidades, ou do já dado, mas naquilo que se cria como uma condição de vida, ou de existência.

frente a um sistema maquínico que se alimenta da discursividade de que a escola é a "escola fracassada", porque pensada para a elite burguesa de uma sociedade absurdamente desigual como a nossa. Certamente por isso o peregrino Kohan optou pelos territórios menos convencionais para se lançar pelas beiras periféricas das comunidades invisíveis, pelos assentamentos, pelos lugares inacessíveis, pelas minorias desapropriadas de sua condição humana e civil. Essa minoria (crianças, pobres, negros das escolas públicas brasileiras) à qual só foi dada a condição de reproduzir "afirmações" que fortalecem, sem que ela própria se dê conta disso, a desigualdade desenfreada. Celebrar o centenário de Paulo Freire é potencializar sua memória, peregrinando seu legado àqueles que até hoje estão alijados de um direito educacional responsável e agregador.

Conversar com os adultos, mas também com *los chiquititos* dos *territórios crianceiros*, foi uma experiência bastante provocativa. Suas perguntas enunciavam um desejo coletivo que reverberava um modo de perceber o mundo por meio de suas experimentações éticas, estéticas, políticas e sensíveis, que nos colocam numa condição infante de estar em devir-criança.

> Foram encontros às margens de uma lagoa, rodas de conversas na praia em que o rio se encontra com o mar, "invasões" nas salas de aula para conversar com as crianças e apresentações das crianças e professores de um Centro Municipal de Educação Infantil chamado "Oceania". Foram encontros de muitos cheiros, abraços, risos, peraltagens, hospitalidade e principalmente perguntas, que nos permitiram experienciar uma infância (não uma infância como etapa de vida, mas um modo de vida), uma infância no pensamento, uma infância que cria, inventa, imagina, que é cheia de curiosidades, é caótica, indagadora, uma infância que nos tira do lugar, uma infância amorosa, uma infância livre dos contornos engessados e preestabelecidos... (Professora Nayara Santos Perovano – Gerência de Educação Infantil da Serra, ES).

Infância não como idade, mas como experimentação de temporalidades outras, que abrem caminhos, fissuras, possíveis. Não se trata de meninas/meninos cronológicos. Infância para Paulo Freire é amor, isto é, afeto, ou estado de coisa que quebra os grilhões da opressão. O amor é a condição do revolucionário. Infância não é idade, é tempo. Infância permanente... tudo aquilo que permanece no tempo da infância. Infância como mundo coletivo, comunitário e de todos. É preciso muito amor e revolução. Amor, no sentido que o bambino nos legou: como força revolucionária.

Assim, inventando infâncias com as crianças serranas, inventamos a infância errante, brincante, transbordante de invencionices, infância das experimentações, infância curiosa, política, poética... E assim, nessas redes intensivas de afetos, pudemos compor com suas palavras, quando as crianças, uma a uma, ao serem provocadas pelo *menino Kohan* a fazerem perguntas, enunciaram palavras que movimentaram o nosso pensamento. A cada palavra enunciada,[8] um sentido se desdobrava, afirmando com as crianças nossas apostas:

> *Sim*, lutamos como as crianças!
> *Favor*, só se for em favor da vida!
> *Rio*, nunca permanece o mesmo...
> *Brincar no parque*, e experimentar os tempos das infâncias.
> *Não*, não queremos esse sistema perverso!
> *Mau*, tudo aquilo que nos furta de uma condição menos desigual.
> *Infância*, inventada!
> *Triste*, afeto que diminui nossa potência de agir.
> *Amor*, revolucionário!
> *Vinho*, novo...
> *Ovinho de codorna*, para iniciar uma conversa...
> *Vinte e um*, ano do centenário do bambino permanente.
> *Alegria*, o mais potente dos afetos!
> *Ovo*, uma forma fecundada.
> *Irmão*, hermano, companheiro de luta e nas lutas.
> *Com licença e obrigada*, palavras-gestos indispensáveis.
> *Abraço*, não pode faltar.
> *Te amo*, te revoluciono!
> *Ilha*, deserta?
> *Arroz*, para acompanhar...
> *Casaco*, para aquecer.

---

[8] As palavras em itálico foram enunciadas pelas crianças numa roda de conversa com o menino Kohan. Desdobramos cada palavra, com forças que nos inquietam a experienciar uma escola outra.

Formiga, rizomas...
Feijão, na mesa de todas as crianças.
Rosa... no lugar das armas!

> Estar com as crianças! Sentir os tempos intensivos! Uma escuta atenta! Um ziguezaguear afetivo e afetuoso de ideias! Enunciações infantis ganhando força e transbordando! A *lutar como uma criança*! Foi o que o encontro com Kohan nos instigou. Com seu tempo do presente, ele convoca a qualquer hora uma experimentação dos eternos recomeços (Professora Riziane – Gerência de Educação Infantil da Serra, ES, grifo nosso).

Mas o que seria *lutar como uma criança*? É aquilo que nos inspira um modo de viver? De lutar? De perseverar? De amar como uma criança? De perguntar como uma criança? Se for, afirmamos com as enunciações das crianças nossas apostas.

O exercício da pergunta é o exercício da resistência, visto que a cultura das respostas, proveniente de uma lógica imediatista que pretende esgotar as inquietações e fazer os corpos-pensamentos se redimirem, investe na passividade das respostas débeis e estagnantes, em vez de se ater às forças das perguntas e/ou perguntas-forças que nos mobilizam e nos deslocam. As perguntas que emergiram dos *e* nos encontros nas andanças serranas acenderam em nós, educadores desta municipalidade, a escola para além do seu padrão "decora e aprova", para pensarmos a escola que abriga as temporalidades, os tempos das perguntas, os tempos dos pensamentos, os tempos da experiência...

Por essa razão, viajar nas perguntas no ano do centenário de bambino Paulo Freire, ou do menino conectivo *e* conjuntivo *e* inventivo *e e e*... é mais do que fazer memórias. Poderíamos dizer que também seja, mas é mais do que isso: é um (des)aprendizado de si, é um (re)inventar-se de si e de mundo que nos desprendem das concepções universais para olharmos o mundo desnudados de verdades estipuladas por uma sociedade egoísta, fragilizada, (des)governada por sistemas que fomentam as desigualdades, a insensibilidade, a ausência do amor como o mais potente ato de revolução. Paulo Freire, ao inventar duas palavras para a infância, reitera o Amor e a Revolução: Amor que revoluciona. Revolução, porque menina curiosa, inquieta, que não se cansa de perguntar... Amor, infância e revolução!

Embarcar nesta viagem nos permitiu perceber que a pergunta, a curiosidade são as molas propulsoras dos processos educativos. Nos permitiu ver que as aprendências acontecem nas relações tecidas com uma educação infantil ou uma infantilidade da educação, que possuem corpos que vibram pela inquietação, curiosidade, sonhos, por fabulações... corpos que se rebelam ao que é imposto, que buscam uma educação sensível, atenta, criadora, inventiva e transformadora... (Professora Nayara Santos Perovano – Gerência de Educação Infantil da Serra, ES).

"Educação sensível, atenta, criadora, inventiva e transformadora"! Foram os contágios aberrantes *e* desviantes *e* infantilantes, que o caminhante errante movimentou em nossos pensamentos mais distantes, transformando nossas afirmações em perguntas problematizadoras. Nessas composições errantes, potencializamos a arte de fazer perguntas como obra de arte sempre aberta, nunca estanque, em *conexões serranas* e sempre a começar...

Menino valente, nômade, forasteiro que, saindo das terras cariocas, desbravou-se pelo território espírito-santense, com sua mochila e bandana em busca das perguntas. Caminhante errante ao sabor dos mares, da ilha, das moquecas e camarões, compôs encontros com *los chiquititos*, efetuando devires imperceptíveis, crianceiros, caçadores...

Andarilho, sem lenço nem documento, apregoando o legado de nosso fraterno patrono da educação brasileira, faz de cada pergunta uma pegada, uma risada, uma cilada... cilada filosófica, que não nos deixa permanecer no lugar. Ciladas que abalam nossas verdades, nossas certezas e convicções.

Ao desembarcarmos desta inusitada viagem do legado do menino bambino Paulo Freire, *viajando nas perguntas* do mochileiro errante, eis a inquietação: serão as perguntas as infâncias não cronológicas? O tempo da experiência, sempre recomeçando?

Tivemos de desembarcar da viagem logo no início para que o professor Walter Kohan pudesse percorrer outros trajetos e caminhos, mas essa passagem dele nos fez perceber que é sempre tempo de começar, que a vida de um educador (ou mesmo a educação) é viva, inquieta, sensível, amorosa, inventiva, curiosa, esperançosa, sonhadora, que não se cansa de perguntar. Possibilitou-nos perceber que viver uma pedagogia menina nos permite criar outros caminhos, outros começos, outros possíveis... e nos possibilita manter aberta a força transformadora da infância (Professora Nayara Santos Perovano – Gerência de Educação Infantil da Serra, ES).

Viajante infante, em movimentos cortantes, vai rompendo com as lógicas dominantes, movido pela alegria da potência vital, em que o amor e as infâncias não se escondem, por onde quer que passa, deixa-nos, de maneira marcante, a ideia de que as perguntas nos navegam como infantes viajantes. Ou, como diria o poeta: *não sou eu que me navego*, mas sim as perguntas que nos inquietam à força transformadora da infância. Somos gratos pela força que não deixa morrer em nós a meninice que temos em nós! Meninice como potência política da existência.

Um viajante, porque inquieto, porque andarilho; *um menino*, que permanece conectivo, conjuntivo e militante ao legado do bambino permanente; *uma estrada* que bifurca, trifurca… faz rizomas *e muitas, muitas perguntas…* ■

◉ A que viagens nos convida uma viagem?

Ana Paula da Rocha Silvares[9]
SÃO MATEUS, ES

"*Queres fazer parte da viagem?*"[10] A pergunta que se lê é um convite ao encontro. É ainda, e também, uma questão que diz muito a que se destina essa escrita. Querer… "Expressar a intenção ou a vontade de; desejar […]"[11] – Desejas fazer parte da viagem? Tens vontade de fazer parte da viagem? – Fazer… "Dar forma ou vida a; criar […]; desenvolver algo a partir de uma certa ação; realizar […]"[12] – Desejas realizar parte da viagem? Tens vontade

---

[9] Secretaria Municipal de Educação, São Mateus, ES.
[10] Pergunta feita pelo professor Walter Omar Kohan no *textoconvite* enviado à secretaria.
[11] QUERER. *Dicio*. Disponível em: https://www.dicio.com.br/querer/. Acesso em: 13 fev. 2022.
[12] FAZER. *Dicio*. Disponível em: https://www.dicio.com.br/fazer/. Acesso em: 13 fev. 2022.

de viver parte da viagem? – Parte... "Compartilhar; participar [...]"[13] – Desejas compartilhar a viagem? Tens vontade de participar da viagem?

A ideia de *andarilhagens* por nossas terras – aqui neste lugar em que a filosofia nos convida a encontros – nos desassossegou... Passamos a pensar a *perguntaconvite*... interrogar o chamamento a *querer fazer parte*... nosso modo de participar dos deslocamentos a que se arrisca, e nos convida ao risco, o professor Walter Omar Kohan ao passar pelos solos mateenses,[14] em setembro de 2021...

Quantos convites há num convite? A que viagens nos convidam uma viagem? Essa é a nossa tentativa de rascunhar parte da jornada que aconteceu por aqui. Queremos compartilhar as lembranças da errância a que nos convidou um viajante com perguntas, ousando apontar a viagem como um exercício inventivo do educar e educar-se a que somos expostos quando nos arriscamos no afirmar a *pedagogia menina da pergunta* como atalho nos caminhos instituídos por outras pedagogias.

Uma ideia... o convite... uma viagem...
Quantas viagens?

No dia 10 de agosto de 2021 o professor Walter Omar Kohan nos convidou para fazer parte de uma viagem planejada por ele. Uma viagem pedagógica, explicou-nos. Vinha de carro e desejava visitar escolas, fazer encontros com professoras e professores... com as crianças. Nesse primeiro contato, um pedido inusitado... não há nenhum custo a ser repassado, e o Walter Kohan prefere se hospedar com as gentes de seus encontros ao ambiente de hotel... viver o cotidiano desses sujeitos... estar nas salas de aula e das casas, nas praças e espaços abertos a se encontrar... com outros.

Consciente da situação difícil em que as escolas se encontravam em virtude do contexto pandêmico; sabedor das ações de emergência como o ensino remoto e híbrido a que nos arriscávamos, e, ainda, da

---

[13] PARTICIPAR. *Dicio*. Disponível em: https://www.dicio.com.br/participar/. Acesso em: 13 fev. 2022.

[14] Termo utilizado para identificar as relações de pertença de quem nasce em território do município de São Mateus, ES.

condição docente nestes tempos, o professor questiona (e nós também) se há possibilidade de organizar algo...

Por aqui entendemos que tudo é possível e propomos dialogar com os outros da Secretaria Municipal de Educação para juntos organizarmos a parada do *mochileiro pensante* neste ponto da viagem... Um grupo se reúne... direção pedagógica, coordenadores de áreas e gestores pedagógicos iniciam um diálogo, e as perguntas movem nosso conversar...

Estamos viajando? O desejo que expressou o *andarilho do pensar* – de estar entre nós, movimentar-se entre nós, viver a nossa rotina – convida-nos a retornar às questões cotidianas para a acolhida de um estudioso, e se apresentaram outras, novas, a partir de seu pedido... Onde ele se alimentará? Em que lugar poderá dormir? Quem poderá o acompanhar e quem estará com ele? Para onde iremos? Com quem nos encontraremos? Quanto tempo durarão os encontros?

Viajávamos nas perguntas... logo percebemos que os modos de nos preparar para esse encontro eram diferentes dos outros que a secretaria já vinha organizando no decorrer dos tempos... É tão mais provável, e possível, organizar a alimentação em um restaurante da cidade e a hospedagem em um determinado hotel; é razoável prever e agendar o transporte com horários e rotas predefinidas... é mais fácil? É melhor para atender e satisfazer quem hospedamos? Pode ser a afirmação coletiva, mas não é isso que ouvimos enquanto lemos o convite... não é isso que vemos quando ouvimos as mensagens em áudio.

Esta viagem nos convida a uma organização outra. Cada vez que nos reuníamos, uma roda de conversa se iniciava nas perguntas que inventavam o tom do diálogo... nas interrogações que rascunhavam os percursos possíveis de serem percorridos nas trilhas que inventávamos... entre aqui e lá.

Muita coisa do que pensamos ia se desfazendo com as viagens que vivenciávamos nas questões que eram colocadas. "É possível que algo mude aqui"... "Temos de considerar a experiência para que isso aqui se realize"... "Dependendo dos afetos a que formos expostos, é possível que não dê tempo de fazermos isso"... Eram os pensamentos expostos a cada vez que nos reuníamos para preparar a chegada do professor Walter.

Não se tinha ideia do que ele procurava, e se ele procurava algo... não tínhamos certeza alguma de que vivenciaríamos exatamente o que planejávamos. Se algumas questões podiam ser respondidas com a experiência de recebê-lo, outras seriam refeitas, desfeitas, abandonadas nas vivências a que nos arriscávamos a cada dia juntos, a cada viagem realizada dentro de um território (des)conhecido. Entretanto, era necessário prever o essencial para o receber. Era essencial organizar o básico para com ele nos encontrar.

Passamos a adivinhar. Fazer como fazem as crianças. Vamos experienciando o talvez, o incerto, os acontecimentos que nos convidam a desejar a viagem, ao passo que temer sua criação potencializa a curiosidade e a vontade em nós. O acaso, então, são circunstâncias em que as urgências nos obrigam a queimar etapas e regem a exploração do mundo tanto pela criança quanto pelo inventor. Ação em que educar e educar-se acontecem sem um *ensinador*, numa experiência de viajar com perguntas, Rancière (2011) inspira-nos.

Uma data é marcada. O *pensante viageiro* chegará no dia 2 de setembro e ficará conosco até o dia 6... Uma comichão em nossos pensamentos e as interrogações sobre a organização de sua chegada, a preparação do espaço e a previsão dos tempos em que se dariam os encontros sem antecipar os sentidos a que se aventura o hóspede em seu deslocamento continuam... É possível hospedar o *andarilho do pensar*? A que nos convida um *estrangeiro com perguntas*?

De forma curiosa e inquieta, os preparativos para acolher o professor Walter começam mais esta e outra vez. Os movimentos para recebê-lo deslocam quem aceita o convite (a secretaria... as escolas). A rotina institucional se modifica na proposta de uma organização em que o acaso seja possível. As coisas... as ideias... as maneiras de vivenciar os movimentos educacionais pela/com/na escola são sublinhadas pelo desejo do imprevisto.

Coordenação de área, pedagogos e professores se arriscam a interromper a estadia escolar na viagem... se aventuram a romper com as formas de pensar e viver o educar e educar-se no deslocar, sair do lugar e viver outra coisa além do previsto. Afinal, encontrar-se com o professor Walter é preencher o meio com o possível, movendo-nos pelas margens em busca do improvável... à procura do acaso.

É o dia 2 de setembro... São 9h48, e quem vem de viagem faz sua parada (quem o recebe também). Encontramo-nos na frente da Secretaria Municipal de Educação, em São Mateus... Um sorriso... muitos e outros risos.

"Como estás?" "Para onde vamos?" "O que fazemos?"... Caminhar com a filosofia... em errância com as perguntas... as nossas e as de outros... com outros. Assim começamos mais essa parte da viagem (e as outras...).

Iniciamos por onde planejamos... E agora? Não querer antecipar os sentidos gera em nós uma ignorância querida... não saber nos convida a dar atenção à curiosidade gerada em nós... ao seu tamanho, à sua força.

É possível que o início seja composto por inúmeros começos? Uma viagem pode vir a começar a partir de desejos e vontades que se encontram? É possível que seja inventada nos desejos e nas vontades de sujeitos que se encontram... nos e com os outros (lugares, sujeitos)?

Nesse dia, ainda, visitamos, com Victor Pereira (Gestor SME), a Escola Municipal de Ensino Fundamental Lilazina Gomes de Souza. Fomos recepcionados pela pedagoga Claudia Pandolfi, o professor Wanderson Martins, outros funcionários e as crianças (umas lanchando, outras brincando nos cantos da escola e outras, ainda, jogando um "tipo de jogo" no pátio).

De início ficamos ali, no meio... no entre... naquele tempo e espaço em que os sujeitos movimentavam a escola... ali onde o professor Walter O. Kohan e Victor Pereira passaram a brincar um jogo improvisado com as crianças que já brincavam por ali.

Apresentados, fomos até a sala do 2º ano (nos encontramos com as crianças de 7 anos). Com elas, o professor começa um encontro a partir do convite de um livro apresentado às crianças... uma obra que, segundo ele, se desfazia. As crianças ficaram encantadas e começaram a querer saber mais do livro. Kohan sugeriu que as crianças pedissem um número e ele leria o que tinha, naquele livro, junto ao número escolhido.

Assim, com o livro *Pensar com Heráclito*, de Walter Omar Kohan e Elvira Vigna, começamos um encontro inventivo em que as crianças escolhiam um fragmento, ouviam sua leitura e em seguida levantavam uma pergunta sobre aquele fragmento escolhido.

O diálogo se desenvolveu. Um dos fragmentos trazia a ideia de infinitude do círculo, e, com os questionamentos das crianças a respeito de o círculo não ter nem início nem fim, o professor as convida a ir para o quadro. Ali ilustram vários círculos, de tamanhos diferentes, e vão completando com outras formas e detalhes, de onde vão surgindo outros, novos personagens que fazem as crianças questionarem o início e o fim das coisas.

O tempo de permanência naquela sala acaba, e vamos para o espaço do 5º ano. Em roda, começamos o diálogo levando em consideração a dinâmica com o mesmo livro que pensamos com o 2º ano. Cada um escolhe um fragmento, e o colega que está com o livro abre e lê para quem escolheu. Com a leitura, levantamos uma pergunta que se relaciona com o pensar que o fragmento convocou em nós.

Em seguida, somos orientados a escrever uma pergunta no papel e passar para o colega ao lado, que fará outra pergunta para aquela registrada ali. Vamos lendo a pergunta do colega e a nossa. Vamos ouvindo a nossa pergunta e a pergunta do colega. Vamos nos questionando e dialogando... perguntando e nos perguntando... viajamos.

O encontro acaba? – o tempo da escola sugere que é o momento de nos retirarmos. O professor Walter presenteia a escola com o livro que nos convidou a pensar juntos naquele espaço-tempo escolar.

Ainda, nesse dia 2 de setembro, às 18 horas, estivemos com a coordenação da Educação de Jovens e Adultos (EJA), que em diálogo com o professor, relatou os movimentos que são empreitados pelo setor para garantir a educação do jovem e adulto mateense. Pontuaram a importância e a presença de Paulo Freire inspirando e orientando os saberes-fazeres na organização curricular e práticas metodológicas. Em seguida, fomos nos encontrar[15] com um grupo de jovens e adultos, alunos e professores na Escola Municipal de Ensino Fundamental João Pinto Bandeira (19h30), onde dialogamos e pensamos, juntos, a nossa educação.

---

[15] Ana Paula Rocha (coordenação da área de Filosofia); Victor Pereira (gestor SME); Rosileia e Marcília (coordenação da EJA).

Participamos de mais uma viagem? As perguntas nos convidavam a realizar deslocamentos no pensar juntos, com o pensar de outros e nossos. A seguir, uma transcrição do encontro que nos permite sentir como são e foram traçados os percursos…

Walter com a EJA, 2 de setembro de 2021

Começamos por uma apresentação: cada um/a deve apresentar-se com uma pergunta. A orientação é que não tentemos responder as perguntas. São 27 presentes, sendo seis alunos e 21 funcionários.
Ana Paula: Toda pergunta tem um ponto de interrogação?
Elizabete: O que eu estou fazendo aqui?
Mirian: O que eu tenho para hoje?
Bernadete: Uma pergunta merece resposta?
Marcília: Por que ter mais e não ser mais?
Walter: Qual é a diferença entre ter mais e ser mais?
Filipe: *Por que não temos mais humildade intelectual?*
Katiuscia: Por que as perguntas nos incomodam?
Ítalo: Por que a mentira agrada mais que a verdade?
Maciel: Por que atualmente professores, membros da sociedade e intelectuais querem se impor?
Marcos: Toda pergunta tem apenas uma resposta?
Victor: As respostas são mais fáceis que as perguntas?
Walter: É mais fácil responder que perguntar?
Rosana: Por que fazemos tantas perguntas?
Filipe: *Humildade intelectual é perguntar aquilo que não se pergunta?*
Filipe: *A maioria das perguntas são respondidas da maneira que pensamos e não da maneira certa?*
Rafaela: É possível se apresentar na sociedade de forma tão espontânea sem na verdade gostar da convivência social?
Nazareth: Por que não aceitamos o diferente?
Rita: Por que não aceitamos certas respostas para algumas perguntas?
Solange: Para que buscamos tantas respostas?
Rosilea: Por que buscamos tanto a autoafirmação do eu?
Josy: Por que eu não tenho pergunta? Você vai responder todas essas perguntas? Nosso universo é real?

Gabriel: Por que temos vergonha de perguntar?
Miguel: O que faz uma pessoa fazer uma pergunta?

Segue um diálogo de Walter com Filipe: *"Sentimos, relacionamos, pensamos, refazendo as perguntas?"*. *"É uma questão de sentir e pensar. Coração e mente precisam de mais tempo... de seu tempo."* *"Pensar e sentir devagar é um bom caminho...?"*

Elizete: Por que temos tanta dificuldade em aprender coisas?
Reginaldo: *Por que temos tanta pressa para sair da escola?*

Outros na roda ficam inquietos com essa pergunta, e Walter pergunta: Em que pergunta essa pergunta nos faz pensar?

Fabriciano: Por que hoje o ser humano é visto como máquina?
Vanessa: Ele pode perguntar em meu lugar?

Walter: *O que podemos fazer com essas perguntas?*
Podemos escolher uma...?
Por votação? A mais plausível? Sorteio? Transformando todas em uma pergunta? Tentar aproximar as perguntas e torná-las uma única? (Sugestões que surgem do grupo.)

Iniciamos mais um momento de questionamentos a partir da pergunta do Reginaldo...

Filipe: Por que não damos tempo ao tempo?
O tempo sara a ferida?
Saímos rápido da escola por que somos feridos?
O que falta na escola para não querermos sair rápido?
O que tem lá fora que aqui não tem? O que te oferecem lá fora que não te oferecem aqui?
O que eu aprendo no meu tempo na escola? O que eu não aprendo para querer sair?
O que me impede de valorizar o que tem na escola?
O que se pode fazer para não querer sair da escola?

Qual é o tempo da escola?
O que é mais importante, entrar ou sair da escola?
Por que há uma certa pressão para que a gente seja alguém na vida pelo processo mais rápido?

Ana Paula: "Posso ser um tempo na escola?" (Penso sem expor.)

O espaço e tempo que a pergunta nos possibilita... de igualdade... de humildade...

É hora de terminar, e ficam muitas inquietações e muitas perguntas abertas. Os alunos estão inquietos, animados.

Seguimos viagem, e a próxima parada é na Escola Municipal de Ensino Fundamental Almir Queiroz, no dia 3 de setembro, às 7 horas. Chegamos e somos recepcionados pela coordenação e pela pedagoga da Escola Municipal de Ensino Fundamental Almir Queiroz. Nesse dia, estamos Walter Kohan, Victor Pereira, Ana Paula Rocha e o professor Dr. Jair Paiva, da UFES/Ceunes. Nós nos dirigimos à sala da professora Thamires Luna, que está dialogando com as crianças do 1º ano. Eles estão pensando o "secreto" a partir da apresentação de um tangram colorido. Ficam sabendo da visita do professor Kohan e querem buscá-lo no pátio para seguir até a roda de conversa em que eles estão pensando. Passam a apresentar o que pensaram sobre o assunto por eles levantado. A seguir, registros de traços desse movimento.

Walter na EMEF Almir Queiroz, bairro de Cricaré, 3 de setembro de 2021

- 1º ano (6 anos)

Chegamos e o encontro já havia começado. As crianças estão observando um jogo de tangram colorido que a professora apresenta. Associam o colorido a unicórnios, arco-íris e fadas, contam suas ideias sobre essas personagens e sugerem que elas vivem no secreto.

Perguntamos de que se trata o secreto... *Eles dizem que o secreto é um lugar em que se esconde o que não se quer estragar.*

Pedem para buscar os outros amigos. Passam a contar das coisas que estavam pensando juntos. Vamos para a sala da turma, e Arthur acaba contando casos para o Walter.

O tempo escolar nos avisa que é hora de seguir viagem, e nos movimentamos rumo ao 5º ano. Uma parada interessante. Chegamos e eles estão jogando xadrez. As duplas ainda não terminaram o exercício proposto pela professora de Educação Física. Nós nos juntamos à brincadeira, e o jogo toma outro rumo. Uma criança que não havia entendido como jogar é orientada pelo professor Walter e acaba vencendo uma que a escolhia sempre só pelo prazer de ganhar... sempre. Vivenciamos uma viagem em que pensar a história e o jogo nos conduziu por cenários que não prevíamos.

Durante a partida, as crianças questionam quem somos, o que estamos fazendo ali... Concluída a partida, e enquanto nos organizamos em círculo, a sugestão de uma das crianças é que devíamos pensar as coisas que eles mais gostam de dialogar nos encontros de filosofia.

A seguir, rascunhos desse trajeto que vivenciamos com as crianças dessa turma.

● 5º ano (10 anos)

Apresentar colocando a coisa que mais gosta de dialogar com a tia Thamires... o que te interessa na aula de Filosofia? (Sugere Ana Clara.)
Ana Paula: Sobre como é.
Ana Clara: Tudo. Gosto de tudo.
Guilherme: Gosto de tudo... Pensando sobre algum tema que mais gostou.
Ana Carolina (tímida)
Walter sugere: De que gostariam de conversar hoje?
Guilherme: Como é a Argentina?
Walter: Você já conheceu alguém que não gosta de seu país? O que vocês mais gostam em seu país?

A comida (indicam); passam a indicar o jamelão como favorito... melancia, jaca...
Walter propõe brincar de escrever uma história fatiada...

Interrompemos a produção sugerida, porque o tempo da escola nos impediu de continuar. Apresentamos o que foi possível.
Nossa próxima parada foi a turma dos terceiros anos. Nós nos juntamos em uma sala, e a apresentação teve início com a fruta favorita.

3º ano (8 anos)

Heloisa: Abacaxi.
Agatha Tereza: Morango.
Acsa Maria: Banana-prata.
Davi Luan: Maçã.
Walter: Jabuticaba.
Victor: Melancia.
Jair: Manga.
Ana Beatriz: Morango.
Ana Paula: Melão.
Nara: Acajá.
Thamires: Jaca.

Walter pede a Thamires para ler o texto "Sabe tudo... sabe nada".
Quem sabe mais ou menos sabe? Alguém sabe quando sabe mais ou menos? Tem alguma coisa que vocês sabem mais ou menos? – ele pergunta.
Thamires lê novamente a história e cada um é convidado a pensar o que aconteceu depois que foram para dentro de suas casas... e registrar.
As crianças passam a contar suas continuações da história.
É possível um diagnóstico da escrita a partir dos registros que as crianças realizaram? – questiona a diretora Dejanira.
Percebemos, junto aos coordenadores de ensino fundamental, que as aulas on-line, a escola no tempo da pandemia, pode ter comprometido o desenvolvimento da consciência ortográfica das crianças. O que pode ser feito para orientar a alfabetização das crianças nesse retorno híbrido? –

preocupa-se a gestão. Os exercícios do pensar antes do ler e escrever pode contribuir nesse movimento urgente?

Vamos para um outro encontro na escola. Uma viagem...

- 4º ano (9 anos)

Apresentação a partir de um animal favorito – propõe o professor Walter.
Enzo: Cavalo.
Isabela: Gato.
Andriel: Cachorro.

(Seguiram numa velocidade que não acompanho)...

Não podiam repetir animais.
O professor Walter sugere fazermos perguntas para nós mesmos... As crianças transformam esse momento em uma brincadeira...

Por que eu como tanto?
Por que não gosto de sair na rua?

[...] interrompida... perdi algumas perguntas.

Sou um jogador de Free Fire – por que sou jogador de Free Fire?
Walter: O que é o Free Fire?

Outras palavras além de "por que" para a pergunta... será que existem? Quais seriam?

O que eu fiz?

Fazer perguntas que não comecem com "por que"... O professor Walter sugere expressões e as registra no quadro para as crianças acompanharem.

Walter: Por que o cabelo não para de crescer?
Dani: Para que o cabelo cresce?

Julia: Quando eu corto o cabelo?
Como nosso cabelo cresce?

O professor Walter demonstra quantas formas diferentes podem se tornar perguntas.
Sugere responder com perguntas sobre animais favoritos...

Qual o seu animal favorito? – a aluna inicia.
Walter: Será que podemos ter mais de um animal favorito?
Quantos animais você tem?
Se é mais de um, ainda é favorito?
Por que tem muitos animais?
Por que o leão da floresta?
Por que os animais reproduzem?
Por que não tem só uma floresta?
Por que os peixes só vivem na água?
...Por que não podemos responder à pergunta?
Por que a pergunta não pergunta?
Por que a pergunta pergunta?
Por que depois de uma pergunta colocamos um ponto de interrogação?
Por que levantamos a mão para falar?

...Qual é a pergunta mais interessante do mundo? Pensar e escrever... Qual é a sua pergunta favorita? A mais importante de sua vida?

Aluno: Por que existe mundo?
Por que existem vários planetas?
Por que existe nós?
Por que as pessoas são diferentes das outras?
Como é que começou a existir o humano?
Por que existe escola?
Por que o dia vira noite e a noite vira dia?
Por que a batata vira doce?
O mundo gira?
Por que existem nuvens?
Por que você não consegue parar de jogar bola?

Por que minha mãe não me dá pensão todo mês?
Por que a professora passa dever no quadro?
Por que todo mundo precisa de sobrenome?
Por que eu não gosto de ficar em casa?
Por que não gosto de usar máscara?
Por que existe água?

Walter sugere escrever ou desenhar uma pergunta favorita. Apresentamos e em seguida terminamos cantando.

Nesse dia 3 de setembro ainda seguimos viagem, com Victor e Ozana (coordenadora da Educação do Campo), após o almoço e fomos nos encontrar na Escola de Assentamento XXIII de Setembro. Uma escola estadual que nos recepcionou com uma mística e em roda nos possibilitou dialogar com eles – crianças e adultos da e na educação do campo. Com uma questão sobre o começo, o professor Walter nos convidou a pensar se *todos temos, vivemos os mesmos começos...*

Dialogamos, nos apresentamos... o encontro foi gravado pelo professor Walter... voltamos... para começar mais uma vez...

Agora, em diálogo com a educação infantil, nas dependências da Secretaria, expomos nossas inquietações e o trabalho que realizamos. O professor Walter grava um vídeo no qual nos expomos e expomos nossos começos... os sentimentos que ainda nos afetam até aqui, sendo a educação infantil o tempo em que a filosofia nos fora apresentada e com ela nos encontramos ainda e até aqui.

No dia 4 de setembro, às 14 horas, encontramo-nos com os professores das redes municipal e estadual e da universidade; com gestores e universitários para um diálogo com perguntas no Sítio Histórico do Porto de São Mateus. Foram 14 pessoas que se debruçaram a pensar o começo, o início, a estreia.

Nessa ocasião, um vídeo foi gravado com o depoimento de Edeny Furini sobre os inícios da filosofia na educação em São Mateus.

Quantas viagens realizamos com esse viajante? É possível que as perguntas sejam o percurso das viagens em uma viagem? Quem viaja?

Continuamos esses encontros nos afetos que em nós estão acreditando que...

> *A infância é quando ainda não é demasiado tarde. É quando estamos*
> *disponíveis para nos surpreendermos, para nos deixarmos encantar.*
> Mia Couto

Quem viaja, o que deseja? Espera algo quem hospeda?

Viajar: Ação de se deslocar de um lugar para outro, geralmente, percorrendo uma longa distância; Deslocamento em que uma pessoa fica durante um tempo no local de destino para trabalho ou turismo; Espaço que é percorrido ou que se pretende percorrer; percurso.[16]

Quando começa uma viagem? O professor Walter se deslocou desde o Rio de Janeiro até aqui – São Mateus, norte do Espírito Santo – para ficar por cinco dias. O percurso, com algumas paradas, demora entre oito e 10 horas, normalmente. Entretanto, os efetivos deslocamentos no espaço e no tempo acontecem antes mesmo de sua chegada, tornando os cálculos imprevistos.

O andarilho do pensar parece aquele viajante que precisa andar para educar... para se educar. É como se o pensante viageiro se inventasse nos gestos do errante que...

> Encontra sua vida nas viagens, no estar em viagem, porque estar de viagem é estar a caminho, entre dois pontos, o de partida e o de chegada, os dois igualmente insatisfatórios, quase insuportáveis, como lugares de resistência para alguém tão inquieto. De viagem se sente em casa, em um lugar de passagem, de transformação, como a escola, como a vida, um lugar de aprendizagem. De viagem se sente a caminho para um novo projeto, para um novo começo, para uma nova vida (KOHAN, 2015, p. 59).

A viagem se apresenta então, como os percursos... os caminhos... que são inventados no corpo e com os corpos que se arriscam a romper com os modos de pensar e viver o que está dado... Viagem como atalhos

---

[16] VIAGEM. *Dicio*. Disponível em: https://www.dicio.com.br/viagem/. Acesso em: 13 fev. 2022.

inventados na vida e com as vidas que se desfazem neles, porque mais importante que chegar e/ou sair é estar sempre rumo aos começos.

Começamos a viagem? Passamos a nos deslocar de um lugar para o outro. De um distrito a outro... de uma escola a outra, e nestas... de uma sala a outra, de um tempo a outro. A distância que percorremos é considerável. Ela evoca, ao mesmo tempo, nômade e sedentários. O primeiro é o viajante que sai de seu lugar e vem de longe para inventar, com as perguntas (as suas e as dos outros), encontros que educam. O outro é aquele viajante que, sem sair de seu espaço, inventa viagens com as perguntas, desafiando-se a ter o que buscar... a começar de novo... começar novo.

Os viajantes têm um meio de transporte em comum. Ambos se encontraram no deslocar-se com as perguntas. Viajam juntos os viageiros inventados no *ato de perguntar*. Com um convite e o desejo de fazer parte da viagem, ignoram e deixam de fora os sentidos estabelecidos, os planos instituídos. Uns com os outros, na prática da viagem, eles inventam que, nômades ou sedentárias (nômades e sedentárias), a natureza das viagens que experienciam é a curiosidade... *a natureza desafiadora da pergunta* (FREIRE; FAUNDEZ, 2021). O que conta é a capacidade de perguntar... de investigar. Curiosos e provocados (re)inventamo-nos numa busca séria, crítica, criativa e honesta de nossa ignorância, arriscamo-nos no *viver a pergunta, viver a indagação, viver a curiosidade* (FREIRE; FAUNDEZ, 2021).

"Já começamos? Em que momento começamos? Quando começamos?" Perguntas insistentes... convites aos encontros com crianças e adultos.

Começamos numa escola do campo? Começamos à beira do Rio Cricaré, no Sítio Histórico do Porto de São Mateus? Começamos na escrita, no registro de um pensar? Começamos antes? Começamos agora? Começamos?

O caminho do conhecimento começa pelas perguntas cotidianas. Paulo Freire, em diálogo com Antonio Faundez, convida-nos a investigar essa afirmação em nossos começos (FREIRE; FAUNDEZ, 2021)... com a pergunta que, exposta como um gesto, revelada como um movimento do coração, nos envolve numa relação dinâmica, forte e viva da experiência do fazer, criar… inventar, viver as perguntas como primeira linguagem, palavra primeira de uma educação inventiva, cuidadosa, que acontece na vida, interrogações que o corpo nos faz… *Exercício do pensamento para criar um novo significado, e não para reproduzir os significados usuais* (KOHAN, 2015, p. 72).

"Já começamos?" O que começamos? *Uma escola que vem do coração?* – propõe Caio, aluno da escola campesina onde nos encontramos. Uma escola que vem do coração… "Uma escola construída… que tem bondade e é feita de amigos… uma escola alegre e carinhosa. Uma escola que vem do coração das pessoas que estão nela… Ela gosta da gente e a gente gosta dela. Uma escola que permite que cada um pense e saiba coisas diferentes. Ela recebe as pessoas com o coração. Uma escola onde se tem direitos… Ela brinca com a gente… Uma escola que vem do coração não te deixa ir embora."[17]

"Queres fazer parte da viagem?" *É preciso andar para ensinar* (KOHAN, 2015, p. 60)… Inventar viagens com perguntas para educar… e educar-se… na inquietação, no gosto por perguntar, na ousadia do sonhar, por querer inventar, (trans)formar os modos de viver a educação, e isso numa escola que vem do coração não te deixa ir embora.

O professor Walter esteve onde não prevíamos… com ele vivemos muito do que não planejamos… O *andarilho do pensar* começou mais uma vez uma viagem outra… deslocando-se, ele ficou, nos movimentos do coração de uma escola que não o deixa ir embora.

"Queres fazer parte da viagem?"… pergunta… pergunte-se… Começamos?

Quantas viagens realizamos com esse viajante? É possível que as perguntas sejam o percurso das viagens em uma viagem? Quem viaja? ■

---

[17] Registro de um diálogo que aconteceu no encontro entre crianças e adultos de uma escola campesina em São Mateus, ES, no dia 4 de setembro de 2021.

◉ Marcas de sua visita que ficaram no meu corpo...

Fátima Freire[18]
RIO DE CONTAS, BA

A confirmação de que, quando se trata de encontros, de construção de vínculos, a noção do tempo cronológico simplesmente deixa de ser referência importante, indicador de leitura que perde a força.

A confirmação da minha forma intensa de estar no mundo.

A confirmação da minha alegria infantil de estar e me sentir viva.

A confirmação do meu amor genérico pelas pessoas.

A confirmação tranquila da minha solitude, que não é o mesmo que solidão. Já que solitude para mim é a capacidade de se sentir bem com a própria companhia.

A confirmação de que o universo, por alguma razão que eu ainda não sei, deixou cair você aqui em Rio de Contas e eu catei você.

E, para fechar deixando aberto, a confirmação de que você é mais uma das pessoas que me povoa. ■

◉ Só sei que foi assim

Cândida Alves[19]
SERRA GRANDE, BA

Só sei que foi assim: no dia 24, o início dos preparativos para a grata surpresa de recebermos nosso querido Walter Kohan no distrito de Serra Grande, Uruçuca, BA.

---

[18] **Fátima Freire Dowbor** tem graduação em Pedagogia, Filosofia e Psicopedagogia. Presta assessoria pedagógica a diversas instituições, além de integrar o conselho do Instituto Paulo Freire.

[19] Professora da Universidade Estadual de Santa Cruz (UESC).

Recebi uma mensagem de uma colega de departamento comunicando que Walter estava passando por aqui nos dias 7 ou 8 de setembro de 2021 com um projeto de dialogar com professores/as e crianças sobre a pedagogia da pergunta de Paulo Freire, e achei maravilhosa essa ação. Prontamente entrei em contato com Walter para saber detalhes e do que ele necessitava para realizar essa passagem por aqui.

Em seguida entrei em contato com a Secretaria de Uruçuca, para ver as possibilidades de realização da atividade de forma presencial com as professoras do município e o local onde poderíamos nos encontrar. E realizei outro contato com a Escola Dendê da Serra, para ver também outro encontro na escola.

Do dia 24 até o dia da chegada do Walter (7 de setembro), fomos nos falando e alinhando como seria cada encontro.

O primeiro encontro aconteceu no dia 8 de setembro pela manhã, com a visita e conversa com a diretora de uma escola de pedagogia Waldorf, e o outro encontro, à tarde, às 14 horas, na Casa Azul, com a roda de conversa com professores, coordenadores e diretores da rede municipal de ensino de Uruçuca, em Serra Grande, com o tema: "Por que comemorar os 100 anos de Paulo Freire?".

Foi uma roda bem descontraída, onde todos participaram com uma "pedagogia menina da pergunta", como ele mesmo a denominou. Foi uma experiência riquíssima!! Que venham outras como essa! Com gratidão por tamanha partilha!

Um abraço afetuoso da sua amiga, Cândida.

◉ Registro/formação: 100 anos de Paulo Freire

Sintia Paula dos Santos Carvalho[20]
SANTO AMARO, BA

Recebi uma mensagem de uma companheira nossa do MST de que um educador da UERJ estaria visitando o Nordeste e que iria passar por

---

[20] Setor de Educação do Movimento dos Trabalhadores Rurais sem Terra (MST), BA.

algumas cidades da Bahia, porém sem entender ainda como seria sua vinda, seu trabalho. Até então, conversando com a professora da Universidade Estadual de Feira de Santana (UEFS), ele iria a um acampamento do MST no município de Feira de Santana, porém lá ainda não tem escola nem educadores/as. Dessa forma, achamos melhor Walter vir para Santo Amaro, na Escola Ernesto Che Guevara, no Assentamento Nova Suíça.

Sua vinda foi preparada com expectativa, preparamos café da manhã e almoço para todos nós. Nesse dia estava parte do coletivo de educadores e educadoras, estávamos em oito pessoas. Teve mística preparada pelas professoras e crianças. Depois Walter começou com a formação.

Quando ele começou falando sobre a Pedagogia das perguntas, logo lembrei uma frase de Paulo Freire: "Sem a curiosidade que me move, que me inquieta, que me insere na busca, não aprendo nem ensino". Tem uma ligação entre a curiosidade e as perguntas, mesmo que não tenham resposta nos fazem pensar, refletir, buscar.

O professor Walter fez várias perguntas para nós, e não podíamos responder com respostas, e sim com outras perguntas; isso causou certa ansiedade: como não responder com respostas? Mas, realmente, percebo como agimos dentro da sala de aula, dando resposta aos educandos e educandas, sem dar oportunidade de se expressarem e pensarem. Tornando as aulas autoritárias, sem diálogo, apenas se preocupando com conteúdos.

Vejo que é possível organizar as aulas instigando a curiosidade das crianças, através de perguntas, estimulando a aprendizagem e o conhecimento. Precisamos revolucionar nossas aulas, contribuir para que nossos educandos e educandas leiam o mundo, a partir da realidade. Para isso é necessário que as aulas sejam participativas, com interação. E não apenas o professor falando, e ele mesmo dando as respostas.

Revolucionar nossas aulas não é tão fácil, precisamos de muitas leituras críticas, formações e estudo. Mas esse momento que tivemos o professor Walter foi de suma importância para entendermos a necessidade de lermos mais sobre o Paulo Freire, compreender melhor acerca da pedagogia das perguntas. Temos muitos desafios na escola do campo, como alfabetização de jovens e adultos, alfabetizar com conteúdos a partir da realidade dos mesmos.

Importante destacar que a passagem do companheiro e educador Walter trouxe esperança, curiosidade e aprendizagens. Gratidão pela sua vinda! ∎

📍 A partir de uma experiência menina no Assentamento Nova Suíça, Santo Amaro, BA

Angelicris Raiane Santos da Silva[21]
SANTO AMARO, BA

Não imaginávamos o grande presente que ganharíamos, ao recebermos o professor Walter Kohan em nosso assentamento.

Confesso que fiquei sensibilizada com sua coragem, sua determinação e sua forma de apresentar seu vasto conhecimento sobre Paulo Freire.

Com certeza a oportunidade de ouvi-lo foi única, minha certeza baseia-se na observação de interesse e participação das minhas colegas, e certamente saímos dessa experiência bastante motivadas. Não só no ambiente profissional, mas para a vida como um todo.

Tive a oportunidade de aprender muito sobre a pedagogia da pergunta e sobre o que ela acrescenta no meu desenvolvimento como educadora. Portanto é com essa frase de Paulo Freire: "Quem ensina aprende ao ensinar, e quem aprende ensina ao aprender" que gostaria de agradecer ao professor Walter por compartilhar o seu saber. ■

📍 Exercícios de hospitalidade à uma pergunta menina

Ana Rita Ferraz[22]
FEIRA DE SANTANA, SALVADOR, BA

> *Digamos sim ao que chega, antes de toda determinação, antes de toda antecipação, antes de toda identificação, quer se trate ou não de um estrangeiro, de um imigrado, de um convidado ou de um visitante inesperado,*

---

[21] Membro da Brigada Carlos Marighella, conformada por 4 assentamentos em Santo Amaro, BA.

[22] Professora da Universidade Estadual de Feira de Santana (UEFS), BA.

> *quer o que chega seja ou não cidadão de um outro país, um ser humano, animal ou divino, um vivo ou um morto, masculino ou feminino.*
>
> Jacques Derrida

Como receber o que chega em plena pandemia de covid-19 sem estabelecer regras para sua hospedagem? Essa foi a questão que me coloquei quando Walter começou a compartilhar sonhos de uma viagem sem roteiros. Vinha para o Nordeste do Brasil, munido de máscara e álcool 70%, para celebrar a educação e os 100 anos de Paulo Freire. Estabeleceu como princípio a errância. Diversamente de um roteiro que requer descrição detalhada e indicações orientadoras, errar implica incluir a incerteza no caminho, e também o modo de caminhar do caminhante. E assim, inventando roteiros enquanto viajava, Walter foi traçando um mapa de ordenadas singulares, a partir de perguntas meninas nascidas nos encontros prováveis. Este texto é a tentativa de narrar as intensidades vividas no encontro com o professor Walter Kohan, enquanto ele peregrinava pelas bandas da Bahia.

Derrida (2003), ao tratar da hospitalidade, adverte que esta pode ser condicional ou incondicional. O viajante, o que tem gosto pelo vagar, o impermanente, o estrangeiro, tanto pode ser portador de boas novas quanto do mal em si. O *hostis*, em latim, "hóspede", é também o hostil, o inimigo; e por isso, de pronto, o que hospeda estabelece as condições de convivência, como requisito para que se abra a porta ao estrangeiro. O estrangeiro confronta-nos com um idioma desconhecido, colocando em questão as leis da hospitalidade. "Devemos pedir ao estrangeiro que nos compreenda, que fale nossa língua, em todos os sentidos do termo, em todas as extensões possíveis, antes e a fim de poder acolhê-lo entre nós?" (DERRIDA, 2003, p. 15).

Walter partia em busca de "perguntas meninas". A perspectiva da sua chegada nos interpelava. Interpelava-me. Toda espera é uma antecipação. Toda espera é uma perversão da hospitalidade incondicional, na medida em que objetiva tornar o estrangeiro um familiar, reduzindo seu grau de intrusão (NANCY, 2006). Antes de dizer "sim" ao que vinha, eu pressentia a irredutibilidade das questões que se apresentariam, porque "a hospitalidade e o estrangeiro articulam-se à questão do ser" (DERRIDA, 2003, p. 9). Então: o que mesmo estava em perigo? Como se recebe uma pergunta? Há condições para a formulação de uma pergunta menina que se diferenciem daquelas necessárias para uma pergunta qualquer? Uma pergunta menina requer uma hospitalidade incondicional? Uma hospitalidade incondicional é a corrupção das leis da hospitalidade. Se é assim, perguntar implica corromper a lei. O que queria mesmo dizer esse qualificativo feminino e que ainda por cima nos remete à infância? Que disposições afetivas eu tinha para acolher incondicionalmente aquele que requer de mim perguntas meninas? O que sabia eu sobre aquele que chegava?

Conheci Walter há 20 anos, reencontrei-o raramente nesse tempo e mais amiúde nos recentes encontros virtuais, a partir da parceria do Núcleo de Filosofia e Infâncias, da Universidade Estadual do Rio de Janeiro (UERJ), com o projeto de extensão "Sutaques da escola: entre filosofia e educação", da Universidade Estadual de Feira de Santana (UEFS), em 2020. Também acompanhava suas produções pela internet. Todavia descobri que nada do que eu soubesse ou pensasse saber sobre ele diminuiria a estranheza do chegante, porque não era apenas Walter quem chegaria. Com ele viriam a provocação e a indeterminação das perguntas que eu não sabia ser capaz de formular, sobretudo porque elas punham em questão certa estabilidade conquistada: "eu". É, então, esse o grande temor que eu projeto no estrangeiro? Seriam o "eu" e sua estrutura edificante o impeditivo para uma hospitalidade incondicional?

Começamos por Feira de Santana, município que fica a 180 quilômetros de Salvador, onde está localizada a UEFS. O caráter errático da viagem dificultava todo o planejamento. Todavia, essa era uma das premissas da própria viagem, assim como de perguntas meninas; o que de certa forma me oferecia pistas e me abria para o imprevisível que há num encontro. Em Feira de Santana, nossa primeira roda aconteceu numa escola pública, num dia de sábado à tarde, com alunos e ex-alunos da universidade, integrantes do "Sutaques" e de um projeto social, uma professora da escola e três crianças. Principiamos com um almoço. Fiz cuscuz temperado, à moda do sertão. Aos poucos, cada convidado colocava sua contribuição na mesa da cantina. Um banquete não podia ser mais apropriado para a produção de uma vivência comum, porque queríamos pensar juntos. Fazia-nos, ainda, lembrar Sócrates e sua maiêutica; equivocadamente julgado não como um estrangeiro, "para quem se exigem cuidados" (DERRIDA, 2003, p. 17), mas como um "outro absoluto, um bárbaro, o selvagem absolutamente excluído e heterogêneo" (p. 19). Dividimos comida e perguntas, reconhecendo o estrangeiro como um homem de direitos: "como se apresentar com uma pergunta?". O silêncio entre os mais velhos foi rompido pelo menino de 9 anos que nos interrogou acerca de abacates australianos. Sorri – "Como Walter vai sair dessa?" – e logo aprendi que toda pergunta é bendita, afortunada, generosa, e só depende de como a recebemos. E mais uma vez pensei sobre a hospitalidade incondicional como disposição para uma pergunta menina. Walter banqueteou-se com o abacate australiano sem impor condições. E assim seguimos com "o capitão", sugestão do novo amigo de Walter – e não é a amizade condição para o pensamento? (KOHAN; BORBA, 2008) –, que disparava perguntas, enquanto agitava os braços, levantava-se da cadeira, tomado de entusiasmo. Todo o seu corpo era um movimento interrogante e desafiador. Vez por outra, gritava: "Agora eu mesmo me buguei com essa pergunta". Seu pensamento explodia em conexões instáveis, num jogo no qual ele mirava o grupo, o capitão e, sobretudo, a si mesmo. Fomos também desacomodadas/os com as perguntas das irmãs do pequeno capitão; a mais velha quer ser presidenta da República; a outra, escritora. Ganharam meu voto e a minha atenção. A tarde terminou sob uma mangueira. Literalmente. Paulo Freire diria, "À sombra da mangueira", onde o menino Paulo faz suas primeiras leituras, brincando com o irmão, no Recife. E eu, maravilhada com o corpo vivo e intensivo do pequeno capitão que brincava de pensar, inventando mundos e experimentando corpos que se faziam e desfaziam, bugando, por vezes, continuava me perguntando sobre as relações entre a hospitalidade e uma pergunta menina; sobre a hospitalidade incondicional e o temor que intimidava os adultos da roda.

Dia seguinte partimos rumo a uma escola multisseriada na zona rural de Feira de Santana. Estrada longa. Terreno seco. Sol a pino. Paisagem de mandacarus e gado magro. Passamos por inúmeros mata-burros até chegarmos ao pequeno distrito de Jaguara. O percurso e os percalços marcavam os caminhos de perguntas meninas. Passar pelo mata-burros exigia do motorista alguma perícia e certa lentidão; e de nós, os caronas, alguma paciência. Uma pergunta menina desloca-nos para estradas secundárias. Uma pergunta menina requer desvios e a experimentação de outras temporalidades. Chegamos em festa. Fomos recebidas/os com honrarias na pequena escola, em reforma. Havia um farto café da manhã preparado com esmero: um novo banquete. O encontro seria, entretanto, no salão da igrejinha. A professora, ex-aluna da Universidade Federal da Bahia (UFBA), que havia feito seu trabalho de conclusão de curso sobre filosofia e infância, explodia de alegria frente ao seu autor predileto. A comunidade compareceu em peso para o evento inusitado e importante, já que raramente recebem visitas. Todas e todos vestidos com roupa de gala. Houve apresentação de teatro, de coral e de poesia sobre filosofia. Crianças, pais e professoras muito orgulhosos nos entregavam o seu melhor. No cantinho, uma senhora, artesã, tecia um chapéu de palha. Finalmente, Walter foi apresentado, dando início ao jogo: "o que eu vim buscar aqui?". As crianças, excitadas com a proposta, algumas sentadas no chão, arriscavam-se a adivinhar. Vez por outra, os pais que as acompanhavam, também. Fui surpreendida pelo mesmo corpo agitado do pequeno capitão. Finalmente, a velha senhora que fiava e tecia a palha, aos modos do ritmo e dos cantos de trabalho das comunidades tradicionais, foi chamada à frente para ofertar a Walter o presente: um chapéu, símbolo do homem sertanejo, tecido com as perguntas e a alegria de quem sabe receber incondicionalmente o estrangeiro, acolhendo sua excentricidade. A vida coletiva se expressava nas mais variadas nuances, e nós éramos convidados a participar. Não partimos sem, antes, sermos levadas/os mais uma vez à pequena escola para o almoço. Na despedida, um pai aborda o carro e oferta a Walter uma bacia com acerolas. Aquela comunidade não queria saber da hostilidade dos *hostis*; incondicionalmente o recebeu no seu lugar mais sagrado, celebrando e fazendo comunhão para, por fim, coroá-lo com a nobre insígnia feita especialmente para a ocasião. Há algo de sagrado na hospitalidade incondicional?

Em Salvador, Walter ficou hospedado na minha casa. O medo da covid-19 não me permitiu uma hospitalidade incondicional. Pensei: "o medo inviabiliza perguntas meninas, na medida em que estabelece condições para o que chega?". Entre a pergunta e o acontecimento estava o "eu". Partimos para a Escola Comunitária Luiza Mahim, numa zona periférica da cidade, no bairro do Uruguai. Luiza Mahim foi uma negra africana escravizada que esteve à frente de importantes movimentos, na Bahia, contra a escravidão, no início do século XIX. Mãe de Luís Gama, poeta e grande abolicionista. A escola surgiu na década de 1990, por iniciativa da Associação de Moradores do Conjunto Santa Luzia.

Perdemo-nos no caminho. Um rapaz da comunidade nos conduziu. Tudo dizia respeito aos modos hospitaleiros e ao imprevisível de todo caminhar. A primeira roda aconteceu com jovens do projeto vinculado à associação. As perguntas giravam em torno de questões raciais. Uma menina de 13 anos confrontou o grupo com uma pergunta acerca das distâncias entre o discurso politicamente correto e as ações cotidianas. Num terreiro de candomblé aprende-se que quando um mais velho fala, o outro apenas silencia para escutá-lo. Uma menina de 13 anos: uma mais velha. O grupo silenciou. Depois do almoço, oferecido pela escola, encontramos educadoras e educadores da Luiza Mahim e de outras escolas comunitárias. A experimentação de uma pedagogia da pergunta, inspirada em Paulo Freire, soou como novidade. Novidade era brincar de pensar enquanto inventavam perguntas e se surpreendiam com os rumos que o pensamento tomava, quase sempre inesperados. Walter investia numa política de contágio: talvez no dia seguinte, ao entrar na sala de aula, uma pergunta menina se intrometesse buliçosa e um novo jogo principiasse.

Mais um dia e seguimos caminho para a Ilha de Maré, que pertence ao município de Salvador e está localizada na Baía de Todos-os--Santos. É formada por 11 comunidades remanescentes quilombolas. A população vive da pesca e da agricultura familiar. Rumamos para a comunidade Santana. Pegamos carona no barco que levava as assistentes sociais do posto de saúde. Um caminho outro, uma viagem outra. Sem mata-burros. Águas calmas e profundas. A beleza da praia contrasta com a pobreza e o descaso com o saneamento básico, sendo a comunidade cortada por esgotos a céu aberto. O estrangeiro é também o caminho. Estivemos em uma creche e em uma escola de ensino fundamental I. Na creche, a roda de conversa aconteceu com crianças de 5 anos, num espaço em frente à escola. "*Bênça*, pai", dirigiu-se um menino a um senhor que passava com o pescado. Fomos abençoados pelo pescador. Éramos entramados na vida comunitária, mais uma vez. Walter propôs a todos inventar uma história conjuntamente. A professora pasmou, porque não sabia ser possível. Alegrou-se, todavia, com o feito, prometendo continuar inventando. Na outra turma, uma menina surda agoniava-se com a impossibilidade de se comunicar conosco por conta das máscaras. A professora avisou-nos. O estrangeiro também experimenta estranhamentos. Almoçamos na creche na companhia das professoras. Soube das dificuldades de chegarem à ilha quando chovia muito; ou mesmo de retornar para casa nessas ocasiões. O caminho era sempre longo e incerto. Cada uma trazia sua comida, que era compartilhada. À tarde, o encontro foi com professores da segunda escola. Na entrada, uma pequena horta cuidada pelos porteiros chamava nossa atenção. Eles também mantinham, com recursos próprios, um projeto social com 200 jovens – um time de futebol. As/os professoras/es nos receberam após as atividades do dia. Inventar perguntas era um convite para pensar suas práticas em sala de aula; assustaram-se com sua dificuldade para perguntar. Lamentaram não ter mais tempo com Walter. Receber um hóspede, assim como uma pergunta, exige um tempo outro.

Exceto na primeira experiência, que teve um grupo formado ao acaso, nas demais, a escola estava organicamente integrada à vida coletiva. Se por um lado havia a pobreza material e o descaso das autoridades competentes, por outro, sobressaía-se, como resistência, o cuidado com a limpeza, com os detalhes, com a beleza, com as crianças, com as/os companheiras/os, com o estrangeiro. Havia, sobretudo, disposição para acolher e compartilhar: perguntas, histórias e comida. A proposta para brincar de pensar foi aceita sem restrições. Não houve desconfiança. Houve apenas abertura e disposição para o encontro.

Eu aprendi mais sobre as gentes da minha terra e como inventam formas de resistir ao abandono, coletivamente. Aprendi que o abandono deixa marcas; algumas insuperáveis do ponto de vista do cultivo de afetos tristes. Aprendi com Walter que toda pergunta é ditosa e que afetos tristes podem ser superados com a alegria de um pensamento-corpo errante e vivo. Aprendi em cada escola que uma pergunta menina requer a experiência de uma hospitalidade incondicional, pondo à prova o si mesmo. Aprendi que precisamos dizer "sim" ao "recém-chegado", ainda que ele seja uma pergunta que transtorna a ilusão de uma existência estável. "*Agô Nilê*", em iorubá, "com licença", diz o nigeriano que chega a uma casa em visita. "*Omo Nilê Nika Agô*", responde aquele que o recebe: "filho da casa não pede licença". Assim se deve receber uma pergunta menina. ∎

◉ Presença do filósofo Walter Omar Kohan em Barra de Jaguara – do município de Feira de Santana, BA

Adriana Jesus Santos[23]
BARRA DE JAGUARA, FEIRA DE SANTANA, BA

A presença do filósofo e educador Walter Omar Kohan na nossa Escola Municipal Maria Andiara da Silva Souza, aqui em Barra de Jaguara, no dia 12 de setembro de 2021, atuou como sendo algo de suma importância, sob vários aspectos, tanto para nossa escola, como para nossa comunidade ao entorno da escola, pois todos foram convidados a estar presentes no evento, que teve como título: "Filosofando é que se aprende". A comunidade de Jaguara é o maior distrito em extensão territorial do município de Feira de Santana, na Bahia, porém é o último distrito da cidade, sendo um povoado campesino, e a presença da escola exerce um poder integrador muito grande no sentido de promover uma identidade comunitária e uma visibilidade pública às emergências do povoado.

A escola de Barra de Jaguara é multisseriada, atende crianças desde a educação infantil ao 5º ano do ensino fundamental, possui 38 estudantes, recebendo 15 crianças da educação infantil pela manhã e 23 crianças do ensino fundamental pela tarde. Assim, a comunidade se sentiu muito honrada em receber a presença de um ilustre filósofo e educador, interessado em conversar com gente simples, compreendo a importância dos diferentes saberes.

A presença do filósofo em Barra de Jaguara reuniu crianças, jovens, adultos, idosos, todos estavam curiosos para ver a novidade desse educador argentino, de coração brasileiro e universal, deixando suas pegadas no interior do Nordeste baiano, e poder aprender e trocar diferentes saberes com ele. Quando o anúncio da visita do professor foi dado, muitas pessoas da comunidade sentiram-se chamadas a estar presentes, nós deixamos o evento aberto ao público.

---

[23] Professora da Escola Municipal Maria Andiara da Silva Souza, Barra de Jaguara, Feira de Santana, BA.

Uma senhora de 85 anos da comunidade de Barra de Jaguara, chamada Carmosina, que mora bem perto da escola, trabalha fazendo chapéus para boiadeiros, vaqueiros e agricultores enfrentarem o sol nos campos do sertão e realiza essa atividade desde os seus 12 anos idade, pediu para entregar um presente ao professor. Então ela fez 40 braçadas de tranças, com palhas de palmeiras, para confeccionar o chapéu amoroso, e após a experiência filosófica comunitária ela entregou a sua linda homenagem ao professor.

Entre as crianças na escola, notamos inúmeros resultados positivos, nos aspectos cognitivos, afetivos, sociais, inclusive existenciais. Percebemos que, depois daquele encontro filosófico com o Kohan, as crianças se tornaram mais afetivas umas com as outras, porque a atitude de investigação filosófica coletiva, proposta pelo filósofo Kohan, potencializou este acontecimento: as crianças não competiam umas com as outras por uma resposta certa, elas queriam chegar a algum lugar juntas, perguntando, em um grande movimento comunitário de investigação. Atitudes de colaboratividade, frente às necessidades de aprendizagem uns dos outros, tornaram-se mais evidentes. Assim, também as crianças se tornaram mais perguntantes durante as experiências de aprendizagem na sala de aula.

Antes da experiência de investigação filosófica, as crianças me pediam muito para repetir os conceitos para buscar memorizar; depois da experiência de atitude de investigação filosófica, as crianças passaram a tencionar mais os conceitos trabalhados em sala de aula, com perguntas de todos os tipos. Por vezes, senti que a pergunta estava buscando achar uma incoerência num conceito estudado, às vezes querendo se aprofundar no conhecimento do conceito, às vezes descreditando totalmente do conceito e inclusive criando outros. A presença do filósofo e educador Walter Kohan com as crianças foi de uma riqueza muito profunda.

A comunidade também estava presente, disposta ao diálogo e à investigação: o método da pergunta ao mundo e da abertura ao perguntar-se trouxe uma inquietação profunda entre os presentes, convidando-os para outra maneira de ler o mundo e construir a sua história coletiva e subjetiva. Difícil foi, depois, para conseguir mediar a saudade das crianças e das pessoas da comunidade pelo professor Walter, elas me perguntavam o tempo todo: "Quando é que aquele professor vem aqui de novo?". E eu tive a oportunidade de perguntar aos perguntantes: será que ele já está aqui conosco agora? As aprendizagens filosóficas desenvolvidas naquela experiência investigativa estão vivas em você? Vamos praticá-las. ∎

◉ Textos reunidos pela professora e diretora Queila Garrido

Professoras e funcionárias da Escola Municipal de Santana
ILHA DA MARÉ, BA

O impacto do projeto foi muito positivo para nossa escola. As crianças vivenciaram outras experiências mais ricas e significativas. Ficou constatado que os alunos da educação infantil têm capacidade além de nossas expectativas. E é possível, sim, a construção de histórias coletivas, sendo eles os protagonistas de todo o processo. E por que não inovar, explorando essa atividade? Colocando-os também no papel de contadores de histórias?

Nós da Escola Municipal de Santana ficamos muito agradecidos pela oportunidade de participação nesse trabalho. Foi um momento muito rico que nos apontou novas possibilidades de pensar pedagógico para a construção do planejamento. Aguçou uma reflexão muito interessante que vai acrescentar à vida de todas as crianças que chegarem a nós.

Professora Sonia Seixas – Escola Municipal Santana (Ilha de Maré)

Sem dúvida a passagem do professor Walter pela nossa escola trouxe uma contribuição extraordinária. De início embarquei na roda de conversa com a pedagogia das perguntas na expectativa de obter uma resposta/opinião sobre um assunto polêmico. Porém minha pergunta foi respondida com outra pergunta. E assim sucessivamente. Só perguntamos sem a obrigatoriedade de o outro ter as respostas, exploramos nossa imaginação, aguçamos nossa curiosidade na leveza das perguntas. No final da roda não surgiu um sentimento de frustração por não ter as respostas, e sim uma liberdade para falar sobre tudo sem medo de perguntar, me fazendo conectar com as crianças da educação infantil, que, quando estão na fase dos porquês, às vezes nos deixam sem resposta, mas está tudo bem. Aprendi que eu também posso responder perguntando.

Jaciene – Secretaria da Escola Municipal de Santana (Ilha de Maré) ■

⬩ Uma visita filosófica

Christian Lindberg[24]
ARACAJU, SE

O professor doutor Walter Kohan (UERJ) esteve em Aracaju no mês de setembro de 2021, entre os dias 17 e 20. A passagem dele por terras sergipanas foi meio que fruto do acaso. Walter informou que estaria fazendo uma caravana pelo Nordeste brasileiro para divulgar sua obra sobre Paulo Freire e, ao mesmo tempo, comemorar o centenário do nascimento do patrono da educação brasileira.

Walter tinha participado, de forma remota, de um evento no Colégio de Aplicação (CODAP) e tinha mediado o contato entre o professor Alejandro Cerletti (UBA) e eu, motivos que possibilitaram a aproximação entre nós dois mais recentemente.

Lembro que tivemos pouco tempo para organizar uma agenda de atividades. Para agravar, boa parte das escolas estavam trabalhando de forma remota, devido à pandemia de covid-19, e a Universidade Federal de Sergipe (UFS) estava em recesso. Entrei em contato com o professor Saulo Henrique (CODAP) para compartilhar a demanda e elaborarmos uma proposta para o professor Walter.

De concreto, acertamos três atividades na capital sergipana. A primeira ocorreu no dia 17 de setembro, na Escola Estadual Franco Freire, com estudantes do ensino fundamental menor. A segunda foi no dia 18 de setembro, na Biblioteca Epiphaneo Dória, e contou com a presença de professores/as da educação básica e superior, além de estudantes de

---

[24] Professor da Universidade Federal de Sergipe (UFS).

Filosofia. A última ocorreu no dia 20, na associação de moradores do loteamento Senhor do Bomfim, com moradores/as da região e interessados/as na obra freiriana. Como se vê, conseguimos promover uma agenda que contemplasse públicos e realidades distintas.

O eixo central das exposições feitas por Walter foi a pergunta, forma encontrada por ele para discutir o pensamento freiriano. Grosso modo, percebeu que a indagação *O que é uma pergunta?*, uma das características elementares da filosofia, provocou uma inquietação, um espanto ou afetou cada um dos presentes de forma distinta.

Porém, a visita dele não se reduziu apenas a experiências filosóficas. Houve fatos curiosos e que merecem ser mencionados. A vinda do professor Walter, pela importância que ele tem para a área ensino de filosofia, reforçou em mim uma das máximas de Maquiavel, a saber, a de que o acaso rege parte dos fatos que acontecem conosco. A vinda dele foi uma oportunidade ímpar e desafiadora, assim precisávamos aproveitá-la da melhor forma possível. Afinal de contas, não é todo dia que temos a visita de Walter Kohan em Aracaju.

A pandemia impôs demandas sanitárias e preocupações jamais vividas pela nossa geração. O comum, na época, eram as atividades remotas. Ora, como realizar atividades presenciais em um cenário em que a vacinação ainda estava um direito exercido por um baixo percentual da população brasileira?

Quanto ao diálogo com as pessoas que participaram das atividades, a exemplo das crianças e dos adultos, ficou notória a forma distinta como ele aborda o trabalho filosófico, especialmente se compararmos com o modo acadêmico. Filosofar através de perguntas e sem a pretensão de obter respostas causou certo estranhamento nos/as professores/as e estudantes de Filosofia.

Por conta da pandemia, colegas do curso de Filosofia se conheceram pessoalmente graças à vinda do professor Walter. O contato das crianças com a filosofia ocorreu, provavelmente, pela primeira vez na vida delas, o que acabou tocando no íntimo de algumas professoras presentes na atividade.

Além de pesquisador renomado, Walter é um ser humano muito humano. Como ele ficou hospedado na minha residência, deu para perceber algumas situações. Ele é muito fanático por futebol, especificamente pelo Vélez Sarsfield, seu time de coração. Também sou fanático, principalmente pelo meu glorioso Botafogo. Tive a oportunidade de compartilhar angústias e esperanças futebolísticas durante sua estadia.

Ele também é um cozinheiro de mão cheia. Na noite do sábado, eu e minha companheira, a professora Maria José, tivemos a oportunidade de degustar um prato feito por ele e bater um bom papo. Em um determinado momento, pensei com meus botões. Conheci Walter, a exemplo de muitos/as, durante a graduação, lendo seus textos sobre ensino de filosofia. De repente, ele estava na minha casa. Como diz o famoso narrador de futebol, "haja coração!!!". Ainda tivemos tempo para ir à praia de Mangue Seco, localizada na divisa de Sergipe com a Bahia.

Por fim, a passagem de Walter Kohan por Aracaju demonstrou como pode ser simples e humano fazer filosofia. Talvez a academia brasileira enfatize muito o "*sophia*" (σοφία), o que é fundamental para valorizarmos nossa atividade. Porém, fico cada vez mais com a impressão de que estamos deixando de lado o aspecto afetivo da filosofia, tão bem representado na palavra "*philia*" (φιλία).

Em suma, se eu pudesse resumir a visita do professor Walter Kohan à capital sergipana, diria que foi uma visita filosófica. ∎

📍 Projeto "Viajando nas perguntas": relato de uma vivência em Alagoas

Cleriston Izidro dos Anjos[25]
MACEIÓ, AL

Por meio deste breve relato, compartilho alguns registros e impressões da nossa experiência com o projeto "Viajando nas perguntas", a partir da passagem do professor doutor Walter Kohan pelo estado de Alagoas. De antemão, gostaria de destacar que a experiência foi significativa para o Grupo de Estudos e Pesquisas em Pedagogias e Culturas Infantis

---

[25] Professor da Universidade Federal de Alagoas (UFAL). Coordenador do Grupo de Estudos e Pesquisas em Pedagogias e Culturas Infantis (GEPPECI).

(GEPPECI – CNPq/UFAL) – grupo de pesquisa do qual faço parte – e para o Grupo de Pesquisa "Educação Infantil e Desenvolvimento Humano" (GPEIDH – CNPq/UFAL), por diversos motivos: pela experiência em si e pela conversa com o professor Walter Kohan, pela organização de uma atividade coletiva envolvendo os grupos de pesquisa vinculados ao Programa de Pós-Graduação em Educação do Centro de Educação da UFAL e porque a programação que organizamos se constituiu como a primeira atividade presencial do GEPPECI depois de tantos meses de isolamento físico ocasionado pela pandemia de covid-19.

Ao tomar conhecimento de que Walter Kohan estava na região Nordeste do Brasil com esse projeto e que ele poderia passar pelo estado de Alagoas, entrei em contato com os membros do meu grupo de pesquisa, que prontamente ficaram animados com a possibilidade de organizarmos algumas atividades em diferentes lugares da cidade de Maceió e, quem sabe, em cidades do entorno. Na sequência, entrei em contato com o grupo de pesquisa GPEIDH, que também aceitou colaborar na organização de uma programação coletiva, envolvendo a UFAL, profissionais da rede pública de Maceió e demais pessoas interessadas, adultos e crianças.

A programação procurou considerar diferentes lugares e possíveis públicos da cidade: um bar alternativo na praia de Garça Torta – local onde era possível ver e ouvir o mar –, uma roda de conversa em uma praça em um bairro localizado na periferia urbana da cidade, uma roda de conversa com grupos de pesquisa e profissionais da educação no Instituto do Patrimônio Histórico e Artístico Nacional (Iphan) e uma visita e roda de conversa na aldeia indígena Wassu-Cocal, localizada no município de Joaquim Gomes, AL.

O professor Walter Kohan informou a previsão de sua chegada: dia 20 de setembro de 2021, provavelmente no período vespertino. Não sendo possível precisar o horário, tendo em vista que ele estava viajando de carro em busca de perguntas, combinamos que ele seria recebido em minha casa e que, à noite, teríamos um encontro – também em minha casa – com petiscos, jantar, bebidas, música, literatura de cordel e boa conversa.

No jantar de acolhida, estiveram os membros do GEPPECI que residem em Maceió, representantes do GPEIDH e crianças. Além de música, conversas e boas risadas, uma de minhas orientandas, Maria Janailma, recitou alguns cordéis escritos por ela, e outra colaboradora do GEPPECI, Gicelma Cavalcante, professora da UNEB, cantou algumas músicas, alegrando o ambiente e incentivando a cantoria em outros e outras.

Além de mim, outros/as pesquisadores/as do GEPPECI se colocaram à disposição para acolher o Walter como hóspede em suas casas, já que a ideia era a de que ele também participasse do nosso cotidiano. Nesse sentido, resolvermos perguntar a ele qual era seu desejo: dormir na região mais urbana da cidade ou em uma região de chácaras, praia e comunidade de pescadores em um bairro chamado Garça Torta, região um pouco afastada da parte mais turística da cidade; ele preferiu a segunda opção. Assim, Walter foi acolhido na casa da Suzana Marcolino, também professora da UFAL e pesquisadora do GEPPECI.

No dia seguinte ao jantar em minha casa, na terça-feira, dia 21 de setembro, tivemos a roda de conversa no Bar Giramundo, praia da Garça Torta. Iniciamos às 15 horas e ficamos por lá até depois do pôr do sol, por volta das 18h30. O local era aberto, o que permitia participação de maior público e, por esse motivo, foi possível convidar professores/as das escolas da região e pesquisadores/as da universidade, pessoas da comunidade em geral, também crianças das instituições de educação infantil ou que estavam acompanhadas com seus pais e suas mães. Além de haver espaço com brinquedos para as crianças, convidamos a contadora de histórias Natalinha Marinho e o cantor Wado, o que contribuiu para um feliz encontro com as crianças, com a filosofia, com a arte e a natureza. Os/as responsáveis pelo Bar Giramundo também ficaram animados com a proposta e, inclusive, autorizaram que as pessoas levassem lanches para serem compartilhados e ofereceram suco gratuitamente para o encontro.

A quarta-feira, 22 de setembro de 2022, foi iniciada com uma roda de conversa na Praça Padre Cícero, localizada no bairro Benedito. Não pude estar presente na atividade, mas pessoas do grupo de pesquisa do qual faço parte acompanharam essa experiência, embora tenha tido um grupo pequeno de participantes, foi uma roda de conversa muito produtiva e enriquecedora. O local foi escolhido por se tratar de um bairro da periferia urbana da cidade e levando em consideração o que a praça representa para a comunidade: trata-se de um importante equipamento comunitário em que acontecem eventos festivos e culturais, campanhas de vacinação, rezas dos devotos de padre Cícero, trabalhos voluntários de ajuda aos necessitados, caminhadas dos/as adultos/as e brincadeiras das crianças e comércio ambulante.

No período vespertino, realizamos um encontro aberto dos grupos de pesquisa GEPPECI e GPEIDH e demais pessoas interessadas no Iphan. Foi muito significativo, tanto pela conversa proposta pelo Walter Kohan, como também porque reuniu os dois grupos de pesquisa sobre crianças, infância(s) e educação infantil da UFAL, o que nos possibilitou conhecer um pouco mais sobre as propostas e pesquisas uns dos outros.

Na quinta-feira, 23 de setembro, estivemos na aldeia indígena Wassu-Cocal, no município de Joaquim Gomes. No grupo estavam membros do GEPPECI, duas crianças – filhas de integrantes do grupo de pesquisa –, o Walter, uma professora da rede pública estadual que lançou um livro sobre os/as Wassu – fruto de pesquisa realizada na aldeia – e eu. Após uma roda de conversa com educadores/as indígenas no Centro Comunitário da aldeia, visitamos uma escola indígena, momento em que foi possível a realização de uma roda de conversa com as crianças.

A experiência de receber o professor Walter com o projeto "Viajando nas perguntas" foi muito interessante, especialmente depois de tanto tempo de isolamento causado pela pandemia de covid-19. Foram encontros com diferentes grupos e em diferentes locais: crianças e adultos, pais/mães e profissionais da educação e das artes, em um apartamento, na praia, em uma praça e na aldeia. Também foi interessante saber um pouco mais sobre o livro *Por uma pedagogia da pergunta*, de Paulo Freire. Além disso, as muitas perguntas não respondidas ainda reverberam em mim, e certamente em outros/as que participaram desses encontros, gerando muitas outras perguntas.

Para finalizar estes registros, compartilho as impressões de outra participante das atividades do projeto "Viajando nas perguntas", a professora Renata Maynart, também da UFAL e integrante do grupo GPEIDH:

> A vinda do professor Walter Kohan proporcionou encontros, andanças e experiências presenciais que estávamos sem vivenciar devido à pandemia de covid-19. A proposta do professor, através do seu projeto "Viajando nas perguntas", já tem um título convidativo e nos possibilitou momentos ímpares. Tive o privilégio de participar de dois momentos: encontro no Bar Giramundo, no dia 21 de setembro,

e do encontro com os grupos de pesquisa da UFAL, no Iphan. A proposta do Giramundo nos proporcionou encontros com colegas, artistas locais, pessoas de fora do espaço acadêmico e, principalmente, com crianças em um ambiente acolhedor, ao ar livre. Em uma grande roda pudemos cantar, fazer perguntas, que, surpreendentemente, não foram respondidas, mas geraram outras perguntas, reflexões. O professor Walter, sempre muito sorridente e perspicaz, nos provocava e nos levava a novas perguntas que nunca findavam. Quem esperava respostas prontas mergulhou em indagações, com muita leveza, sorrisos e uma humildade gigantesca. A oportunidade de ouvir histórias com as crianças, cantar com o Wado e compartilharmos um lanche deu ainda mais sentido à proposta, pois potencializou os encontros e as viagens pelas perguntas que todos ali estávamos fazendo. Na reunião com os grupos de pesquisa pudemos contar um pouco do que temos pesquisado, pudemos ouvir mais sobre o que nossos colegas têm feito, nos aproximar. Foi uma tarde reflexiva, também guiada por perguntas que nos faziam sair da nossa zona de conforto, refletir sobre nossas escolhas teóricas. O projeto idealizado pelo professor Kohan é magnífico, no sentido acadêmico e no sentido da vida, dos porquês, das perguntas que movem o mundo, que nos levam a "viajar". Viajar, no sentido literal da palavra, como ele tem feito, tem proporcionado ao próprio Kohan oportunidade de conhecer, de se conhecer, de conhecer ao outro, mas também tem provocado em muitas pessoas dos diversos lugares por onde ele passa a oportunidade de conhecer, perguntar e "sair do lugar" (Renata Maynart – UFAL).

Compartilho, ainda, as impressões de Maria Janailma Tavares, integrante do GEPPECI e minha orientanda de mestrado:

Participar de um dos momentos (infelizmente não pude ir a todos) com Walter Kohan foi muito interessante por ter despertado inquietações, reflexões e ideias acerca das vivências com as crianças e também em relação à vida profissional, acadêmica e até mesmo pessoal. As perguntas que iam surgindo durante as falas de cada pessoa contribuíam também para o meu pensar. Não apenas responder, mas também perguntar, requer formular, pensar, lidar com as pessoas e os fatos ao nosso redor, problematizar as próprias convicções, e até mesmo relembrar a criança que há em nós. Quem pergunta, sobretudo, quer trazer o que é simples para ser pensado na complexidade do mundo, tem a sede de descobrir junto aos outros o mundo. A vinda de Walter aguçou nosso pensar, trouxe partilhas de suas vivências enquanto acadêmico e filósofo das infâncias que é. Trouxe produções literárias que aqui ficaram para nos aproximar mesmo em meio a tantas distâncias, fortaleceu vínculos, estreitou olhares. Podemos aprender muito com as perguntas que nos fazem e com as que formulamos enquanto dialogamos nessa teia de conhecimento e experiências que nos une e nos mostra o quanto o outro complementa o que nós somos (Maria Janailma Tavares – GEPPECI/UFAL).

Ao professor Walter fica uma pergunta: Quando teremos novamente a oportunidade de viajar nas perguntas em sua companhia? Aguardamos o reencontro.

Um abraço!
Cleriston ■

♀ Rapsódias da passagem de Walter Kohan por Alagoas

Ericka Marcelle Barbosa de Oliveira[26]
MACEIÓ, AL

Por uma pedagogia da *pergunta*, ou, uma pedagogia menina. Essas foram as informações iniciais que obtivemos sobre os interesses e a busca do professor Walter Kohan ao rodar o Nordeste numa viagem de carro, em comemoração aos 100 anos de Paulo Freire. Chegando a Alagoas, a proposta era a de conversar com educadoras, educadores, crianças e quem mais tivesse interesse em fazer perguntas, de qualquer tipo. Não havia roteiro preestabelecido.

---

[26] Doutoranda da Universidade Federal de Alagoas (UFAL).

Além dessa novidade, pairava no ar, por um lado, um sentimento de "vamos conhecer pessoalmente" uma das referências de nossos estudos sobre infâncias e educação infantil – o próprio filósofo Kohan. De outro, um sentimento de que "vamos nos encontrar pessoalmente" com muitas pessoas queridas que formam a rede de formação e pesquisa em educação infantil da UFAL, após meses de distanciamento social, pandemia e receio de se aglutinar. Esses dois fatores despertaram grande entusiasmo em mim e, certamente, nas colegas que integram nosso grupo de pesquisa – o GPEIDH. O entusiasmo foi alimentado por nossa orientadora, Lenira Haddad, que nos convocou a não perder nenhum dos eventos que aconteceriam em torno da presença do filósofo no estado.

Segundo dia de eventos previstos na programação. "O que é ser livre?" Essa foi a primeira pergunta que ouvi após chegar atrasada ao encontro no Giramundo, em Garça Torta, Maceió. Diante da pergunta feita por uma moça que estava presente no evento, coloquei-me perante o grupo e, com a proposta estabelecida de que não haveria respostas, mas problematizações e mais perguntas em torno das perguntas, ponderei algo do tipo: por que estamos em busca de uma confirmação para sabermos se somos livres ou não? Existe uma lista, uma relação de itens que apontam que, se você os possuir, você é livre, e se você não os possuir, você não é livre?

A ponderação curiosa despertou a atenção do filósofo. Outras ponderações em torno da história de ser livre se seguiram. Novas perguntas também. Perguntas de adultos, perguntas de crianças. Pausas para o lanche. Retomada do ato coletivo de perguntar. Finalização das perguntações em grupo. Aproximações, conversas e perguntações em pequenos grupos após o evento. Promessas de estarem presentes nos encontros que se seguiriam nos próximos dias, conforme a programação estabelecida. Impossibilidade de estar em alguns eventos por falta de carona. E assim findou-se o segundo dia.

E o que ficou na memória a partir desse encontro? A constatação de sempre, de que Garça Torta é linda; a reflexão de como o ato de fazer e ouvir perguntas nos leva a cada vez mais querer fazer perguntas, porque brotam em nós questionamentos genuínos; a proposição de que não há pergunta "desimportante"; a constatação de como foi bom conhecer Walter Kohan.

No dia seguinte, o terceiro da programação, após um encontro no bairro do Benedito Bentes, do qual não pude participar, houve a reunião dos grupos de pesquisa. Convidei um amigo e lá fomos ao Iphan, onde encontramos membros do GPEIDH, do GEPECI e o professor Walter Kohan. Assistimos a um vídeo, dançamos sentados, batemos palmas, e "começaram" os questionamentos: o que marca o início das coisas? As coisas iniciam quando começam ou antes mesmo de começar? Em que momento? Segue-se uma discussão com perguntas a respeito dessas provocações iniciais, e depois tem-se a apresentação das pessoas presentes, dos seus temas e interesses de pesquisa, do porquê do nome dos grupos de pesquisa (por que um grupo é marcado só por pesquisas e não por estudos e pesquisas?). "Por que 'desenvolvimento humano?'" "Como as contribuições das pesquisas chegam até a prática pedagógica nas escolas?" "A construção de políticas públicas não seria uma forma de as pesquisas chegarem até a prática pedagógica?" "Onde estão os bebês?" "Você não é marxista? (Assisti a um evento em que você assim se posicionava)" "Será? Não sou nada que se relacione a 'ista'" "Mas não são vocês filósofos que adoram definir as coisas em categorias?" "Como fazer boas perguntas?" Foram algumas provocações das quais me lembro e que movimentaram o debate. Transcorrido o encontro, ao final uma pausa para uma água, conversas, convites para os próximos eventos da programação. Novamente, a sugestão da impossibilidade de comparecer pela falta de caronas. Ali nos despedimos do professor Walter, com sugestões de acompanhá-lo pelas redes sociais – onde posteriormente seguimos fazendo perguntas diante da postagem dos registros fotográficos dos encontros.

 A semana se seguiu com o desejo de cada vez mais propor perguntas para si e para os outros. Filosofar é convidativo, leva-nos a gostar de questionar como forma de conhecer as coisas, de ponderar e refletir a partir de perspectivas outras, em vez de respostas prontas ou já cristalizadas. O que pensamos sobre as coisas é realmente a forma como uma determinada coisa é? Uma coisa tem a forma que damos a ela e ela pode significar outra coisa dependendo da forma que dão a ela? É muito provável. Mas sigamos com as memórias sobre os encontros com a pedagogia da pergunta.

 Passados alguns dias, a proposta foi de comunicação via WhatsApp. Uma pergunta por dia, enquanto houvesse memória. Diante dessa e de outras propostas, uma foi maturada e realizada: encontrar Walter Kohan em Monteirópolis, seguindo para uma comunidade quilombola chamada Paus Pretos, e, depois, para Palmeira dos Índios, a visitar uma aldeia

Xukuru-Kariri. Nunca tinha estado nesses lugares, e a proposta era muito interessante. Lá fui eu.

Quase uma odisseia se estabeleceu para levar a cabo tal proposta. Na rodoviária de Maceió, uma van até Arapiraca. Desembarcando em Arapiraca, um mototáxi até o ponto das vans para tomar um transporte para Olho d'Água das Flores e desembarcar em Monteirópolis. A van para Olho d'Água, lotada, não parou para meu embarque quando sinalizei. Um tanto desnorteada, faço uma ligação para o camarada Bezerra, responsável por me dar as dicas da odisseia para chegar até a cidade. Ele sugere uma nova rota, aguardar uma van para Delmiro Gouveia e desembarcar na entrada da cidade de Monteirópolis, onde haveria um grupo me aguardando para irmos a Paus Pretos. Assim o fiz, e duas horas depois embarquei na van; alguma hora depois, desembarquei na entrada da cidade-destino. Não havia ninguém me esperando, o sinal de celular não funcionava. Senti-me meio perdida, o que eu poderia fazer? Pedi ajuda a uns funcionários de um posto de gasolina que ficava na entrada da cidade, combinei com um mototáxi para me levar até a comunidade Paus Pretos. Informei que havia um evento acontecendo lá e tinham algumas pessoas me aguardando. O mototaxista e os frentistas do posto fizeram uma expressão facial estranha, e ainda me avisaram que o lugar era longe. Após algumas conversas e um pouco de receio, lá vamos nós de mototáxi.

O caminho até a comunidade, uma estrada de terra sem nenhuma iluminação, amedrontou-me um pouco. Fui durante todo o percurso conversando com o mototaxista e usando a estratégia das perguntas, para minimizar a tensão da situação, passei o caminho perguntando curiosidades a ele sobre o lugar, os gestores municipais, escolas, acesso à comunidade, disputas políticas do município... Aproveito para destacar o quanto ser mulher, mesmo tendo muita coragem, é andar a todo momento com a sensação de inseguridade, principalmente em lugares não antes conhecidos.

Após alguma tensão, e umas seis horas de viagem, cheguei a Paus Pretos. Finalmente! Na chegada, uma surpresa: logo fui recebida por uma professora da liderança da comunidade e encaminhada para compor uma mesa com o prefeito da cidade e alguns convidados ilustres, dentre eles o professor Walter Kohan. Impactada, sou apresentada ao público sob o título de "a professora Ericka, da UFAL". Embora não fosse eu professora da UFAL, o título me conferia, perante as autoridades e a comunidade, certa distinção que marcaria e justificaria meu lugar à mesa das autoridades (a única mulher negra figurando nesse lugar). A surpresa e a incredulidade desse momento me fizeram rir de nervoso. Walter Kohan dava risada e ironizava a situação inusitada. Lá estava eu, caída de paraquedas, ou de mototáxi, entre as autoridades que faziam parte de uma espécie de comissão julgadora de um concurso de beleza negra, que escolheria rainha, rei, princesa e príncipe. Ou seja, os mais belos e as mais belas dentre os e as quilombolas.

A respeito desse evento, duas coisas merecem destaque (não vou me alongar muito). A primeira diz respeito aos objetivos de um concurso de beleza negra. De início pode-se vender a ideia de valorização da estética negra (o que por si já é discriminatório), uma vez que submete corpos negros a serem avaliados de forma compensatória (já que existem concursos de beleza, e mesmo sabendo qual o padrão de corpos que figura nesses espaços, eles não são denominados como "concurso de beleza branca"). Não são os corpos negros os escolhidos como os mais belos – embora o neoliberalismo já tenha cooptado a pauta racial para promover a indústria estética sob o viés da diversidade. Então, cria-se um lugar onde, sim, os corpos negros podem disputar as representações do que é ser belo: um concurso próprio, onde eles podem ser diferentes (os mais bonitos) dentre os iguais. Mesmo sendo negras, as pessoas a serem escolhidas como as vencedoras do concurso passam pelo crivo avaliativo de uma comissão que acaba considerando um padrão estabelecido: traços fenotípicos, formatos corporais. É necessário romper com essas manifestações colonizadoras. Em segundo lugar, a promoção política do gestor e de vereadores do município presentes, que tem nesses eventos uma visão folclorizada da comunidade quilombola, apenas em época alusiva ao Dia da Consciência Negra.

Sobre a comunidade Paus Pretos, destaco a generosidade e o acolhimento com que fomos recebidos. O sentimento de comunidade se expressa na partilha coletiva do uso dos espaços comunitários e domésticos pelos moradores. Os vizinhos comem juntos nas residências uns dos outros, as portas ficam abertas e qualquer pessoa da comunidade adentra nas casas sem maiores cerimônias. O que às vezes pode não ser tão legal se você está tomando banho.

Ainda com tanto acolhimento, senti-me um pouco "estrangeira", ou forasteira na comunidade, mesmo sendo uma mulher preta. Fui muito observada pelas pessoas presentes no evento de beleza e na festa, certamente porque todos se conhecem e logo reconhecem que não sou do lugar. Talvez pelas minhas roupas, a forma de me expressar (embora eu não tenha trocado muitas palavras com os grupos, porque minha chegada foi meio atropelada), e o fato de (pasmem!) eu ser a única a usar máscara por conta dos riscos de contaminação do coronavírus. Quais as nuances que levariam, ao mesmo tempo que me aproximo pela questão racial, a me distanciar daquele grupo? Recortes de raça, gênero, classe são importantes a serem feitos.

Após o pouso em Monteirópolis, seguimos para Palmeira dos Índios e depois para a cidade onde mora o camarada Bezerra. Em Palmeira dos Índios, estivemos na aldeia Xukuru-Kariri, conversando com a liderança. Fomos recebidos pelo cacique e pelo seu filho, o pajé, além das mulheres da família, inclusive a matriarca. Chegando lá, sou acometida por uma reação alérgica, e, depois de eu muito pensar sobre a motivação, creio que foi efeito de uma lagarta que foi esmagada no meu braço e assim teve findado o seu devir-borboleta minoritário. Ou interrompeu-se aí o próprio devir da lagarta minoritária? Avançando, entregamos cestas de verduras e bolos como presentes. Nós nos reunimos na sala da casa da liderança indígena. Houve menos perguntas, sendo a maioria delas feitas pelo professor Kohan, para compreender o modo de vida da comunidade, perspectivas políticas das lideranças. Surpreendi-me quando foi falado pelo cacique o quanto as pautas indigenistas foram abandonadas durante o governo do Partido dos Trabalhadores (PT), já que figuram na mídia narrativas do quanto as questões indígenas foram valorizadas nos governos Lula-Dilma. Segundo o cacique, pouco foi feito pelos governos petistas, inclusive em relação à garantia de uso de territórios indígenas por essas populações. Fiquei pensando no quanto é necessário conhecer a realidade e as opiniões desses sujeitos a partir desses próprios sujeitos, tomando-os não como objetos a partir das representações que acompanhamos somente através das mídias. Aos poucos foram chegando professores das escolas indígenas para contar de suas experiências, desafios, formação, formas de abordagem utilizadas nas disciplinas escolares consideradas tradicionais, partindo da perspectiva de uma escola indígena. Ao final das conversas, fizemos um lanche com sucos, frutas, bolos, momento em que ouvimos um ancião da família contar histórias acerca da comunidade, de sua infância e da família que ele construiu.

Saindo da aldeia Xukuru-Kariri, visitamos uma cooperativa onde são produzidos vinho de jabuticaba, geleias, licores e sucos da mesma matéria-prima. Provamos os produtos que são produzidos, e acho que Walter Kohan comprou aí uma planta para se juntar às demais que o acompanhavam na viagem. (Será?) Conversamos com o coordenador da cooperativa e aí fiquei mais de espectadora. Uma das principais questões destacadas era como mobilizar e envolver os jovens da comunidade nas atividades da cooperativa ou no processo produtivo desse tipo de economia.

Findando o dia de eventos, fomos à casa do Bezerra, onde fomos recebidos por sua esposa, Luísa, e bastante acolhidos. Jantar com cuscuz com queijo, café. Depois, a surpresa dos anfitriões pelo fato de Walter Kohan lavar a louça do jantar. Questionamentos sobre um ex-seminarista marxista e católico. Uma mirada na partida do Vélez, que perdeu o jogo. E assim se encaminhava o final da passagem do filósofo por Alagoas.

Diante dessas experiências, o que ficou para mim?

– Mudei-me novamente de casa e estou vivendo em Garça Torta, sendo o bar Giramundo a memória sempre viva da vivência perguntadora com Walter Kohan. Eu vejo o lugar e a memória aparece. Assim como quando vejo um filósofo e uma pergunta menina sempre me aparece: por que os filósofos usam boinas? Já tenho algumas pistas da resposta, inclusive. Filósofos com boinas são minha pergunta menina materializada e andando por aí.

– Não nos juntamos mais em grupo desde o encontro com Walter Kohan. Inclusive, os livros que fiquei encarregada de entregar a seus destinatários estão ainda comigo. Tentei entregar a todos e todas até o Natal, mas viagens e distâncias impediram a concretização do plano. Nesse sentido, além de um aglutinador de perguntas, Walter e seu projeto foram, sobretudo, aglutinadores de pessoas. Walter Kohan e seu projeto de 100 dias de viagem são coisas distintas, ou o projeto é um pouco da alma de Walter em movimento e, logo, o próprio Walter em movimento?

Eu teria muitas outras coisas para pontuar, perguntar. Mas as deixo por aqui reverberando em mim após este exercício de costurar pequenos fragmentos de recordações num texto.

Te deixo um abraço, Walter. Para continuar sonhando.

Ericka

20 de fevereiro de 2022. ■

⬥ A visita do filósofo em Maceió

Suzana Marcolino, Francisco Marcolino Machini[27]
MACEIÓ, AL

Nesta terra quente e de águas mansas e claras, na época da primavera, que aqui parece verão, chegou uma carta com notícia da visita de um filósofo.

O que ele queria por aqui?

Ah, ninguém entendeu muito bem, parecia que ele queria vir para cá para fazer perguntas… estranho, muito estranho…

As pessoas querem vir para Maceió para ir à praia, brincar, aproveitar o calor; algumas pessoas vêm para cá para falar sobre diversificados assuntos (educação, teatro, economia, música, cinema e televisão, por exemplo); tem gente que vem para cantar e fazer espetáculos e fica pouquinho tempo, nem vai à praia.

Visitar esta terra para fazer perguntas era novidade, e nós desconfiamos que ninguém entendeu muito bem, mas, como todo mundo ficou com vergonha de perguntar, todo mundo fingiu que estava entendendo tudo.

Mas, no íntimo de cada um, que significa lá dentro da gente, tipo, não só no coração ou pulmão, mas lá na nossa alma, que é nosso jeito especial de sentir as coisas, todos estavam com muitas, muitas dúvidas!

Todo mundo queria receber muito bem o filosofo, mas ninguém sabia muito do que ele gostava.

---

[27] Susana é Professora da Universidade Federal de Alagoas (UFAL); Francisco é seu filho.

Será que é vegetariano, vegano ou comilão (aquelas pessoas que comem de tudo)?

Será que gosta de peixe com pirão ou prefere macarrão?

Para tomar banho, prefere água morninha de chuveiro elétrico (como é lá no Sudeste) ou chuveiro sem nenhuma eletricidade com água na temperatura que o ambiente deixar?

Dormir na rede é bom! Aqui muita gente dorme na rede. Mas será que, para dormir, o filósofo preferia o balanço da rede ou uma cama bem paradinha no seu lugar?

A gente podia ter perguntado tudo para ele, mas ninguém quis perguntar. Talvez porque todo mundo quisesse adivinhar. Mais que adivinhar, tudo mundo queria acertar. Porque, quando a pessoa acerta, seja por adivinhação ou sapiência, ela se sente muito sabida, inteligente por demais!

E esse rapaz filósofo chegou. Não é que o homem só sabia perguntar!? Ah, que coisa chata!

Era pergunta dali, pergunta daqui, pergunta de acolá:

Quando uma coisa começa?

Quando uma coisa termina?

De onde você vem? Para onde você vai?

Se aprende mais na partida ou no retorno?

Quem mora perto do mar é mais feliz?

Para onde vai a água do mar quando a maré seca?

Muita gente estava achando aquilo esquisito e não entendia o porquê de tantas perguntas. Essa gente podia perguntar, mas acho que não perguntavam, porque queriam: repostas. Caraca! Será que é isso? As repostas são mais importantes que as perguntas? Para que servem as perguntas? Mas... será que as perguntas têm de servir para alguma coisa? E as respostas servem para que mesmo?

Eita que daí todo mundo começou a perguntar, e quem era ruim de pergunta se sentiu muito encorajado e saiu desembestado perguntando, perguntado e perguntando...

Teve um dia e hora que muitas pessoas (homens e mulheres, velhos e crianças) se juntaram para perguntar junto com o rapaz da filosofia. Foi uma perguntação danada! E, como era perto do mar essa perguntação, até essa força da natureza se rebelou e quis fazer perguntas, sabe como? Com ondas bem fortes e barulhentas. Acho que é porque o mar também tem os seus dilemas.

As perguntas feitas pelo mar fizeram as pessoas perguntarem sobre tantas formas de interrogar. Um olhar pode perguntar? Um gesto pode ter intenção de pergunta?

Então, o período que esse moço filósofo esteve aqui foi assim: as pessoas quiseram recebê-lo muito bem, com pompa e circunstância. Estranharam muito essa coisa de sair por aí fazendo pergunta e queriam ser sabidas e só dar as respostas. Até que essa coisa de perguntar, perguntar e perguntar, como uma febre que é boa, uma quentura gostosa se espalhou por aqui. Teve gente que fez música, outras e outros, poesia, outras e outros foram cuidar carinhosamente dos filhos e filhas e… teve gente que só quis admirar a lua.

Então, foi tudo assim que aconteceu, desse jeitinho que nós contamos aqui, ou não. ■

♀ Receber o professor Walter em nossa comunidade

Eleuza Juvita de Lima[28]
TERRA INDÍGENA WASSU-COCAL, AL

Receber o professor Walter em nossa comunidade foi de grande importância, sua dinâmica pedagógica despertou, em nós, professores, a reflexão de que todo conhecimento gira em torno da investigação, do querer buscar, e que essa busca nos instiga a nos perguntar e também perguntar a quem está a nossa volta, pois pode ser que em algumas vezes não encontraremos as respostas do jeito que queremos ou compreendemos, mas com certeza teremos sim uma resposta resultante de uma pergunta, e isso nos leva a entender que os nossos alunos precisam ser estimulados a perguntar, interagir, inferir, para que venham a entender que eles fazem parte daquele meio ensinando e aprendendo. O nosso

---

[28] Membro da comunidade Wassu Cocal, AL.

professor nos ofereceu uma reflexão: não somos os donos do saber e sim mediadores dele, facilitadores da aprendizagem interativa no sentido de formar pessoas críticas, convictas de sua identidade, seus valores, sua vivência. ∎

♀ Vivência

André Ferreira[29]
RECIFE, PE

Praticamente já se estava há dois anos em isolamento: o mundo externo se resumia ao que coubesse na janela. O vírus tinha como parceiro a infecção mental do governo nacional: centenas de mortes diárias. Centenas. A companhia dos amigos, o conviver familiar, a interação com o alunado fazia de conta que acontecia em meio ao digitar de poucas palavras e muitos *emojis*, que se dava, principalmente, numa telinha de 15 por 7 centímetros: devaneios de companheirismos, afetos e amizades.

O Eu se perdia no universo de quatro paredes das já cansadas coisas que expressavam um único "mim".

A gaiola cotidiana se dourava via a sensação de que a tecnologia permitia se comunicar e interagir com gente do mundo todo: *lives* e mais *lives* insistiam em adoçar o amargor do isolamento. A comodidade do WhatsApp dava a impressão de se estar inserido numa dinâmica comunidade mundial.

De Recife, um professor seguia tentando harmonizar o caos que se instaurava decorrente das ilusões de amplitude que a comunicação *hightech* concebia *versus* as limitações primárias do cotidiano. Daqueles milhares de mensagens que chegavam todo dia, por entre as dezenas de grupos e pessoas, das quais conjuntos de centenas serão descartadas num click, uma é lida com devida atenção: é um colega argentino-carioca dizendo que está subindo para o Nordeste.

---

[29] Professor da Universidade Federal de Pernambuco (UFPE).

Após alguns ajustes e acertos, fica confirmada a estadia do portenho na casa do cabra...

O Nordeste tem uma arquitetura muito peculiar. Casarões alpendrados pelos quatro cantos da residência, construções com paredes grossas e alto pé-direito, amplos e arejados cômodos, grandes portas e janelões se abrindo para verdejantes jardins e frutíferos pomares: orquídeas, bromélias, colônias e tantas outras cores; mangas, jacas, cajus e tantas outras delícias.

Mas, não é o caso da casa do professor, que não é nem casa: é um apartamento, um retângulo de 10 por 7 metros, isto é, uma metragem quadrada que não corresponde sequer ao espaço dispensado aos tradicionais alpendres...

O hermano subia desde o Rio de Janeiro e vinha da Bahia, sua mais recente estada. Tudo que trouxera e tudo que ganhava acondicionava num racional carro coreano, cuja oriental lógica do design desestimula qualquer pretensão de desperdício de espaço. Assim, seguindo um nexo bem próprio, todo o espaço interno do carro se constituía num grande porta-malas, no qual bermudas se encostavam a livros, camisas de botão dividiam espaço com artesanais embalagens de presentes, camisetas estampadas se abraçavam a estojos das mais diversas naturezas.

A despeito de não usufruir da tradição arquitetônica da metrópole canavieira, o recifense se esmera em uma das outras tradicionais características do povo da região: receber os visitantes com fartura. Assim, grossa e sanguenta costela bovina, gordurosa costela suína, enervado cupim (aquele músculo proeminente nas costas do boi nelore) e outro tanto de carne foi providenciado.

Tendo chegado e já instalado o amigo que vinha do Sul, cujo veículo, a despeito dos valores que guardava, estacionou-se na rua, devido ao fato de na garagem só haver vaga para o anfitrião, dá-se a oferta da tão esperada primeira refeição, ocasião na qual o anfitrião poderia brindar o visitante com fartura e os gostos de sua destreza em carne vermelha.

Contudo, sua consorte, também ela afeita, por origem familiar campesina, não só ao preparo, mas também ao abate mesmo de bois e porcos, movida pela sensibilidade que lhe é peculiar, e à revelia do esmerado esposo, pergunta ao recém-chegado se ele come carne. Questão que, para o dono da casa, seria completamente desnecessária, pois já esteve na Argentina diversas vezes, e dentre os diversos elementos que embalam seu sentimento de irmandade com o povo da terra prateada há, sem dúvida, o gosto por tudo que sai da *parrilla*.

Porém... Não. Esse natural da terra do *asado*, do *vacío* e do *chorizo* não comia carne.

Superadas as disfunções entre os paladares do casal carnívoro com o hóspede vegetariano, que, a título de retribuir a atenção da chegada, cozinha todo um banquete, quase vegano, cuja quantidade, coincidentemente, foi mais que suficiente para suprir toda sua estadia naquele lar de resistentes onívoros, o trio segue nos trabalhos e atividades que o ofício da docência lhe requisitava.

O pernambucano teve até a oportunidade de apresentar o colega ao seu grupo de investigação, e a anfitriã participa, inclusive, da *live* do lançamento do mais recente livro do viajante.

E assim seguia a estadia... Havia o acerto para a ida do argentino, também professor, para algumas comunidades e espaços nos quais iria desenvolver suas experiências e reflexões, que se dariam dali a alguns dias: tempo suficiente para que se estreitassem ainda mais os laços de fraternidade e fossem superadas de uma vez por todas a discrepância gastronômica entre um casal que faz até churrasco com carne recém-abatida com um colega que, na contramão de Maradona, aboliu carne morta de sua mesa.

A afeição mútua já vinha se instaurando, resultante não apenas das atividades e dos trabalhos comungados, como também da novidade de pratos e alimentos elaborados sem a utilização de nenhum charque, bacon ou torresmo. Que, para aquele casal, era uma experiência inusitada e empolgante.

Foi nesse processo de desenvolvimento das aproximações fraternais que, como não poderia deixar de ser, outra grande paixão que costura nossa identificação latino-americana se fez manifestar: o futebol.

Fortinero, mesmo na outra ponta do continente, o hóspede não deixava de acompanhar de perto as adversidades de seu Vélez Sarsfield. O time, que inicialmente tinha sofrido algumas derrotas e conseguido suados empates, seguia agora numa sequência de vitórias, e a mais recente se deu, inclusive, quando o peregrino já estava nas terras pernambucanas: 1 a 0 contra o Sarmiento.

Placar emblemático para ser comemorado na terra de Paulo Freire...

A euforia pela vitória, a consolidação da amistosa relação e a certeza da comunhão da paixão futebolística empolgam o visitante a fazer a pergunta que, a seu ver, estreitaria ainda mais os laços de identificação e comunhão sul-americana: como está teu time?

Todavia, a camarada empolgação se esvai diante do semblante neutro e disfarçadamente desatento do hospedeiro. A manutenção da expressão diante da repetição da pergunta faz o conterrâneo de Gardel perceber que, em matéria de ritmo no campeonato, o time do recifense estava mais para os dramas passionais do tango do que para a fuzarca do frevo.

Seu time era o Santinha, o glorioso Santa Cruz Futebol Clube: tri-supercampeão do Pernambucano! Campeão invicto dos confrontos internacionais disputados no vietnamita Vinausteel! Mas, que, a despeito da grandiosidade que lhe é inata, vivia a expectativa de mais um rebaixamento para a série D…

Desde esse momento, esse nosso traço identitário, que nos aproxima até do papa (torcedor fanático do San Lorenzo), pesa naquela estadia como um denso constrangimento: o *fortinero* não podia conter sua euforia com as vitórias do Vélez, e o tricolor não conseguia disfarçar sua aflição com mais uma queda do Santinha.

Enquanto o time do Arrudão, nos jogos da Série C, perdia para ibis, mogis, jabaquaras, o escrete do Fort de Liniers disputava, ombro a ombro, com o Boca e o River Plate. E a disputa era na primeira divisão do campeonato argentino…

Esse conflito de paixões atingiu o seu ápice quando chegou o dia do Vélez Sarsfield encarar um arquirrival: o Independiente.

A despeito de toda a expectativa e animação do convidado com a partida que estava prestes a ocorrer, o recepcionista demonstrava uma forçada indiferença, fruto de seu grande esforço em não cair na tentação da inveja…

O jogo está a poucos minutos de começar…

Um dos cômodos do imóvel era um pequeno quarto que servia de sala de TV e som, munido de uma Smart TV de 50 polegadas e acesso à internet: ideal para se assistir a uma peleja tão esperada. Mas, nesse dia, o dono da casa convida um grupo de amigos, com os quais, movido pela boa educação, o torcedor do Vélez se vê obrigado a também fazer sala…

Inquieto e notando que há, como sempre, outros interessados em futebol, dentre os quais um rubro-negro acintosamente animado com o desempenho do seu time no Brasileirão, o viajante saca de seu notebook e compartilha, na sala mesmo, as emoções sobre a partida com o referido torcedor do Sport e os demais.

Nesse momento, o anfitrião redobra os esforços na representação da impassibilidade. Procura engatar conversas com os demais: tudo inútil, pois inclusive o público feminino gostava e entendia de futebol e, portanto, dava-se conta da importância que tinha aquela partida.

Engajados às emoções do visitante, o grupo todo puxa o hospedeiro a acompanhar aquela disputa, e, na condição de proprietário-anfitrião, foi conduzido pelo próprio grupo ao lugar que lhe seria natural por status: ao lado do argentino. Espremendo-se o rubro-negro entre ele e os demais...

Começa o jogo.

O azul das arquibancadas do José Amalfitani tomava a tela. O coro dos *fortineros* ressoava na casa do tricolor.

Logo no início, uma falta muito bem batida por um dos melhores batedores do Independiente é defendida pelo goleiro alviazul com um voo ao canto da trave.

Na sequência, decorrente do veloz contra-ataque, o Vélez ganha um escanteio na altura do lado direito da pequena área adversária.

Em movimento automático, o grupo se inclina para a tela.

O camisa 8 do Vélez se posiciona quase que na marca do pênalti. O zagueiro alviazul cobra o escanteio, colocando a bola na cabeça do companheiro na área, que desfere uma certeira cabeçada para o canto direito da barra.

Vencido pela inveja, o anfitrião mal pode se dar ao regozijo pelo goleiro dos *rojos*, braços estendidos, conseguir desviar o chute de cabeça do alviazul, pois se dá conta, categoricamente, de que aquela cabeçada tinha sido mais potente do que muitos dos chutes dos jogadores do Santinha.

E, escurecendo ainda mais seu coração, no mesmíssimo instante, o camisa 11 dos *fortineros*, que vinha correndo na direção do gol, pega o rebote e marca um golaço.

Alegria no grupo! Parecia que a tarde seria de mais uma vitória do grande Vélez Sarsfield.

Porém, o jogo mudou repentinamente: apenas um minutinho depois daquele golaço de Juan Lucero, Romero dos *diablos* marca o seu primeiro.

Foi outro golaço: esse, sim, uma cabeçada fatal. O camisa 10 dos *rojos* vem com a bola desde o meio de campo, dribla dois beques do Vélez e, já no lado esquerdo da grande área, dá um passe curto para o companheiro que passava à direita, que, por sua vez, dá uma invertida, lançando a bola na cabeça de Romero, que vinha num pique pelo lado esquerdo e recebeu a bola na cara do gol.

E não parou por aí, pouco tempo depois, ele, Romero, marca o seu segundo gol, mais uma vez, pelo lado esquerdo, por ironia, quase que reproduzindo o gol do Vélez: uma cabeçada, um desvio do goleiro, um rebote e um gol.

Termina o primeiro tempo: 2 a 1 para o Independiente, na casa do Vélez...

O clima azedou naquele sexto andar.

Lançando-se por cima do estático dono da casa, o rubro-negro, quase em lágrimas, busca o argentino para um abraço solidário. As torcedoras femininas projetavam maternos olhares ao sofrimento do portenho.

A partida recomeça. Tensão em Recife e em Buenos Aires: aos 20 minutos de jogo, substituição para os *diablos*; aos 23, cartão amarelo para os *diablos* e substituição para o Vélez; aos 25, cartão amarelo para o Vélez.

Aos 26 minutos do segundo tempo, o terceiro gol do Independiente: recebendo a bola de uma cobrança de escanteio (no mesmo lado daquele escanteio que resultou no único gol do Vélez), o camisa 12 dos *rojos*, caído, bunda no chão, marcado por quatro zagueiros e de costas para o gol, consegue chutar a bola no lado esquerdo do goleiro *fortinero*.

Humilhante...

O goleiro azul ainda hoje tenta entender de onde veio aquela bola...

3 a 1 para o Independiente, na casa do Vélez Sarsfield...

O sofrimento do visitante argentino estava tão erguido ali quanto o obelisco no cruzamento da Corrientes com a 9 de Julio.

Agora, em reflexões esquizofrênicas, o conterrâneo de Lampião já não sabia se começava a torcer pelo Vélez ou se, malevolamente, seguia secando o alviazul e levando seu hóspede a comungar de suas frustações futebolísticas. Isto é, já se sentia culpado pela derrota do *La V Azulada*.

Enquanto todos estavam vidrados na tela, olhava para cada um do grupo. Observava o colega radicado no Rio. Percebia o sentimento de todos, deu-se conta de que ninguém pode se alegrar sozinho, só os loucos... Deu-se conta de que não apenas na vivência da alegria, mas também na vivência do conhecer e na vivência da liberdade, ninguém se educa sozinho, ninguém se liberta sozinho: as pessoas se alegram, se educam e se libertam em comunhão.

Lembrou que um dia sofreu por seu time de futebol. Deu-se conta de que o amigo argentino ainda tem uma equipe para a qual vale a pena torcer.

Deu-se conta de que não torcer é não mais que esperançar.

Deu-se conta de que a grande e verdadeira irmanação latina não é o futebol, mas o atuar na esperança.

Daí, dirige o olhar ao peregrino e diz: não te preocupes, o time já esteve em situação pior e já saiu dela. Disse aquilo que seu coração tricolor repete lá no fundo, toda vez que o Santinha rebaixa...

Entre dolorido, incrédulo e surpreendido, menos pela possibilidade do vaticínio e mais pela completa desconfiança de que o tricolor acompanhasse realmente a vida do Vélez, o visitante tenta esboçar um sorriso. Os demais, esses sim convictos da completa ignorância do anfitrião sobre a existência do Vélez, mas já solidários com a tentativa de conforto encaminhada, subscrevem o preságio: é, o Vélez ainda vira esse placar, dizem em quase uníssono.

E eis que segue a partida.

Aos 37 minutos do segundo tempo, o *La V Azulada* faz logo duas substituições. A partida segue pesada: aos 40, Tarragona, que mal tinha três minutos de jogo, faz uma falta dura num rojo e recebe seu primeiro cartão amarelo.

Mas, aos 43, a bola escapa para os pés de Almada, que, de frente para o goleiro, nas imediações da pequena área, chuta no canto esquerdo e empurra a bola para dentro do gol do Independiente. 2 a 3 para o Vélez.

Desse momento em diante, a partida explode de tensão: jogadas duras dos dois lados. Cauteloso, o juiz anuncia quatro minutos de acréscimo: 240 segundos a mais. Quantidade que, ao não agradar nem ao Vélez, que achou pouco, nem ao Independiente, que achou exorbitante, garante-lhe a tão devida imparcialidade.

Passado um minuto do tempo regulamentar, o *La V Azulada* faz sua quarta substituição, passados mais um, faz outra. E, aos 48 do segundo tempo, ao penúltimo minuto da prorrogação, o glorioso Club Atlético Vélez Sarsfield faz seu terceiro gol na partida e empata o jogo. Gol sofrido, gol apaixonado: o goleiro e mais cinco *diablos* na pequena área, quatro *fortineros* de frente para o gol, a bola quica e bate num e noutro; segurado pela cintura pelo beque *diablo*, o alviazul, praticamente debaixo da trave, se contorce, faz o que parece um voleio malabarístico e toca a bola para dentro das barras.

Termina o jogo, a torcida vem a delírio: era um empate com gosto de grande vitória. E a comunhão reina naquele apê recifense.

Doravante, nos dias de estada do amigo viajante, o isolamento foi vencido pelos mais animados encontros de amigos. O mundo externo se dilatava em visitas e viagens, seja no berço das Ligas Camponesas, seja na instituição pioneira de acolhimento infantil, seja nas ocupações dos sem-teto. A companhia e o conviver com os amigos voltava à sua verdade de companheirismos e afetos.

O Eu, perdido no angustiante universo das paredes cansadas, achava-se no mundo aberto pelas perguntas para as quais não havia uma única resposta.

Para o amigo Walter Kohan, que animou a presença da pergunta em nosso mundo.
Recife, 11 de fevereiro de 2022.

⚲ O menino andarilho

Maria Aparecida Vieira de Melo[30]
RECIFE, PE

De todas as alegrias
Uma delas vou contar
Foi da presença autêntica
De um menino em meu lar
De simplicidade atípica
O encantamento em seu andar

Walter, um menino

---

[30] Professora da Universidade Federal Rural de Pernambuco (UFRPE).

Muito questionador
Nos fez compreender
O processo educador
Em elaborar o saber
Um ato desbravador

A sua amorosidade
Na arte do questionar
Faz da nossa realidade
A fonte do elaborar
Perguntas de verdade
Pra o diálogo fomentar

Ir ao supermercado
Caminhar lado a lado
Do menino curioso
O bem é inegável
Movimento prazeroso
Um acontecimento inenarrável

Dizer dessa alegria
Não cabe descrição
Cozinha partilhada
Pra fazer então o pão
A comida temperada
Nos causa satisfação

Seu movimento pedagógico
Nos foi encantador
Por meio da questão
Nos fez questionador
Com muita emoção
É um exercício libertador

Passear no Recife antigo
Em sua bela companhia

Partilhar do seu tempo
Nos trouxe muita alegria
E assim eu comento
Da sua pedagogia

Andarilho do Nordeste
Ele assim se tornou
Deixando encantamento
Por onde passou
E neste lindo movimento
Seu legado registrou

Este menino filósofo
Muito nos ensinou
Com sua simplicidade
Feito estrela brilhou
Pra nossa felicidade
O seu livro lançou

Um menino de 100 anos
Ele então nos apresentou
De uma maneira singela
Foi de grande valor
De uma forma muito bela
Foi um momento emancipador

Acompanhar em suas atividades
Me fez um grande diferencial
Sua atividade pedagógica
Foi superespecial
A sua forma epistemológica
É de um bem sem igual

Conhecer as moradas
De Freire, o seu lugar
Recife, a sua grandeza

Fez Freire andarilhar
E nessa sua destreza
Muito exemplo nos dar

Por aqui eu encerro
Meu contentamento
De tudo que apreciei
Do menino, o ensinamento
Por isso registrei
Todo meu encantamento ■

◉ Uma viagem de formação

Flávio Brayner[31]
RECIFE, PE

Meu querido amigo,

Na verdadeira "viagem de formação" que meu amigo Walter Kohan, travestido de Wilhelm Meister, fez pelo Brasil, especialmente pelo Nordeste, viagem comemorativa dos 100 anos de Paulo Freire, tive a oportunidade de conversar com ele, tanto pessoalmente, na casa de nosso amigo comum, André Ferreira, quanto virtualmente, nas diversas palestras para as quais fomos, ambos, convidados, ao ponto em que ele começou a chamar nossa dupla, gaiatamente, de "filosófico-sertaneja"! Claro que tenho um imenso orgulho de estar ao lado de meu amigo e poder usufruir de sua sensibilidade e de seu brilhantismo intelectual, algo que vem se tornando tão raro em nossa infeliz época.

Eu espero, nesta rápida e prazerosa mensagem, que Walter tenha feito, em seu périplo nordestino, aquilo que o Meister fez ao se integrar àquele grupo de teatro mambembe: poder se colocar no lugar dos outros, ver sua própria

---

[31] Professor emérito da Universidade Federal de Pernambuco (UFPE).

história a partir de olhares exilados, deixar que estes outros nos invadam com seus olhos e voltar para o ponto de partida, o Rio de Janeiro, modificado, endossando o sentido de toda "viagem": voltar a si mesmo modificado!

> Grande abraço e vida longa, meu amigo. ∎

♀ O ato educativo do perguntar (um breve diário de viagem com Walter Kohan)

Reginaldo José da Silva[32]
RECIFE, PE

Nestes tempos de hegemonia do neoliberalismo, quando, conforme aponta Rancière (2014), sistemas políticos, econômicos e educacionais anunciam que há apenas uma realidade, essencial e inquestionável, perante a qual as pessoas devem simplesmente se submeter e oferecer respostas a ela adaptadas, perguntar se constitui um ato revolucionário, uma contrapedagogia. O momento impõe restrições a qualquer coisa que permita dizer algo que não esteja aliado a essa suposta única realidade: interpretar, criar e questionar não são coisas aconselháveis a se fazer, porque, afinal de contas, as coisas já estão dadas, e é preciso simplesmente aceitá-las. Daí por que, para essa lógica, o perguntar é incômodo, desnecessário, infrutífero.

Entre os meses de setembro e outubro de 2021, estive com o professor Walter Kohan em três rodas de conversa com crianças, adolescentes e adultos nas comunidades de Bonança, um distrito da cidade do Moreno, na Região Metropolitana do Recife; Galileia, um antigo engenho, local de nascimento das Ligas Camponesas, no município de Vitória de Santo Antão, no limite entre a Zona da Mata e o Agreste de Pernambuco; e Carolina de Jesus, uma ocupação coordenada pelo Movimento dos Trabalhadores Sem Teto (MTST), na Zona Oeste do Recife. Fiquei

---

[32] Doutorando em Educação da Universidade Federal de Pernambuco (UFPE), Recife, PE.

com a responsabilidade de articular duas dessas rodas: a de Bonança, que aconteceu na Cidade Evangélica dos Órfãos, uma organização de acolhimento institucional de crianças e adolescentes com direitos violados, e a de Galileia, realizada na Biblioteca José Ayres dos Prazeres, que também é um memorial das lutas das Ligas Camponesas.

Nos dias que antecederam as atividades, lembro que falei para o pessoal das comunidades que iríamos receber um professor, filósofo e escritor do Rio de Janeiro, que gostaria de conversar com a gente. E eles e elas me perguntavam: "Ele quer conversar sobre o quê?". A pergunta era para entender se o professor traria um tema específico, uma fala elaborada, um método... É possível que a forma como apresentei Kohan para os grupos (professor, filósofo e escritor) tenha provocado essa pergunta. Afinal de contas, é muito comum professores, professoras, filósofos, filósofas, escritores e escritoras chegarem aos lugares, inclusive às "rodas de conversa" (nesse caso com aspas mesmo), com tudo pronto para falarem e serem escutados e escutadas por plateias atentas e interessadas em receber os saberes vindos dessas "autoridades da inteligência e da sabedoria".

Confesso que eu também estava meio perdido sobre o que iria acontecer e sobre qual era a proposta de Kohan. As exigências profissionais e acadêmicas, sempre nos pedindo planejamentos, metodologias e cronogramas, deixam-nos desorientados diante de uma ideia de atividade que se pareça com uma viagem que vai simplesmente acontecendo sem roteiros e pontos de chegada predefinidos. Lembrando aqui de Rancière (2020), acredito que posso dizer que muitos e muitas de nós, educadores e educadoras, educandos e educandas, ainda estamos apegados e apegadas a processos de construção do saber que tenham como base a explicação. Nessa lógica, é preciso sempre ter um mestre que explique, porque a sua inteligência é superior à das outras pessoas que não têm a sua ciência. O mestre precisa levar essas pessoas à sua inteligência e ciência, através de sistemas de explicação que exigem planos, métodos e tempos predefinidos.

Dos dois encontros que ajudei a articular, o primeiro ocorreu na Cidade Evangélica dos Órfãos (Bonança), e o outro, na Biblioteca José Ayres dos Prazeres (Galileia). O "método" era um só: criar espaços para o ato de perguntar. Perguntar o quê? Qualquer coisa. E quem responderia as perguntas? Ninguém. Ficaríamos ali perguntando, perguntando, perguntando... e deixando os pensamentos nos visitarem a partir dessas perguntas, sem a necessidade de encerrá-las com respostas. Era possível perceber um misto de incômodo e espanto nas pessoas e em mim também. Como assim, ficar fazendo perguntas e nem mesmo ensaiar respostas?

Na roda de conversa realizada em Galileia, Zito, o responsável pela Biblioteca José Ayres dos Prazeres, aproximou-se de mim, em um momento de intervalo, e pediu: "Diga a ele que é preciso explicar às pessoas o que está acontecendo. Acho que elas não estão entendendo nada". Zito, assim como muitos e muitas de nós, formado em sistemas fundamentados na desigualdade das inteligências e que só concebem o saber como resultado de explicações de pessoas autorizadas cientificamente para tal, verbalizou ali um choque que não é só dele. Uma experiência de elaboração de saberes e aprendizados a partir de perguntas, não aquelas nas quais as respostas já estão embutidas, nem mesmo aquelas preparadas metodicamente para serem respondidas de forma "certa" ou "errada", mas perguntas construídas enquanto o diálogo flui e que simplesmente nos provocarão a pensar em possibilidades, impossibilidades e outros jeitos de ver o mundo, sem dar respostas, constitui-se um rompimento com as formas tradicionais de pedagogia e ensino, naturalizadas por muitos e muitas de nós. E isso choca. Mas o choque, a tensão e o rompimento são necessários para que sistemas de ensino autoritários e sociedades desiguais sejam subvertidos e algo novo seja criado. Paulo Freire e Antonio Faundez (2021, p. 79) chamaram isso de "pedagogia da pergunta".

Na roda de conversa que aconteceu na Cidade Evangélica dos Órfãos, em Bonança, a pergunta de Mateus, um menino de 11 anos de idade, pode nos ajudar ainda mais nessas reflexões. Durante o encontro, depois de várias rodadas de perguntas, questiona Mateus: "Isto aqui é uma palestra ou uma palavra?". A intervenção daquele garoto ficou reverberando em nós durante um bom tempo. Lembro que, após a atividade, dialogamos sobre ela, na viagem de retorno ao Recife. Alguns dias adiante estive em uma atividade da instituição e, conversando com parte de sua equipe técnica, a interrogação feita por Mateus voltou a ser assunto. Entre as tantas coisas que discutimos a partir daquela pergunta, pensamos na relação que ela tem com as experiências escolar e religiosa do menino. Na escola, Mateus escuta "palestras", falas, dissertações de seus professores ou professoras. Na igreja, ele escuta "a palavra", as mensagens dos pastores e líderes. O aprender com perguntas nesses dois espaços ainda encontra uma resistência grande. Daí por que Mateus questiona, naquele encontro com Kohan, se o que acontecia ali era uma palestra ou uma palavra, pois os processos educativos vivenciados por ele na escola e na igreja estão fincados nessas duas formas de discurso e pouco ou nada relacionados a uma pedagogia que tenha como centralidade o ato de perguntar.

No período em que Kohan fez as suas andanças por Pernambuco, estavam ocorrendo vários eventos voltados para o centenário de Paulo Freire. As rodas de conversa terminaram contribuindo para retomarmos, revisitarmos muitas reflexões que fazem parte do pensamento freiriano, principalmente a ideia de que a educação e o educar precisam superar o embrutecimento, o disciplinamento, o aprender burocrático… a fim de que a curiosidade, a invenção e a liberdade de dizer e fazer as coisas de outro jeito inaugurem um mundo diferente e sempre renovado com novas perguntas. ∎

♀ As tessituras de um encontro: composições

Conceição G. Nóbrega L. de Salles, Adma Soares Bezerra, Vanessa Galindo Alves de Melo, Saulo Feitosa Ferreira, Fernanda Maria Santos Albuquerque, Maria Letícia da Silva, Vannessa Rebeca S. Aquilino Gomes, Anna Líssia da Silva, Jéssica Villiana da Silva, Joane Santos do Nascimento, José Jardel Silva Mergulhão, Juliana Silva Almeida, Fernanda Santos da Cruz, Nádia Priscila de Lima Carvalho, Maria Luanara Barros e Silva, Thiago Gonçalves Silva, Nathália Batista de Andrade[33]

CARURU, PE

O que pode um encontro?
Qual o tempo de um encontro?
Não perguntamos para saber respostas. Nem mesmo para buscarmos alguma resposta, porque as respostas parecem-nos ter muito mais a ver com finais do que com o que treme a intensidade dos inícios. Perguntamos

---

[33] Professoras e estudantes da Universidade Federal de Pernambuco (UFPE), Caruaru, PE.

por talvez as perguntas habitarem o mesmo tempo dos encontros: que começam muito antes do seu início propriamente dito e não finalizam jamais, nem sequer diante de uma despedida, ou da típica explicação que se sucede às interrogações, entendendo que tudo o que finda ou parece ter fim – com exceção dos péssimos livros – não acaba de fato, mas se banha em margens de recomeços infinitamente abertos.

Dito isso, podemos afirmar que já estávamos no encontro com o professor Walter Kohan em Caruaru, PE (um dos pontos de parada que compuseram o seu itinerário de 110 dias de viagem pelo Nordeste), entre os últimos dias do mês de setembro de 2021, muito antes de recebê-lo na cidade. O tempo dos encontros posiciona-se fora do passado e do futuro, e decerto também escapa do presente e da presença. O tempo dos encontros não tem pressa alguma, se quer interminável e por isso não nos parece possível sinalizar-lhe um ponto de partida exclusivo, um percurso preciso ou tampouco um fim. O tempo dos encontros não se submete aos pêndulos de relógios ou aos números que habitam os calendários, por ser ele mesmo uma ramificação da própria vida. A vida que carrega consigo um inapropriável tempo regido por respiração, fluxo sanguíneo, desordem, desejos labirínticos, escolhas, memórias, profundidade exposta ao multívoco, ao descontínuo.

Partilhamos desse encontro com o professor Walter muito antes de recebê-lo entre nós, sim, é verdade. O Walter, além de um grande companheiro de profissão – que detém toda a nossa admiração –, é um desses interlocutores cuja presença vibra em ressonâncias de afeto e amizade, sempre cartografando novas linhas no pensar e caminhar de um grupo de estudos e pesquisa[34] que se reconhece diverso, delineado pelo início das perguntas e também por seus silêncios, por sua pressa e calmaria, por encantamentos e estranhamentos cotidianos e, sobretudo, por sua liberdade indeterminada que foge à extensão dos territórios concretos e aos lugares marcados. Um grupo que se encaminha – e nesse caminho se constitui a cada passo – exposto aos tremores da pesquisa, leitura e escrita no agreste pernambucano. Um grupo que supõe escrever sem poder e sem saberes para só assim aproximar-se das infâncias sem fim, sem idades: infâncias

---

[34] Vinculado ao Programa de Pós-Graduação em Educação Contemporânea do Centro Acadêmico do Agreste da Universidade Federal de Pernambuco (UFPE).

sem término, propriedade ou apropriação. Infâncias como experiência oriunda dos detalhes e gestos, indescritíveis como a brisa de um sorriso ou um aceno. Um grupo circular que ciranda resistência invencionática aos movimentos totalizantes que abatem as nossas escolas, por exemplo. Um grupo que olha as infâncias e se deixa ser olhado por elas, por essas infâncias suspensas na aurora da novidade, no centro mesmo dessa aurora que jamais recua – profanando noites desérticas – e dispersamente se expande.

Já estávamos juntos/as/es na mensagem que anunciava o encontro. Seguramente estivemos juntos/as/es na escolha e preparação do local que nos receberia, e sem sombra de dúvidas ainda estamos todos/as/es juntos/as/es aqui, tecendo – em gerúndio – este texto-conversação (ou seria uma conversação textual?) estruturado nesta escrita que se decodifica à flor da pele e da linguagem e que, porventura, estende-se e se complementa convosco, leitores, no exato momento em que o leem – o texto nos olha/lê ou olhamos/lemos o texto? Então não estamos nós agora também nos olhando?

Talvez calar o que supomos serem começos intensifique o centro. Talvez intensificando o centro, este irradie inícios, mas não quaisquer inícios, senão os do mistério, do desconhecido, do arrepio e do assombro que acometem pele e espírito ao, antes mesmo de qualquer encontro, desejar-se um encontro. Algo que passeie entre o oco e as bifurcações do acaso, entre o desejar e o provocar, para só então acontecer. Acontecer acontecendo, filosofando ao perguntar e perguntando ao filosofar no entremeio da vida, sobre as linhas de fuga e das rotas que incendeiam a arrogância dos poderes e palavras que se afirmam totalitariamente sábios, sobre as dores de um tempo escolar que reverbera incessantemente um tempo que se anuncia tarde demais (àqueles que são vistos não necessariamente como maus alunos/alunas/alunes, senão como os mais lentos), e sobre as criações de muitas infâncias nordestinas.

Só mesmo uma viagem em errância para contemplar 110 dias com a vida que encontra o inesperado e as palavras que são suas, as que são alheias e as que nunca serão suas. Sim, as palavras e os seus tecidos narrativos que também contam histórias sobre a brutal destruição do coronavírus em meio a uma pandemia que já (ainda) dura dois anos. Alguns corpos também ilustraram um enredo diferente do que possivelmente protagonizariam em meio a um bom encontro, com todas as suas saudações calorosas: repletas de medidas de biossegurança – hoje em dia tão imprescindíveis. Corpos desacostumados com o encontro dos corpos mas partilhando o mundo, e corpos instintivamente rebeldes que, em algum momento, romperam as fronteiras de minimização de riscos abraçando-se por alguns segundos. Corpos que se constituíram em encontros, colocando tudo ao redor em suspensão, libertos das utilidades de suas usualidades. Liberdade que supõe intensidade, tempo livre (em *skholé*), beleza e generosidade.

Somos nós que compomos as nossas memórias ou as nossas memórias nos compõem? Quantas composições tecem uma memória, ou, ainda, quantas memórias são necessárias para recordar um encontro? As perguntas perseguem incessantemente um lugar para se perderem em inícios provocativos, e um encontro sempre lhes parece um bom lugar, mas não é fácil fazer dos encontros um nascedouro de perguntas. No seu livro *Rilke: cartas a um jovem poeta*, em uma das suas correspondências – datada de 14 de maio de 1904 – trocadas com o jovem Franz Kappus, Rainer Maria Rilke, já então famoso escritor, diz-lhe, no 4º parágrafo da carta em questão, que precisamos nos aferrar ao que é difícil, pois o fato de uma coisa ser difícil tem de ser mais um motivo para fazê-la: amar é bom, ora, o amor é difícil. Continuamos, então, atestando que propiciar encontros com questões que se interrogam e nos deslocam por outras temporalidades – infantis – também é bom, afinal, suscitar o pensamento a pensar, quiçá, o que ainda não foi pensado para só então pensar, em grupo, novidades, também é difícil.

O que pode um encontro em errância à procura do inesperado? O que podemos trazer para um encontro? Somos os mesmos depois de um encontro? O que somos antes de e durante um encontro? As despedidas de um encontro já são as saudações de um outro/próximo encontro? Um pífano que entoa canções continua perguntando em sua melodia? Consegue a poética acolher a estrangeiridade da infância e a nossa? Quem poderá deter uma fórmula, capaz, quem sabe, de suspender o tempo e o automatismo para escutar mais devagar a questão do outro em sua própria língua? Como escutar uma pergunta? E como pensar uma pergunta? É-nos possível educar a/uma escuta? Teríamos de (des)aprender ou mesmo (des)escutar a forma como nos ensinaram e nos ensinam a ouvir, para só então tentarmos ouvir ao outro e a nós mesmos? Onde começa o começo? Será que já começamos? Começamos antes, durante ou depois do encontro?

Observar absorvendo, fazer-se meio e parte, compor "a cada vez. Sempre, com a intensidade da primeira vez. Com a intensidade da [...] infância" (KOHAN, 2008, p. 61). Ouvir cada pergunta de Clarinha e de João, como enunciações de verdades inconfessáveis. Doar a um anel adulto empregos mágicos da invisibilidade, dessa vez entre as infâncias. Recontar historinhas povoando cantigas de roda, criar novas diretrizes para o esconde-esconde e brincar só entre os vivos de morto-vivo. Experienciar o que sugeria Heráclito: jogar com o *aión*, semelhante ao movimento e à força de uma criança quando brinca, em um tempo outro (KOHAN, 2007). Encontrar os encontros nos cenários multicoloridos do Assentamento Normandia, ou de uma pousada que repousa junto ao crepúsculo, "compartilhar um mundo com todas as suas penúrias, belezas e dificuldades" (KOHAN, 2020, p. 9). Vivenciar uma aula que é só recreio, (des)começando com as infâncias enquanto "um modo (curioso, inquieto, encantado) de viver a vida" (KOHAN, 2021, p. 24). Servir porções do mar em solo caruaruense. Almoçar em terra firme mas envolto/a/e às oceânicas conversas que, assim como as ondas, não cansam de ir e vir. Jantar um verdadeiro espetáculo de degustações equilibristas entre sabores, aromas e sorrisos. Brincar com o tempo que foi amarrado no poste (BARROS, 2008). Mapear com os pés as ruas, vielas e becos de uma antiga feira manualmente construída por especiarias, barro, madeira, tecidos e resiliência que se sobressai ao ritmo avassalador da tecnologia: a Feira de Artesanato de Caruaru. Desterritorializar encontros em linhas da amizade, afinal, a infância é também um tempo outro para experienciar a amizade. Receber quem chega, numa espécie de hospitalidade incondicional. Acolher as perguntas meninas e toda sua estrangeiridade, mas também colegas que aceitaram o (des)convite ao encontro dessas andarilhagens. Encontrar-se com corpos presentes, na circularidade, do gesto de perguntar. Experienciar encontros com aqueles que não estavam fisicamente habitando o espaço físico das conversações, mas que já haviam sido afetados pelo convite, a preparação, as imagens e as infâncias inventadas em outros encontros com o Walter, em suas passagens anteriores pelo agreste pernambucano. Rasurar a autoria dos presentes, doando-lhe novos proprietários, e transformar no lar temporário de todos esses presentes a espaçosa mala do carro.

Fotografar com as lentes e os olhos comovidos...

Substituir o ponto final deste por uma ininterrupta interrogação. ∎

◉ Um dia maravilhoso e aprendente

Ana Claudia Xavier da Silva[35]
CAMARAGIBE, PE

O Centro Municipal de Educação Infantil do município de Camaragibe, PE, passou um dia maravilhoso e aprendente com a palestra do filósofo Walter Kohan aos professores da unidade e alguns convidados técnicos educadores, pois compartilhou a filosofia da infância, afirmando uma pedagogia da pergunta, momento que nos levou a uma viagem errantemente inventiva e criadora de caminhos, conversando sobre infâncias. ∎

◉ Recordando a minha viagem

Monica Valença Nery[36]
CAMARAGIBE, PE

Em setembro de 2021, em meio a tantas restrições, tive o privilégio de ser convidada pela professora Cida Freire para participar de um encontro com piquenique e ciranda, que inicialmente ocorreria na Ilha

---

[35] Gestora do Centro Municipal de Educação Infantil de Camaragibe, PE.
[36] Estudante da Universidade Federal de Pernambuco (UFPE).

de Itamaracá. O motivo principal do encontro era receber um professor filósofo viajante que estava de passagem pelo nosso estado. A professora Cida já conhecia o professor, mas eu, ainda estudante de Pedagogia, não. Ela colocou o texto "Viajando nas perguntas" no grupo de WhatsApp do Fórum de Educação Infantil de Pernambuco (FEIPE), de que faço parte. Fiquei encantada com o texto dele, emocionante. Sim, é do professor Walter Kohan.

Senti muita vontade de participar, mas estava no meu último semestre na faculdade, e teria aula no dia. Fiquei em dúvida se iria ou não... mas tudo ficou a favor de minha ida: a professora da faculdade cancelou a aula, o piquenique "se mudou" para mais perto de casa, a professora Cida, que eu nem conhecia pessoalmente, foi extremamente generosa comigo. E fui. Sozinha, para um lugar que eu não conhecia e onde não conhecia ninguém.

Fui muito bem acolhida pelo grupo de professoras. Conheci os professores maravilhosos Cida e Walter. Uma experiência única para mim e um privilégio estar com esse grupo de pessoas extremamente interessante, agradável e generoso. O CMEI Judith, em Camaragibe, é um local com muito boa estrutura física, amplo e agradável. Ficamos numa área aberta com vista para a cidade de Camaragibe. E ouvíamos, de vez em quando, um galo a cantar. Ficamos bem à vontade. Lanchamos, conversamos e dançamos ciranda. A professora Cida comentou que o professor "leva jeito para a ciranda". Observei melhor o vídeo que postaram no grupo e concordei com ela.

A conversa teve a mediação do professor. Com o grupo sentado no chão, o professor pediu para que nos apresentássemos com uma pergunta... O professor Walter é realmente um professor diferente, especial. E conversamos. E filosofamos.

Agradeço aos queridos professores Walter e Cida por me terem dado a oportunidade de fazer parte da viagem. ■

◉ Visita de Walter Kohan a Mamanguape e Baía da Traição

Paulo Benício Vicente[37]
MAMANGUAPE, PB

No final do mês de setembro de 2021, a professora Socorro Silva, do Campus de Sumé, PB, entrou em contato com o professor do Campus IV de Mamanguape, Antônio Alberto Pereira (Toninho), para comunicar que o professor Walter Kohan estava fazendo uma passagem pelo Nordeste e perguntou se tinha a possibilidade de ele fazer uma visita a alguma escola na região do Vale do Mamanguape. Falou que o professor é uma referência na discussão da filosofia com criança.

O Grupo de Estudo e Pesquisa em Educação do Campo e Indígena (GEPEDUCI), coordenado por Toninho, acolheu com alegria e entusiasmo a ideia, mas em seguida veio a preocupação: estamos no ápice da pandemia, e como seria possível juntar professores e alunos? Na ocasião, as escolas estavam quase todas fechadas, e as aulas aconteciam no formato remoto.

O município da Baía da Traição, por ser um território indígena, estava com a maioria de sua população vacinada, e as escolas já estavam abertas, com as aulas presenciais. Entramos em contato com algumas lideranças potiguaras, especialmente o professor Gessé Potiguara, para perguntar sobre a possibilidade de fazer um momento de encontro com os professores e com os alunos. Prontamente o povo potiguara acolheu a ideia e de forma muito hospitaleira nos recebeu no dia 3 de outubro, na Escola Indígena Potiguara Dr. Antônio Estigarríbia, na aldeia Forte, na cidade de Baía da Traição.

No dia 2 de outubro o professor Walter chegou a minha casa, na cidade de Mamanguape, PB, onde dormiu, e no dia seguinte, logo cedo, partimos para a Baía da Traição, lugar de muitas belezas e história de um

---

[37] Professor de Geografia da rede pública dos municípios de Capim e Cuité de Mamanguape, PB. Membro pesquisador do Grupo de Estudo e Pesquisa em Educação do Campo e Indígena (GEPEDUCI).

povo guerreiro e resistente. Chegando à escola, fomos acolhidos por um grupo de professores. Na parte da manhã, a reunião aconteceu com os professores da escola, e o tema em discussão foi a "pedagogia da pergunta", que nos trouxe muitas inquietações. A reunião começou com o professor fazendo uma pergunta, mas sem querer uma resposta que não fosse outra pergunta, e todo mundo ficou desesperado com tantas perguntas sem respostas. O professor falou de Paulo Freire e seu método, que tem como princípio o estímulo ao pensamento, à busca pelo conhecimento, de forma que o que se aprende não seja razão para acomodação, mas o início de novas buscas. Afirmou que a curiosidade não pode acabar.

Por fim, nesse diálogo de perguntas e de novas perguntas todos se reconheceram como seres em construção em busca de conhecimento: a resposta a uma pergunta deve abrir possibilidades de novas perguntas e não apenas uma resposta que encerre a curiosidade da criança. Nesse sentido, a pedagogia da pergunta constitui um método de estímulo do pensamento crítico e de formação cidadã e amplia a possibilidade de aprendizagem.

Na parte da tarde o encontro foi com as crianças, visitando cada sala, conversando com os alunos, desenvolvendo diálogos que os estimularam a relatarem suas impressões do mundo e do seu imaginário.

À tardinha voltamos a Mamanguape, e no dia 4 de outubro Walter Kohan seguiu viagem para Bananeiras, PB. ■

9 A alegria de receber o menino Kohan no CCHSA!

Fabrícia Montenegro[38]
BANANEIRAS, PB

Foi com uma grata surpresa que recebi a ligação da professora Catarina Medeiros, da (Universidade Federal de Pernambuco) UFPE, sobre a possibilidade de o professor Walter Kohan conhecer o nosso Centro

---

[38] Professora e vice-diretora do Campus III (Centro de Ciências Humanas, Sociais e Agrárias – CCHSA) da Universidade Federal da Paraíba (UFPB).

de Ciências Humanas, Sociais e Agrárias (CCHSA), em Bananeiras, na Paraíba, o Campus III da Universidade Federal da Paraíba (UFPB). Não hesitei em dizer que seria uma grande satisfação, já que conheço o trabalho do professor Walter e sabia o quanto a sua produção acadêmica no campo da filosofia da infância era referência nas aulas de alguns componentes curriculares vinculados ao curso de Pedagogia, como também no laboratório de ensino O Grãozinho, nossa brinquedoteca.

Mas de pronto surgiram alguns questionamentos: como realizar um encontro com um grupo de estudantes em pleno ensino remoto? Que instituições da região do Brejo paraibano poderiam receber o professor Walter para uma experiência dialógica e de formação sobre infância?

Em parceria com os professores Gabriel Medeiros, Maria da Conceição Farias e Silvânia Lúcia de Araújo, nossa coordenadora pedagógica, vimos que poderíamos convidar os estudantes bolsistas e voluntários dos programas e projetos de ensino e extensão, pois esses discentes poderiam atuar como agentes multiplicadores das experiências vividas, já que estão em articulação com as escolas de educação básica dos municípios de Bananeiras, Solânea, Belém, Arara, Borborema, o que representa um alcance maior de um público que consideramos carente de formação pedagógica no campo da educação infantil.

Importa dizer também que o professor Walter nos pediu para conhecer algumas escolas da região para que ele pudesse ter um momento com as professoras e a equipe pedagógica. Assim, foram selecionadas duas instituições: a primeira chamada Creche Comunitária Lucilene, localizada no município de Solânea, PB, a segunda, a Escola Nossa Senhora do Carmo, do município de Bananeiras, PB.

A primeira instituição foi criada por iniciativa popular, especialmente das mulheres que não conseguiam vaga para suas crianças nas creches do município de Solânea. A instituição possui uma estrutura simples e é basicamente mantida pela comunidade. O encontro com o professor Walter contou com a participação de uma professora, uma coordenadora pedagógica e a diretora da instituição. Foi um momento rico de diálogo, escuta e questionamentos. As pedagogas foram estimuladas a refletir sobre o planejamento das ações pedagógicas, avaliação, merenda, participação da comunidade, sobre o brincar e a parceria com a universidade. Os relatos das participantes do encontro revelavam suas aprendizagens e o quanto as perguntas do professor Walter as conduziam a refletir sobre a própria prática pedagógica, a relação com as crianças, a infância etc. Apesar de breve, o encontro foi muito significativo e oportunizou um importante momento de formação, necessário ao trabalho docente na educação Infantil. O encontro foi encerrado com um momento de interação com as crianças no parque, com direito a música e muita dança.

A segunda instituição, a Escola Nossa Senhora do Carmo, foi outro momento rico de experiências. Logo na entrada fomos recepcionadas pelas crianças, que com muito carinho nos apresentaram a escola. Esse grupo de alunos e alunas também participou do encontro com as docentes e a equipe pedagógica, que ocorreu ao ar livre, acolhidos por uma extraordinária sombra gerada por duas belas árvores. A dinâmica do encontro sugerida pelo professor Walter consistiu na "pedagogia da pergunta". Ou seja, toda a experiência dialógica se deu apenas através das perguntas. Que desafio! Como não somos preparados para o questionamento, para escuta e, ao mesmo tempo, para saber buscar a informação! No início, muita timidez... Mas, quando o grupo foi percebendo o significado daquele exercício de aprendizagem e vivência, ficou claro que aquele diálogo se constituía como uma experiência intelectual interessante e muito criativa. No encontro contamos com a participação do professor Gabriel Medeiros e da professora Silvânia Araújo, ambos do Departamento de Educação do CCHSA.

No período da tarde, o encontro foi com os estudantes do curso de Pedagogia. Foi um momento muito feliz para o CCHSA, já que, depois de um ano e meio, era a primeira vez que estávamos reunindo um número significativo de discentes no nosso campus. Organizamos o espaço da quadra para que respeitássemos os protocolos de biossegurança necessários à prevenção de contágio pelo coronavírus. A dinâmica contou com a participação dos estudantes, e fomos motivados a pensar sobre o encontro... "Quando ele havia começado?" "A vida é um processo de inúmeros começos?" "A infância é um tempo entre nós adultos?" "Se cada fim pode ser um começo e um começo pode ser um fim, o que pode ser um começo?" Após o encontro, os discentes bolsistas e voluntários do nosso laboratório de ensino O Grãozinho, nossa brinquedoteca, apresentaram ao professor Walter todo o trabalho desenvolvido naquele espaço de formação dos alunos e alunas do curso de Pedagogia e das docentes das escolas da região do Brejo paraibano. Para os discentes foi um momento ímpar, emocionante e muito rico, porque os escritos do professor Walter há muito são referência teórica e metodológica para as atividades desenvolvidas na brinquedoteca.

Até hoje aquele encontro repercute no nosso centro como um momento singular de aprendizagem e de reflexões sobre a infância e o infanciar.

Volte sempre! O seu projeto "Viajando nas perguntas" é encantador! Conduziu-nos a outros lugares! Lugares em que encontramos esperança, afeto, cuidado, amor, engajamento, novas atitudes, desprendimentos, liberdade, simplicidade, criação. Obrigada por nos ter presenteado com a oportunidade de participar dessa inesquecível viagem, menino Kohan.

Um abraço afetuoso,
Fabrícia Montenegro ■

⚑ Walter Kohan: visitas, "ensinagens", encontros e formações em Bananeiras, PB

Gabriel de Medeiros Lima[39]
BANANEIRAS, PB

"Viajando nas perguntas", foi sob esse título que Walter Kohan, no início do mês de outubro de 2021, realizou uma série de visitas e "encontr-aulas" pelas localidades do município de Bananeiras. Pela manhã do dia 5 do citado mês, a vice-diretora do Campus III (Centro de Ciências Humanas, Sociais e Agrárias – CCHSA) da Universidade Federal da Paraíba (UFPB) propiciou, junto ao professor Kohan e aos integrantes da Creche Lucilene, um significativo momento.

Nele, a diretora da creche, professores e funcionários puderam relatar suas vivências e experiências educativas na Creche Lucilene. Todas/os,

---

[39] Professor do Departamento de Educação do Centro de Ciências Humanas Sociais e Agrárias da Universidade Federal da Paraíba (CCHSA/UFPB), Campus III.

em conversa muito descontraída, discorreram sobre vários assuntos que remeteram às necessidades daquele espaço de formação infantil.

Após essa visita, a vice-diretora do campus, o professor Kohan e outros docentes do Campus III visitaram a Escola Nossa Senhora do Carmo, onde ocorreu uma roda de conversa. Nesse momento, os professores da citada escola, da UFPB, bem como alguns estudantes da Escola do Carmelo participaram de uma roda de conversa descontraída a partir do jogo "infantil" filosófico das perguntas-problema. Antes disso, fora realizada visita no interior desse estabelecimento: as crianças/estudantes se fizeram presentes e apresentaram ao professor visitante cada cantinho da escola e o que nele se realizava.

Ao final dessa visita, a vice-diretora do CCHSA/UFPB, Walter Kohan e o professor Gabriel almoçaram e disfrutaram de uma descontraída e estendida conversa. Discorreram sobre vários assuntos, suas experiências de vida e profissionais e as impressões que tiveram nesses primeiros encontros da manhã.

À tarde, no espaço da quadra esportiva do Colégio Agrícola Vidal de Negreiro (CCHSA/UFPB) – estando presentes alguns docentes e discentes do curso de Pedagogia –, ocorreu um momento de formação intitulado: "Uma pedagogia menina, filosófica, inquieta, curiosa". Foi outro momento de rica experiência. Os estudantes, em especial, com ampla participação em programas e projetos propostos pelos professores do curso, participaram ativamente desse rico momento de formação. Estiveram os integrantes dos Laboratórios Grãozinho, incluindo o funcionário do setor e também alunos vinculados a projetos de professores do curso relacionados a outros laboratórios. Ao final da tarde desse dia de formação, fora oferecido um lanche a todos os presentes.

Tendo se encerrado esses encontros e visitas, o professor Kohan participou de uma *live* e jantou com professores e alunos antes de pernoitar no departamento do professor Gabriel, em Solânea. Muitas conversas descontraídas se desenrolaram, e todos se sentiram satisfeitos e realizados pelo momento e, em especial, pela extraordinária e supressiva visita do professor Walter ao nosso campus. O CCHSA/UFPB necessita de mais e mais visitantes/educadores para trocas de experiências formativas. Este foi o sentimento que se fez perceber em todos por ocasião dessa visita: o de que se educar é se fazer um com o mundo. ∎

Provocações pedagógicas continuadas em Senador Georgino Avelino, RN

Denis Silva Castro[40]
SENADOR GEORGINO AVELINO, RN

A experiência desse encontro nos trouxe muito mais do que um sentimento de enriquecimento, porque cada compartilhamento proferido foi como um despertar. Despertar o olhar e a atenção para o que podemos refletir e dá sentido aos fazeres na escola, despertar para outros saberes. Em outras palavras: a reflexão e outros significados no nosso posicionamento. Pode-se brincar com o tempo livre no processo formativo-compartilhado, em que os professores se enriquecem com a prática educativa de outros, e, a partir desse olhar sensível e que privilegia também a escuta, alimenta-se do fazer pedagógico como ferramenta de autorreflexão. Nesse encontro tivemos a oportunidade de ter conosco o professor Walter Kohan dando início a um projeto de formação continuada de professores,[41] na pequena cidade do estado do Rio Grande do Norte Senador Georgino Avelino.[42] Esse projeto faz parte de uma das ações do grupo de estudos/pesquisa: Poéticas do Aprender, que é coordenado pela professora Karyne Dias Coutinho, da UFRN.

Um dos nossos encontros aconteceu no dia 8 de outubro de 2021, na Escola Municipal Senador Jessé Pinto Freire, com os professores da rede municipal de educação – de todos os níveis de ensino, cuidadores e auxiliares de sala, equipe de apoio escolar e técnicos da Secretaria de Educação.

---

[40] Professor de Teatro da Universidade Federal do Rio Grande do Norte (UFRN). Professor/oficineiro de Teatro do Serviço de Convivência e Fortalecimento de Vínculos de Senador Georgino Avelino, RN.

[41] Projeto de extensão PJ279-2022: "Provocações pedagógicas continuadas em Senador Georgino Avelino/RN", coordenado por Karyne Dias Coutinho (UFRN).

[42] Senador Georgino Avelino é uma cidade brasileira do Rio Grande do Norte. Os habitantes se chamam georginenses. Vizinha aos municípios de Tibau do Sul, Nísia Floresta e Arez, é a menor cidade do estado do Rio Grande do Norte e décima primeira menor do país. Faz parte do Polo Costa das Dunas e está distante 56 quilômetros da capital, Natal, RN.

Fiquei surpreso ao perceber que muitos professores na minha formação no ensino básico estavam ali entre o público, sentados em cadeiras enfileiradas, esperando o início da formação. Fiquei surpreso também porque todos estavam curiosos para saber como ia se dar esse projeto de formação continuada. Era o início da construção do projeto e nem o grupo de estudos sabia ainda como ia se dar esse processo de formação de professores. Uma das sensações naquele dia foi meu corpo energizado com a presença de tantas pessoas naquele local: as trocas de energias e saberes faziam meu corpo cada vez mais se encher de palavras, de experiências e sentidos.

Iniciamos propondo que fizessem um círculo, rompendo o sistema das salas de aula tradicionais. Assim, foi possível visualizar todos os rostos a qualquer momento em cada situação de fala. Como se fosse um jogo em cena: quando cada personagem em sua fala fosse escutado, os outros prestariam atenção para o fluxo da cena não se romper, dando efeito de uma construção cênica/dramatúrgica a partir das falas dos professores. A isso podemos chamar, no teatro, jogos de cena utilizando o improviso. Foi assim que os professores foram conduzidos no primeiro de muitos outros encontros do projeto.

Na ocasião de abertura do evento, o secretário de Educação desejou-nos boas-vindas e em seguida Walter Kohan foi para o centro do círculo: a sensação foi a de assistir a um espetáculo. Começou a falar, e todos esperávamos uma apresentação de PowerPoint; no entanto, a intenção do projeto não é dar uma receita pronta de como se fazem as coisas na escola, e sim de como é possível movimentar o pensamento a partir de reflexões e questionamentos sobre as nossas próprias práticas pedagógicas.

Nesse sentido, Walter propôs um jogo de perguntas que não podiam ser respondidas. Estas servem-nos para refletirmos sobre o que está sendo desenvolvido no espaço escolar, encaminhando os professores para suas próprias experiências de sala de aula. Perguntas que não tinham um valor simbólico, qualquer pergunta que fosse fazer uma reflexão para subsidiar possíveis discussões. Como ela não podia ser respondida, ficava somente no lugar do imaginário, no mundo das ideias.

Embora não estivessem avisados, através dos questionamentos levantados, os professores estavam oferecendo respostas para a construção do projeto pedagógico de formação. Todo esse material foi amplamente coletado pela professora Karyne Coutinho, que estava atenta a cada pergunta-reflexão e transcrevia-as no seu diário de bordo. O jogo de perguntas seguia as seguintes instruções: na hora de sua apresentação, fale seu nome e faça uma pergunta, que o Walter relacionará com as outras perguntas surgidas, fazendo um caminho filosófico entre a pergunta, o professor e a escola.

Dito isso, deparo-me com as reações dos professores surpresos, e especificamente o professor Walney, que foi meu professor de Geografia no ensino fundamental II. Em suas aulas ele dava sentidos e significados a conteúdos como: geologia, astronomia, cartografia, meio ambiente e outros. Nesse encontro, aquele mesmo professor que fazia com que os seus alunos pesquisassem, perguntassem, questionassem sobre esses conteúdos continuava o mesmo: ele tinha sua prática pedagógica imbricada pelas indagações dos seus alunos, deixando que eles fossem protagonistas de suas próprias criações.

Percebemos que o jogo foi ganhando forma, os professores não paravam de fazer perguntas, o fluxo do jogo continuava brilhante, na minha cabeça não parava de pensar em outras possibilidades de fazer na escola. Fui tomado pelas reflexões ali compartilhadas, querendo me reinventar a partir de muitos questionamentos. O encontro com os professores se encerrou, e pela tarde houve um encontro com os alunos do Serviço de Convivência e Fortalecimento de Vínculos.

Foi o momento mais mágico da vinda do Walter para Georgino Avelino: as crianças surpresas com o seu sotaque cochichavam no meu ouvido, perguntando por que ele falava diferente. Acredito que essa experiência tenha sido única para essas crianças, pois costumavam ouvir as pessoas da própria comunidade, e quando se encontram com outras formas, impressionam-se. Tínhamos cerca de 27 crianças, entre seus 4 anos de idade até os 10 anos, todas sentadas em um círculo com tapetes de TNT coloridos. A brincadeira começou, era hora de criar e contar uma história, de brincar de faz de conta. Elas tinham uma imaginação impecável, deixavam-nos surpresos com tamanha criatividade.

Muitas histórias de vida ali foram compartilhadas: as crianças, ao mesmo tempo que criavam seus próprios personagens da história, experimentavam-se enquanto personagem da contação de história, ou seja, elas eram o próprio ser da história contada.

A brincadeira de faz de conta tornou-se um jogo de faz de conta do real, as crianças saíram da imaginação para experimentar o seu corpo na brincadeira; com uma bola de futebol, elas começaram a correr e jogar sem regras, sem preocupação, sem rótulo, somente experimentando o corpo na brincadeira. Em seguida propusemos um círculo, de mão dadas, começamos a cantar e a dançar, uma hora éramos apenas personagem de uma história, outra hora éramos personagens de nossa própria realidade, experimentando a própria vida como uma história de faz de conta. ■

♀ Caminhando meninamente entre artes e filosofia

Adeilza Gomes da Silva Bezerra[43]
NATAL, RN

"Caminhando meninamente entre artes e filosofia" marcou um encontro singular da Formação Docente Continuada Artes (FormARTES), da Secretaria Municipal de Educação do Natal, RN. Essa temática, vivenciada no sábado, dia 9 de outubro, no Parque das Dunas, pela manhã, foi conduzida pelo pesquisador e professor doutor Walter Omar Kohan, do Núcleo de Estudos de Filosofias e Infâncias (NEFI/UERJ), em parceria com o Grupo de Pesquisa Poéticas do Aprender, do Programa de Pós-Graduação em Educação da Universidade Federal do Rio Grande do Norte (PPGED/UFRN), sob coordenação da professora doutora Karyne Dias Coutinho. Com o engajamento de 44 caminhantes/participantes, também foram parceiros/as pesquisadoras e pesquisadores do Grupo de Pesquisa Corporeidade (IFESP) e do Grupo de Pesquisa Arte e Infâncias (NEI/CAP/UFRN). O pesquisador Walter Kohan convidou cada uma e cada um de nós para uma escuta menina durante o ato de caminhar pelo parque. Nessa

---

[43] Professora e membro da equipe de Artes da Secretaria Municipal de Educação/SME, Natal, RN.

escuta sensível, ao perceber a si na relação com outrem, incluindo a flora e a fauna do parque, a nós cabia acolher o turbilhão de ideias e as perguntas iniciais emergentes. Abraçar e guardar as inquietações consigo. O filósofo propôs que "a gente caminhasse pensando em alguma coisa que é preciso para caminhar". Para Walter Kohan (2021), a intenção para caminhar "passa pelo desejo de sair do lugar, de andar e não ficar quieto". Então, reafirmou: "aproveite para sair do lugar". Segundo o pesquisador, "também é importante para caminhar não antecipar o destino da caminhada". E complementa sua fala com os versos "caminhante não há caminho, o caminho se faz ao caminhar", de Antonio Machado. Com essa orientação para o exercício da caminhada, professoras e professores partiram em diferentes direções, caminhando pelo período de uma hora dentro do parque. No retorno do coletivo ao ponto inicial do círculo de conversa, sob a sombra das árvores, aconteceu a socialização das perguntas geradoras de outras perguntas pelos caminhantes. Muitas foram as inquietações e questões oralmente proferidas. Uma das professoras assim expôs sua pergunta: "Será que a preocupação com qual caminho fazer e com o voltar não tira a atenção para o caminhar?". Abrir-se ao olhar curioso e ter a paciência necessária para não encontrar respostas imediatas, mas estar disposto às descobertas. Com Walter Kohan, sentimos meninamente o poder de encerrar o encontro com muitas perguntas e recomeços. Para Kohan (2021, p. 74), "o sentimento de tempo que aprendemos na infância é absolutamente essencial para educar, a qualquer idade, pessoas de qualquer idade". E esse tempo do vivido e da experiência faz-se necessário para reaprender a ver. Na oportunidade, pela Secretaria Municipal de Educação do Natal, além das professoras e professores da grande área Artes, compareceram a secretária adjunta de Gestão Pedagógica, professora Nayre Capistrano; a diretora do Departamento de Ensino Fundamental, professora Noelia Silva; a chefe do Setor Ações e Projetos do Ensino Fundamental, professora Daniele Freire; e as assessoras pedagógicas da Equipe Artes, professoras Adeilza Gomes da Silva Bezerra e Márcia Betânia Alves da Silva. Que meninamente venham outras caminhadas? ■

♀ Diário de um andarilho conectivo em Angicos, RN

Carlineide Almeida[44]
ANGICOS, RN

O que dá sentido à escrita? Que possibilidades o ato de escrever nos proporciona? Quem escreve escreve por si, escreve mediado pelo "pensamento alheio" ou escreve pelas experiências vividas/sentidas? Essas inquietações são frutos de um convite feito pelo mestre errante e andarilho conectivo Walter Omar Kohan ao ato de escrever como maneira de registrar sua passagem por Angicos, RN, em outubro de 2021. Já nem sei se Walter passou ou permanece em Angicos. Talvez as experiências vividas e as que ainda viveremos aqui, neste lugar de angicanos predestinados e alma varonil, seja o alicerce dessa dúvida. A visita de Kohan a Angicos fez parte de uma intensa viagem de formação e autoformação, ensinagens e aprendimentos que ele se propôs a fazer/viver/sentir pelo Nordeste brasileiro, ainda que num contexto em que o Brasil e o mundo viviam/vivem a realidade da pandemia de covid-19.

Duramente afetado pela realidade recorrente de um cenário de sofrimentos e mortes diárias, de atividades acadêmicas reconfiguradas ao modo on-line, por falta de adesão do governo antidemocrático a uma política séria de vacinação, Kohan decide aventurar-se em uma viagem com a pedagogia menina da pergunta. Penso que uma de suas inspirações para realizar essa aventura foi o próprio Paulo Freire, educador e filósofo, escritor, pensador e defensor de uma educação popular de todos, com todos e para todos. "Como professor crítico, sou um 'aventureiro' responsável, predisposto à mudança, à aceitação do diferente. Nada do que experimentei em minha vida deve necessariamente repetir-se" (FREIRE, 2021, p. 49).

Desconfio de que Kohan tenha bebido dessa fonte para embelezar, encher de invenção sua existência no/com o mundo e as pessoas,

---

[44] Doutoranda do Programa de Pós-Graduação em Educação da UERJ. Professora da rede municipal de Angicos, RN.

especialmente nesse momento tão crítico pelo qual passava/passa o Brasil e o mundo com a pandemia de covid-19. Suspeito também de que Kohan tenha robustecido o exercício de sua viagem conectiva na vida educadora de Simón Rodríguez, a quem ele mesmo dá o nome de: o mestre inventor. Penso que Kohan quis, com isso, ensaiar no pensamento e na vida um jeito novo de fazer escola. Fazer escola na escola e fora dela, com a pedagogia menina da pergunta. Acho que a isso podemos chamar de escolariência. "Escolariência" é um termo que estou criando para pensar a escola como uma experiência que, como tal, cria, inventa, pergunta, toca, transforma. É, portanto, uma escola que reúne experiências, criatividades, pensamentos, perguntas, curiosidades e invenções. É uma escola feita de todos, com todos e para todos!

Bom, a notícia por ele dada a todos nós, nefianes,[45] soou como esperançosa, ousada, inventiva, curiosa... afinal, começamos a pensar entre nós: o que de fato buscava Walter nesta viagem? Conhecer lugares, sentir a rotina das pessoas dos lugares? Que pessoas e que lugares? Que experiências esses lugares e as pessoas dariam a conhecer, tocar, sentir, viver em um momento tão delicado de suas vidas?

Talvez essas tenham sido as primeiras perguntas que nos soaram. Lembro-me de outras inquietações particulares: que estados e cidades estariam em seu mapa de visitas ao Nordeste? Essa inquietação era de uma orientanda menina ou ameninada, como dizem aqui no interior do Rio Grande do Norte. Sim, eu era uma das mais novas integrantes do Programa de Pós-Graduação em Educação da Universidade do Estado do Rio de Janeiro (ProPEd/UERJ) e, mais precisamente, do NEFI. Uma recém-chegada ao grupo, conhecia o Walter dos livros, dos artigos, e agora das *lives* e dos encontros realizados pela plataforma Zoom. Não demorou muito e ele anunciou que estava disposto a acampar no Rio Grande do Norte e em Angicos, RN. Então vieram outras perguntas! Naquele momento senti que não era só o Walter que desejava viajar nas perguntas, a viagem começara em nós, nefianes, também.

---

[45] Nome dado aos colaboradores, pensadores e fazedores de filosofias e infâncias do Núcleo de Estudos de Filosofias e Infâncias, da Universidade do Estado do Rio de Janeiro (NEFI/UERJ).

Os preparativos começaram. Muitas dúvidas: o que e como fazer para receber um renomado professor doutor, coordenador do NEFI/UERJ em Angicos? O que poderia Angicos lhe oferecer? Sua história? Sabores e cheiros de uma experiência pioneira em alfabetização de jovens e adultos realizada em 1963? Que começos e recomeços essa experiência poderia suscitar ao mestre errante e andarilho conectivo?

Logo percebi que não era a única a me inquietar com a vinda de Walter a Angicos. Até mesmo minha mãe, Neide, começou a perguntar em qual pousada ele ficaria. Se já havia providenciado a reserva e visto um cardápio, afinal, ele era doutor, dizia ela toda preocupada. Foi então que, para nossa surpresa, Walter falou que desejaria ficar em nossa casa. Minha mãe quase teve uma síncope, pois nossa casa, segundo ela, é simples para receber um doutor da universidade, e logo explanou: mas, se ele quiser vir, se ele tiver coragem de comer feijão conosco, seja bem-vindo!

Tão logo contei ao Walter a preocupação de minha mãe, ele a tranquilizou através de um áudio que dizia: nenhum hotel cinco estrelas serve um feijão como o que a dona Neide faz! Após ouvir o áudio, ela acalmou-se, eu não! Eu pensava o tempo inteiro em como recebê-lo, que programação organizar, que experiências viveríamos em Angicos a partir daquela tarde ensolarada de 10 de outubro de 2021. Então comecei a programar uma visita a alguns dos ex-alunos da experiência de alfabetização em 40 horas, coordenado pelo professor Paulo Freire em Angicos na década de 1963. Essas visitas eram um desejo do próprio Walter! Conhecê-los, ouvi-los, senti-los!

Dos 300 alunos que participaram da experiência de alfabetização em 40 horas, 15 encontram-se vivos e residindo no município. Todos foram visitados previamente, com o intuito de saber se concordavam em nos receber em dia e horário marcado, respeitando o protocolo de distanciamento, por ocasião da pandemia de covid-19, para uma conversa infantil, menina e curiosa acerca das memórias e marcas que a experiência do curso de alfabetização em 40 horas imprimiu em suas vidas.

Assim, no dia 10 de outubro de 2021, às 15h30, chega a Angicos o professor Walter Omar Kohan. O encontro emocionado entre eu, Carlineide (sua orientanda), Justina, minha sobrinha de 9 anos, e o professor Walter foi testemunhado pela foto do professor Paulo Freire e sua célebre frase: "*Em nenhum lugar do mundo* onde *estive*, fiquei mais *tocado* do que aqui e agora". Essa frase foi pronunciada pelo professor Paulo Freire em Angicos, em 1993, 30 anos após a realização da experiência, quando ele foi convidado a receber o título de cidadão angicano. A frase, bem como sua fotografia, ilustra hoje a placa de boas-vindas na entrada da cidade de Angicos. Nós nos dirigimos até minha residência e lá encontramos minha mãe, Neide, e os demais familiares. Mais tarde conversamos um pouco sobre a viagem e as experiências que já constavam em sua mala de perguntas, além da programação para os dias seguintes.

Desse modo, no período de 11 a 13 de outubro de 2021, iniciaram-se nossas visitas aos ex-alunos do curso das 40 horas, bem como algumas experiências de pensamentos com educandos das turmas de terceiro, quarto e quinto anos das escolas da rede pública estadual Escola Estadual José Rufino e Escola Estadual Joana Honório da Silveira Moura. Importante destacar que a primeira escola citada foi palco de um dos Círculos de Cultura da experiência de alfabetização em 40 horas, em 1963. As escolas da rede pública municipal não foram visitadas, pois haviam programado atividades extraclasse com os alunos. Ainda fomos até a 8º Diretoria Regional de Ensino e Cultura (DIREC), que tem como diretora a professora Marileide Matias. Em seguida, estivemos com o professor Samuel Azevedo, vice-diretor da Universidade Federal Rural do Semi-Árido (UFERSA), conhecendo o campus e em especial o Memorial Paulo Freire. Por fim, nós nos dirigimos à Secretaria Municipal de Educação (SME), cuja administradora é a professora Maria Tereza, e à Casa de Cultura Popular Palácio Professor Paulo Freire, coordenada por Silvana Pacheco.

Que aprendimentos experimentamos nessas vistas? Que começos elas foram capazes de nos provocar? Talvez seja oportuno dizer que aprendemos com cada olhar, com cada fala, com as memórias repensadas pelos ex-alunos, com cada detalhe com os quais nos deixaram tão íntimos de uma experiência que eles viveram e que fomos convidados a viver com eles em suas histórias contadas, nas marcas sentidas, nos sonhos sonhados e nos sonhos interrompidos, nas dificuldades econômicas que enfrentaram naquele período, nos afetos que construíram, no duro golpe que sofreram ao serem ameaçados e terem de queimar seus cadernos. Mesmo passados 58 anos da experiência, percebemos no diálogo com os ex-alunos que ela ainda vive, sim, no brilho dos olhos de cada um, na fala emocionada que retrata seus modos de pensar, de viver, de se relacionar com as pessoas. Teria a experiência um prazo de validade? Quando começa e quando termina uma experiência? Pode uma experiência começar e não terminar?

A experiência de 1963 deixou muitas marcas, dentre as quais não esqueço o semblante assustado de dona Maria Gildenora. Ela ficou receosa de aceitar um livro com que o professor Walter quis lhe presentear, porque lembrou do que aconteceu há 58 anos, das represálias que ela e os demais sofreram. Sua pergunta: "Não é perigoso receber o livro?" nos causou tantas outras perguntas e pensares, dentre os quais destaco uma: para quem e por que o livro pode ser um sinal de perigo? As memórias de dona Francisca Brito me fizeram pensar na coragem, ousadia e esperança com as quais enfrentou a mãe, que era contrária à participação dela e do irmão no curso das 40 horas de alfabetização. Mesmo assim, atreveu-se a sonhar, ainda que ameaçada pela própria mãe. Foi, aprendeu e depois tornou-se professora de sua própria mãe, ensinando-a, sobretudo, a escrever o próprio nome.

Como se esquecer das crianças que foram alfabetizadas num curso para jovens e adultos em 40 horas? Sim, assim nos contaram elas próprias: dona Maria Eneide e seu Antônio Lopes. Dona Eneide à época frequentava as aulas junto a sua mãe e dizia a todos que estava ocupando o lugar do seu pai, seu Severino Araújo, que, matriculado no curso, precisou se ausentar algumas vezes em virtude do trabalho em outra cidade. Ela sempre dizia à professora Valquíria, coordenadora do Círculo de Cultura, que queria aprender para ensinar ao pai. Contudo, não havia metodologia específica para ela, e certo dia pediram para um dos alunos matriculados ler uma palavra que estava no quadro, e ela adiantou-se na leitura; foi quando perceberam que ela havia sido alfabetizada junto aos demais. Eneide nos disse que foi no curso das 40 horas que ela decidiu o que seria profissionalmente, professora, inspirada exatamente em Valquíria.

As visitas suscitaram muitos outros relatos. Que mistérios guardam as memórias dos ex-alunos da experiência de alfabetização em 40 horas? As visitas às escolas da rede estadual de ensino nos permitiram algumas experiências de pensamento a partir da pedagogia menina da pergunta. Quase sempre à noite conversávamos sobre as visitas, lembro-me de que foi em uma dessas conversas que nos dispusemos a re-pensar a experiência de alfabetização de jovens e adultos em Angicos. Sim, re-pensá-la! De quantas maneiras é possível re-pensar uma experiência? A resposta não temos, talvez não desejemos tê-la.

O que desejamos nesse momento é seguir pensando, inventando, criando, inspirados pela pedagogia menina da pergunta e pelas próprias palavras de Paulo Freire, quando diz: "Não é por outra razão que sempre digo que a única maneira que alguém tem de aplicar, no seu contexto, alguma das proposições que fiz é exatamente refazer-me" (FREIRE; FAUNDEZ, 2021, p. 41). Talvez re-pensar a experiência de alfabetização de jovens e adultos em Angicos seja um convite a um refazer-se, e a um re-começar. De volta ao começo, por que e para que alfabetizar? Que tipo de alfabetização é necessária aos dias atuais? Seria a alfabetização um estado ou condição permanente de aprender e ensinar e de querer sempre re-começar a ler e escrever o mundo e nós mesmos? ∎

◉ Retornar aos arquivos da memória

Maria Eneide de Araújo Melo[46]
ANGICOS, RN

Quando Paulo Freire veio à nossa cidade, invadiu nossas casas de saberes. Você, com seu talento de professor, chegou a minha casa, falou e me fez retornar aos arquivos da memória, e partilhamos nossos saberes: você, com seu universo de livros publicados e muita experiência. Eu, com uma experiência que carrego na mente desde 1963, quando iniciei os primeiros passos de leitura, escrita e outros saberes que perduram pela minha vida toda. Aos 6 anos de idade, em meio aos adultos, ousei sonhar com a minha profissão e concretizei esse sonha na vida adulta.

Nosso primeiro encontro foi virtual, mediado pela nossa amiga e sua aluna doutoranda Carlineide, mas enfim nos conhecemos entre essa pandemia e o desejo de nos encontrar, e ao chegar à minha casa senti no

---

[46] Ex-aluna do curso de alfabetização em 1963, em Angicos, RN. Professora da rede municipal de Angicos, RN.

seu olhar curioso a necessidade de saber sobre o meu passado, o que me inspirou a voltar à infância a ponto de te fazer uma pergunta como uma criança que admira alguém, e, tão logo me deste a resposta, pedi para que tirasse o lenço da sua cabeça, e você tão rapidamente, na sua simplicidade tão grande, me mostra a cabeça, retirando o lenço. Lembro que me fizeste uma pergunta: "Como um menino pode viver 100 anos?". Depois que te respondi, senti um imenso desejo de ser um dia essa menina de 100 anos, e sei que serei, porque construí uma história no coração de tantas pessoas.

Sua visita alegrou minha casa, harmonizou meus pensamentos e me fez perceber que ainda guardo em mim a infância e a amorosidade daqueles dias, a tristeza que carrego é somente não ter a saúde completa e possuir limitações, o que não me permitiu te acompanhar por toda a cidade. Sei que certamente encontrastes o que buscava, mas gostaria de ter te apresentado cada canto do meu pacato município, palco de uma história linda que ainda muda a vida de muitos mundos afora que se reencontram nas obras e nas metodologias do nosso amado Paulo Freire.

Te conhecer foi um presente: sua amizade muito me alegra, te desejo vida longa e uma infância permanente; que seus olhos se mantenham curiosos e cheios de esperança, da mesma forma que sua vida seja marcada pela resiliência e pelo esperançar. ∎

♀ Ler é um aprender...

Paulo Alves[47]
ANGICOS, RN

Boa tarde, meu amigo Walter! A sua visita para mim foi muito importante. E estou sentindo a falta de nosso compromisso, né? Mas com os problemas que estão acontecendo a gente tem de parar um pouco para pensar e ver se diminui um pouco mais as coisas em vez de aumentar. Foi um prazer grande, estou esperando sua vinda, e qualquer hora que puder

---
[47] Ex-aluno do curso de alfabetização em 1963, em Angicos, RN.

vir será um prazer grande. Já li uma parte do seu livro, muito ótimo, porque tudo aquilo são palavras boas, né? A gente fala na educação e tem como prioridade cada vez mais amor, né? Ler é um aprender... quanto mais a gente lê e quanto mais a gente ama, com as pessoas amigas, dos eventos que a gente participa são coisas muito positivas para todos nós... um grande abraço e até o nosso próximo encontro. ■

♀ O que compõe uma viagem? Quando ela começa e quando termina? (Memórias da viagem de Walter a Caicó, RN, "Viajando nas perguntas")

Maria Reilta Dantas Cirino[48]
CAICÓ, RN

> *Uma viagem menina e errantemente inventiva,*
> *no sentido de criadora de caminhos, mas também*
> *uma viagem de hospitalidades, cheiros, e a-braços.*
>
> Walter Kohan

Walter me solicitou registrar algumas "memórias" acerca de sua passagem "Viajando nas perguntas" por minha cidade, Caicó, RN. De pronto, declaro que a passagem dessa caminhada foi para todos/as nós uma experiência, e, como toda vivência que é de fato uma experiência, sabemos que padecemos nela/dela, sem, contudo, conseguir narrar sem trair a maneira como fomos por ela afetados/as. Ao fazer essa "memória", sinto essa impressão, de que não dou conta de colocar aqui na escrita em toda a sua intensidade.

A cidade de Caicó, através do projeto de extensão "Filosofia e infâncias: experiências de pensamento em filosofia com crianças na escola" do Departamento de Filosofia da Universidade do Estado do Rio Grande

---

[48] Professora da Universidade do Estado do Rio Grande do Norte (UERN), Campus Caicó.

do Norte (DFI/UERN), e do Grupo de Pesquisas Ensinar e Aprender na Educação Básica (UERN), recebeu o convite para *compor* a viagem "Viajando nas perguntas", do professor Walter Kohan, que aconteceu em 2021, em uma maneira de homenagear o mestre Paulo Freire pelo seu centenário. A passagem do professor Walter por Caicó aconteceu em 14 de outubro. Nessa data, em sua trajetória pelo Rio Grande do Norte, ele já havia passado por Natal e Angicos.

Antes de sua chegada física a Caicó, a viagem já tinha se iniciado entre nós em expectativa pelo encontro com o professor Walter, mas também pelo encontro presencial entre os/as participantes do grupo e instituições parceiras, visto que, pelo contexto da pandemia, estávamos há um ano e meio sem encontros presenciais. Acompanhava-nos o desejo pela presença, mas, ao mesmo tempo, o temor pela insegurança sanitária do momento. Começamos a nos articular com a 10ª Diretoria Regional de Educação e Cultura (DIREC); a Escola Estadual em Tempo Integral José Augusto (EETIJA); a Escola Municipal Maria Leonor Cavalcanti; a direção do Campus da UERN; a coordenação do curso de Filosofia (DFI/UERN); e a coordenação do Mestrado Profissional em Filosofia (PROF-FILO/Núcleo UERN).

Pelo contexto da pandemia e em observância aos protocolos de biossegurança que o momento exige, combinamos uma representação de cada uma das instituições envolvendo alunos/as e professores/as do ensino médio, da graduação em Filosofia e do PROF-FILO/Núcleo UERN.

Também, em um gesto de hospitalidade e acolhimento, preparamos com afeto nossa casa (da qual estávamos ausentes há mais de um ano, pois a pandemia nos levou a residir em Natal) para receber o professor Walter. Geraldo e eu arrumamos um quarto com lençóis limpinhos e cheirosos, compramos frutas, bolos, as melhores castanhas de caju do Brasil, para oferecer ao "viajante nas perguntas" os sabores e cheiros de nossa terra. Walter chegou cedinho. Ficamos esperando-o na garagem de casa. Chegou cheio de sentidos dos lugares por onde já tinha passado. Trazia, especialmente, umas plantinhas que precisavam de cuidados: água, ar e sol.

Fomos recebidos pela diretora da 10ª DIREC, a amiga e colega Suenyra Nóbrega. Os/as alunos/as do ensino médio (EETIJA) trouxeram a música com o som de seus instrumentos. A professora e poetisa Iaponira nos presenteou com sua poesia: "Release do Círculo de Cultura com Kohan – 10ª DIREC".

Sou a Professora Iaponira
A todos quero saudar
E em nome da 10ª DIREC
Com poesia popular
Um maravilhoso bom dia
Quero a todos desejar

Aos alunos da EETIJA
Nosso agradecimento
Pelo som pela energia
Por todo acolhimento
Sigam firmes na estrada
Que leva ao conhecimento

Como dizia Paulo Freire…

É tempo de sonhar
Sonhar como ato político
E poder assim sonhar
Como um ato estético
Com total amorosidade
E sonhar um sonho ético

O sonho de Paulo Freire
Sonho pela liberdade
Que o fazia brigar
Pelo justo de verdade
Pelo respeito ao outro
E a sua identidade

O respeito ao direito
Por uma sociedade
Menos feia e injusta
É o sonho da bondade
Que se tenha mais vergonha
Dar valor à honestidade

Cem anos de Paulo Freire
É tempo de relembrar
Sua história, ideias

Que fazem mobilizar
Milhares de educadores
Poder a incomodar
SEJAM TODOS/AS BEM-VINDOS/AS!

E o nosso Círculo de Cultura
Vem de sonhos tratar
SONHAR COM OUTROS MUNDOS: PERSPECTIVA FREIRIANA
Com o Professor Omar
Para formar nossa roda
Quero a todos convidar

Pessoas muito especiais
O Círculo estão compondo
Professores e alunos
Juntos dialogando
Uma verdadeira teia
O saber compartilhando

Para fazer a acolhida
Trazer sua gratidão
Dando o seu melhor
Com total dedicação
A força da mulher liderando
A 10ª Regional de Educação
(PROFa. Ma. SUENYRA NÓBREGA)

À frente da UERN
Assumindo a direção
Com a DIREC em parceria
Elos pela educação
O Professor Dr. José Teixeira Neto
Também faz sua saudação

Pela Universidade Estadual do RN
Com muita garra tem lutado
Mais uma força feminina
Na educação do nosso estado

PROFa. Dra. SHIRLENE MAFRA DE MEDEIROS
Também vai dar seu recado

Do Mestrado PROF-FILO
Atua como coordenadora
Do Grupo Ensinar e Aprender
É líder, pesquisadora
Também traz sua mensagem
Sua fala acolhedora
PROFa. Dra. REILTA DANTAS CIRINO

Atua como coordenador
Do curso de Filosofia
Na Universidade Estadual do RN
Compõe nossa parceria
Vai fazer sua acolhida
Falar da sua alegria
PROF. Dr. MARCOS ÉRICO DE ARAÚJO

Em tempos tão sombrios
De ódio e segregação
Celebrar Paulo Freire
É lutar por uma educação
Popular, libertadora
Que grita contra a opressão

E para falar de sonhos
E Freire reafirmar
Construindo novos mundos
Na força do esperançar
O Professor Omar Kohan
Agora vou convidar

Com o Prof. Walter Omar Kohan
Vamos dialogar aqui
Pós-doutorado em Filosofia
Pela Universidade de Paris
Professor Titular da UERJ
Que prazer tê-lo aqui

Coordenador do GT
Filosofar e Ensinar a Filosofar
Mais de 50 trabalhos
Já chegou a organizar
E mais de 50 livros
Já chegou a publicar

Coordena desde 2007
O projeto de extensão
"EM CAXIAS A FILOSOFIA EN-CAIXA?"
Exímia orientação
Nas áreas de Filosofia e Infância
E Filosofia da Educação

Também sonha com um mundo
A infância escutar
Um mundo inquieto, vivo
E assim, esperançar
Nos abrir pra outros mundos
De boniteza se ornar

Com Caicó Kohan tem
Uma estreita relação
Além dos amigos que fez
Nas vias da educação
Troca o almoço do dia
Pelo sorvete de Zezão

Continue como Freire
Como dito na canção
Um menino que lê o mundo
Olha pro céu, risca o chão
Traça a linha do horizonte
Dança solto na amplidão

Mantenha sempre Kohan
Humildade, empatia
Com a vida recheada
De tom, cor e alegria

Afetos, muitos sorrisos
Sonhos, amor, poesia.

Professora Iaponira, 10ª DIREC, Caicó, RN

Walter doou seus livros para vários/as dos/as participantes presentes. Em círculo, Suenyra falou dos sonhos: sonho de Paulo Freire, sonho da 10ª DIREC, sonho da UERN, por uma educação na qual todos/as tenham espaço para serem quem são, que possa acolher o mundo de cada um/a, uma educação libertadora e inclusiva. Fez-nos pensar que esse sonho freiriano que nos alimenta encontra-se com o sentido da presença de Walter em Caicó, no ano do Centenário Paulo Freire. A educação potiguar adotou o lema "Freire – Ano da Educação Potiguar", e ele foi estampado em nossas camisetas para serem as vestimentas que adornariam nossos corpos ao viver esse momento de "Viajando nas perguntas" com o professor Walter em homenagem ao centenário do mestre Paulo Freire. Esse gesto significou para nós um sentido de presença: estávamos ali inteiros/as, impregnados/as pelo desejo freiriano do encontro, da conexão, do pertencimento.

Em roda de conversa, Walter foi provocando o grupo a encontrar perguntas e sentidos nas perguntas, em sua fala nos ajudava a perceber os sentidos implícitos nas perguntas. Foi perceptível a inquietação, especialmente, dos/as jovens estudantes do ensino médio, por não terem, no diálogo que ali acontecia, as respostas, ou, ao contrário, por chegarem eles/as mesmos/as a outras perguntas através de suas perguntas que também encontravam ressonância nas perguntas dos outros/as participantes.

Nesse movimento das perguntas colocamos nossa atenção! Mas, também, na emoção do encontro, reencontros, que a presença de Walter em Caicó nos presenteou! "Uma viagem menina e errantemente inventiva, no sentido de criadora de caminhos, mas também uma viagem de hospitalidades, cheiros, e a-braços" (Walter Kohan).

A poesia, a música, a força inclusiva que sentimos no trabalho articulado das instituições ali presentes evocaram para nós a beleza da trama dos lindos bordados de Caicó: com suas cores, linhas, traçados cheios de afetos e de sentidos. Bem como fortaleceram novas ideias de trabalho para ampliar ainda mais a relação UERN/DIREC, a potente atuação da rádio comunitária Professora Francinete Araújo, que serviu de elo de articulação e criação de sentidos educativos, especialmente durante esse período de distanciamento social exigido pelo contexto da pandemia. Enfim, um diálogo inventivo no movimento de viajar meninamente nas perguntas para pensar e sonhar com Paulo Freire! Gratidão é o sentimento e a palavra que pode expressar os sentidos que por ali transitaram!!

Nas palavras de Walter: "Muito bonito, a música, a energia da equipe, a conexão DIREC/UERN e, muito especialmente, a participação dos/as estudantes, o pensar infantil, a inquietação e curiosidade. Fiquei muito feliz e agradecido por vocês me acolherem!".

Em seguida, fomos à cidade de Cruzeta, RN, a convite da professora Shirlene Mafra. Estivemos na Câmara de Vereadores com professoras de Cruzeta e de Carnaúba dos Dantas, RN. Ali também, com Walter, foi feito o movimento de dar a perguntar e fazer a pergunta circular em busca de sentidos, de encontros, de palavras ou de outras perguntas. Em Cruzeta, RN, a comunidade compartilhou com Walter alguns projetos em desenvolvimento nas duas cidades envolvendo a relação entre filosofia e educação. Registramos também a hospitalidade da professora Shirlene Mafra, que nos acolheu em sua casa, oferecendo-nos um saboroso almoço com as iguarias do sertão.

Retornando de Cruzeta, o professor Walter esteve na Escola Municipal Maria Leonor Cavalcanti, onde é desenvolvido, desde 2016, o projeto de extensão "Filosofia com Crianças". Walter visitou as cinco salas de educação infantil e ensino fundamental, e em cada uma delas fez o movimento do pensamento com as crianças através das perguntas, seja iniciando, inventando e *compondo* com elas uma história a partir de uma ideia colocada em comum pelas próprias crianças, seja provocando-as a pensar a partir do conteúdo que estavam vivenciando naquele momento em sala (personagem de histórias/filmes a que estavam assistindo, medos – de barata, por exemplo –, números, tema da escravidão). Percebemos o envolvimento das crianças, a desenvoltura em elaborar perguntas, a curiosidade por saber e a disponibilidade e generosidade do pensar infantil e do acolhimento ao convite para essa experiência.

Em seguida, ainda na Escola Maria Leonor Cavalcanti, estivemos em roda de conversa com os/as professores/as, coordenação, direção da escola e representantes da Secretária de Educação, Cultura e Esportes (SEMECE) do município de Caicó, RN. Fizemos juntos/as muitas perguntas, e o movimento provocado por Walter nos levou a outras perguntas; fomos nos inquietando e descobrindo que, ao contrário de toda uma cultura que forma o/a docente para dar as respostas, podemos, no movimento das perguntas, encontrar nossas respostas e quiçá contribuir em sala de aula com nossas crianças para que elas também encontrem por elas mesmas suas respostas.

Foi compartilhado nesse diálogo que "viajando nas perguntas" fortalecemos nossa capacidade de pensar, criticar e descobrir, nas perguntas, outras perguntas que seguem potencializando nossa relação conosco mesmos/as, com os sentidos de nossas experiências cotidianas e com a articulação dos nossos saberes no chão da escola. Por último, participamos do Programa EJA em Ação, na Rádio Comunitária Professora Luzinete Araújo.

Em conexão com os/as ouvintes da rádio, fizemos um resgate das intensas emoções vivenciadas durante todo o dia. Convidamos ao movimento do pensar e perguntar sobre os desafios da educação, as implicações do fazer docente, especialmente os desafios na perspectiva da reinvenção imposta pelo período da pandemia de covid-19, bem como a implicação de todos/as nós, estudantes e professores/as, nesse movimento de encantamento pela educação, de sonhar/acreditar e fazer nas *brechas* cotidianas, nas ações consideradas pequenas, mas que trazem a força da resistência.

Enfim, a viagem do professor Walter "Viajando nas perguntas" e sua passagem por Caicó foram, antes de tudo, um gesto de amizade, de resistência entre os/as participantes. Também nos ajudaram a perceber que nosso modo de caminhar, atentos/as aos movimentos do presente, exigindo de nós constantes mudanças, implicações, autoformação, assemelha-se ao *esperançar* freiriano, à errância inquieta da busca e ao desejo de "ser mais" com outros. Nosso sentimento é de gratidão pela vida do mestre Paulo Freire e por seu legado centenário, também pela vida e errância desta viagem do professor Walter: "Fazendo exercícios de filosofia e infância, em trânsito... com o pé na estrada, as mãos nas perguntas e o coração no mundo... com-versando com crianças e adultos, pessoas de todas as idades dispostas a experimentar uma infância no pensamento... pelo gosto de pensarmos juntos o mundo que vivemos e o que poderíamos viver" (Walter Kohan).

A experiência vivida e os sentidos por ela evocados apontam para um mundo que ainda não é, mas que está sendo, existe em nós em potência e que podemos, coletivamente, empenhar-nos na busca, no sonho, no caminho... Entendemos que a viagem "Viajando nas perguntas" não terminou quando completou o tempo cronológico dos 100 dias em homenagem ao centenário de Paulo Freire e o professor Walter retornou a sua casa, no Rio de Janeiro: ela foi suspensa, ficou em nós, ecoando nos nossos fazeres, nos nossos corações desejosos por novos encontros, novas viagens, seja de perto ou de longe. Então, vamos inventar novas viagens? ∎

Impressões sobre a visita do professor Walter Kohan

Maria Aparecida Vieira Diógenes[49]
PAU DOS FERROS, RN

A visita do professor Walter Kohan ao município de Pau dos Ferros, RN, no período de 15 a 17 de outubro de 2021, foi marcada, inicialmente, por um encontro formativo, com o tema "Perguntas a quem ousa ensinar", tendo como objetivo refletir sobre o ensinar e aprender na perspectiva da construção de saberes significativos para a vida. Participaram desse momento educadores/as e estudantes das escolas que compõem a 15ª Diretoria Regional de Educação e Cultura (DIREC), convidados da Secretaria Municipal de Educação de Pau dos Ferros e da Universidade do Estado do Rio Grande do Norte (UERN).

Esse encontro formativo aconteceu no Dia do Professor e foi recheado de poesia, música, cultura, arte e reflexões filosóficas significativas que proporcionaram aos participantes, além da possibilidade de ressignificar as práticas educativas, encantamento, alegria, emoção, descontração e,

---

[49] Gestora da 15ª Diretoria Regional de Educação e Cultura e dos Desportos (DIREC), Pau dos Ferros, RN.

como dissera uma das participantes, "um verdadeiro presente para um/a professor/a, no seu dia!".

Vale ressaltar que as aprendizagens foram diversas, dentre elas podemos destacar o momento em que o professor Walter, com sua simplicidade e forma de se relacionar com o "outro", adentrou o local do encontro formativo, organizado com cadeiras enfileiradas para os/as participantes e um espaço com tapete, cadeiras diferenciadas e tribuna. Ele desfez essa organização, posicionando-nos em círculo, mostrando-nos a importância de aproximar a teoria e a prática, uma vez que o ato de educar exige o estabelecimento de relações horizontais e dialógicas.

Outro destaque refere-se à atitude do professor Walter de sair de sua zona de conforto (domicílio) e do ambiente de produção científica para conhecer lugares, pessoas e culturas diversas, e, através do diálogo e das vivências, a constituição do verdadeiro ato de ensinar e aprender; como exemplo, podemos citar o seu aprendizado com as puxadoras de alfenim, durante uma moagem (ato de moer a cana-de-açúcar para produção de mel, rapadura, alfenim...) na Fazenda Melancia, engenho Dr. Pedro Diógenes Fernandes. É importante ressaltar, ainda, a sua capacidade de conciliar essas vivências, durante a viagem, com o seu fazer pedagógico (participação em *lives*, correção e orientação de trabalhos científicos), sem perder o foco da importância da ação-reflexão-ação, o que se reflete na sua proposta de formação em alfabetização filosófica, na perspectiva de "praticar, viver um encontro de escuta, perguntas, atenção, experiências de pensamento e pensares da experiência que alimentem práticas outras nas diversas disciplinas que se ensinam na escola..." (Walter Kohan)

Para sintetizar o muito que foi vivenciado durante a visita do professor Walter Kohan, recorremos às reflexões do mestre Paulo Freire, quando nos diz que "Onde quer que haja mulheres e homens, há sempre o que fazer, há sempre o que ensinar, há sempre o que aprender", e que "Pensar no amanhã é fazer profecia, mas o profeta não é um velho de barbas longas e brancas, de olhos abertos e vivos, de cajado na mão, pouco preocupado com suas vestes, discursando palavras alucinadas. Pelo contrário, o profeta é o que, fundado no que vive, no que vê, no que escuta, no que percebe [...] fala, quase adivinhando, na verdade, intuindo, do que pode ocorrer nesta ou naquela dimensão da experiência histórico-social" (FREIRE, 2000, p.118). ∎

♀ Deixai Freire ir às crianças... Deixai a potência criativa da curiosidade germinar na infância

Emanuela Carla Medeiros de Queiros[50]
MOSSORÓ, RN

No emaranhar coletivo da experiência pode vir a se constituir o semear do ser sujeito, a consciência problematizadora como eixo basilar de um projeto educativo potencialmente emancipador. No cháo de uma escola municipal da zona rural de Mossoró, que se insere na brava resistência ao descaso histórico com a educação do campo, agravado pelo projeto fascista de matriz neoliberal, vi o movimento do verbo "esperançar" nos gestos ansiosos e nos sorrisos tímidos gestados pela curiosidade da volta à escola depois de meses de interações mediadas pela frieza das telas. É incrível como a sutileza de reviver o cotidiano arrancado de modo brusco por entre os nossos dedos emocionou o coletivo escolar. Parecia que Cronos, na sua linearidade, havia feito uma breve concessão aos pressupostos da dialética e cedido um breve espaço ao tempo do sentido, retomando de modo fugaz um passado não tão distante: a escola enquanto importante espaço de socialização.

Percebi a importância do ambiente escolar para aquela comunidade que se fez mais colorida quando o seu espaço teve seus simples portões de ferro abertos para receber as crianças que vinham vestidas para uma ocasião especial. Foi bonito ver a troca de afetos e o contato mesmo distante entre um pequeno grupo de crianças e as professoras que ali estavam para interagir com uma pedagogia transgressora da pergunta.

Ao formarem um círculo para estabelecer contato com o professor visitante que trazia estampada na sua blusa a face de um dos educadores mais lidos no mundo inteiro e propositalmente rechaçado pela extrema-direita negacionista do nosso país, moviam seus corpinhos em um baile de curiosidade e excitação. Do mesmo modo, as professoras também esboçavam curiosidade, inclusive, uma delas chegou a interromper com

---

[50] Professora da Universidade do Estado do Rio Grande do Norte (UERN), Campus Mossoró.

conclusões engessadas o processo em que as crianças expressavam a sua já complexa leitura de mundo. Percebi, enquanto segurava o celular para fazer a filmagem, como ainda tendemos a naturalizar o engessamento, as verdades acabadas, o silenciamento e a anulação do ser sujeito do processo de estar sendo, do dever ser.

Enquanto Walter interagia com o pequeno grupo de crianças e eu filmava o germinar do questionamento, não como fim, e sim como processo potente de construção da autonomia de pensamento, refletia sobre o meu fazer docente e sobre a necessidade de forjarmos um outro caminho, um outro construto formativo, perpassando a educação pública e o seu potencial político-emancipador. Pensei, naquele momento, que as categorias do desejo, da liberdade e da expressividade talvez fossem pistas importantes para o delineamento de uma outra postura coletiva da comunidade docente, do que poderia ser uma comuna escolar. Afinal, o que é a educação pública, enquanto elemento do contraditório diante da crise do projeto civilizatório burguês, senão um espaço- território-político que se faz síntese de múltiplas determinações do real, de projetos societários em constante disputa? O projeto educativo neoliberal que pressupõe um projeto societário em sua faceta escancaradamente excludente e cruel se volta cada vez mais para a legitimação de práticas esvaziadas, propositalmente destinadas a podar o pensamento e a liberdade criativa, como mais uma faceta da reprodução do fetiche mercantil do valor.

Afinal, não é mero acaso que o legado freiriano esteja sendo tão duramente atacado. Querem nos silenciar, subjugar nossos corpos, castrar a fertilidade do pensamento, a começar pela mais tenra infância. A educação e sua natureza sociopolítica devem ser expurgadas em nome dos resultados da aprendizagem, do ranqueamento e da lógica da competição disseminada entre os que são responsabilizados pelo pretenso sucesso escolar diante do recuo cínico do Estado. Todavia, o germe da inconformação e da crítica questionadora brota como contradição, já que Freire vive! Ele se fez vivo e infante no meio daquelas crianças que gesticulavam a problematizar o mundo, em meio à escuta que se lançava como pergunta, como se fez formação para os educadores-educandos que ali estavam. A pedagogia da pergunta, da dúvida, também germinou em mim, e suspeito que continuará a florescer por onde passar. Paulo Freire se fez semente e, mesmo à revelia dos fascistas, continua a germinar. ∎

Memórias experienciais nas andanças de Paulo Freire e do professor Walter Kohan: laços identitários construídos nos Círculos de Cultura no RN na UERN, na UESB e em Rio de Contas, na Chapada Diamantina, na Bahia

Shirlene Santos Mafra Medeiros[51]
Maria Reilta Dantas Cirino[52]
Nereida Maria Santos Mafra de Benedictis[53]
CAICÓ, RN / VITÓRIA DA CONQUISTA, BA

Ao falar das memórias experienciais vividas intersubjetivamente e subjetivamente nas andanças pelo Nordeste brasileiro, do professor Walter Kohan, percorrendo os caminhos trilhados pelo professor Paulo Reglus Neves Freire, doutor *honoris causa* pela Universidade do Estado do Rio Grande do Norte (UERN), em seu centenário, muitos laços identitários e conhecimentos foram construídos, desconstruídos com a pedagogia das perguntas em "espaços vividos", nos lugares de memória (Pierre Nora) freirianos e em outros lugares direcionados nas dialogias e nos projetos de extensão universitária.

"Viajando nas perguntas", assim denominou o professor Walter Kohan o seu caminhar no centenário freiriano, tais andanças provocaram questionamentos, propiciaram a dialogia, os Círculos de Cultura e o esperançar de uma educação freiriana, kohaniana e popular; reconstruída com as pessoas, os/as professores/as, estudantes da educação, que vivem suas experiências no chão da escola, na educação popular, com crianças e na universidade da vida.

---

[51] Professora do Departamento de Filosofia da Universidade do Estado do Rio Grande do Norte (UERN).

[52] Professora do Departamento de Filosofia da Universidade do Estado do Rio Grande do Norte (DFI/UERN), Campus Caicó.

[53] Professora do Departamento de Geografia e do Programa de Pós-Graduação em Educação da Universidade Estadual do Sudoeste da Bahia (PPGED/UESB).

A educação popular, a universidade da vida foram a essência das andanças freirianas para o professor Walter Kohan e tiveram um grande apoio das instituições universitárias, dos projetos extensionistas, articulados na tríade ensino, pesquisa e extensão no Rio Grande do Norte e na Bahia.

No Rio Grande do Norte, houve o apoio da UERN – Campus Caicó, do Departamento de Filosofia, do Mestrado Profissional em Filosofia (PROF-FILO) e dos Projetos de Extensão Infâncias, Filosofia: Experiências de Pensamento na Educação básica e do Programa de Extensão Memória, Identidade e Formação Social do Sujeito: A Educação e o Caráter Social da Vida Humana na Constituição do "Self". Houve também o apoio da Universidade Federal Rural do Semi-Árido (UFERSA), da cidade de Angicos, RN, da Universidade Federal do Rio Grande do Norte (UFRN), em Natal, da Diretoria Regional de Educação Cultura (DIREC) de Caicó e Angicos, das Secretarias Municipais de Educação do Seridó e das Câmaras Municipais dos Municípios de Cruzeta e Carnaúba dos Dantas.

Na Bahia, o apoio foi da Universidade Estadual do Sudoeste da Bahia (UESB), com o Programa de Pós-Graduação em Educação, e do Núcleo de Análise em Memória Social, Espaço e Educação (NUAMSEE). Em Vitória da Conquista, Guajeru e Rio de Contas, da Secretaria Municipal de Educação, da Escola Estadual Carlos Souto, do Centro Integrado Riocontense de Educação e Assistência (CIRCEA) e da Escola Barão de Macaúbas.

Ao se referir à memória experiencial intersubjetiva do sujeito aqui descrita, esta pode ser compreendida como um diálogo internalizado consigo mesmo e com o "outro generalizado", na visão de George Herbert Mead, sendo a subjetividade uma relação com o pensar, intrínseco ao sujeito em nível de consciência, suas percepções ou representações, o que pode levar o sujeito a uma ação social.

As memórias experienciais em Caicó

Essa terminologia "memória experiencial intersubjetiva" foi utilizada por Medeiros (2016) na sua tese de doutorado e refere-se aos diálogos intersubjetivos do sujeito consigo mesmo através da pedagogia da pergunta, do diálogo com o "outro", das vivências e experiências pessoais nos "marcos sociais da memória", como enfatiza Maurice Halbwachs. Neste texto, refere-se aos Círculos de Cultura das andanças do professor Walter Kohan, trilhados por alguns caminhos de Paulo Freire.

Essa dialogia foi construída desde a constituição da ideia, do planejamento no Núcleo de Estudos de Filosofias e Infâncias (NEFI/UERJ), até a chegada na cidade de Caicó, RN. Foi construída na Universidade do Estado do Rio Grande do Norte (UERN); na Diretoria Regional de Educação e Cultura (DIREC), com a articulação da professora doutora Maria Reilta Dantas Cirino, da professora mestra Suenyra Nóbrega, do doutor José Teixeira Neto, do doutor Marcos Érico, do nosso apoio e, em especial, da comunidade educacional caicoense, recheada pelo calor da emoção com a poesia da professora Iaponira; das provocações das perguntas dos/as estudantes, embalados com a música dos/as estudantes da Escola com Escola Estadual em Tempo Integral José Augusto (EETIJA). Foram momentos ímpares por suas singularidades de gestos simples e significantes que despertaram a constituição de "Selfs", como enfatiza G. H. Mead. O declamar da poesia da professora Iaponira, que assim se expressou em sintonia com o convite ao sonho intersubjetivo que ali se construía:

> É tempo de sonhar
> Sonhar como ato político
> E poder assim sonhar
> Como um ato estético
> Com total amorosidade
> E sonhar um sonho ético
>
> O sonho de Paulo Freire
> Sonho pela liberdade
> Que o fazia brigar
> Pelo justo de verdade
> Pelo respeito ao outro
> E a sua identidade

A dialogia do professor Walter Kohan revelou conhecimentos, criatividades, inquietações, um exercício do filosofar, uma interação simbólica, reflexividade e autorreflexividade tanto do pensamento freiriano como kohaniano da curiosidade da infância, menina, de conhecer o conhecido e o desconhecido.

As ações criativas, a pedagogia das perguntas, como uma arte de conduzir o debate no exercício do pensar, revelaram-se uma dialogia internalizada consigo mesma na relação do Eu, do Mim, com o "outro", através da memória, no processo de evocação e reminiscências. Essas experiências intersubjetivas feitas pelos/as participantes do Círculo de Cultura, no nosso entendimento, possibilitaram um estudo do processo de aprendizagem e constatações de que o conhecimento é construído e desconstruído pela linguagem, nas experiências da comunicação entre os sujeitos, rememoradas pelo diálogo, e constitui Selfs nos laços identitários.

Ao trazer essa dialogia, percebemos, nas andanças do professor Walter Kohan, a sua liberdade em iniciar seus trabalhos, instigando os sujeitos a pensar, intersubjetivamente, para levá-los a um nível de reflexividade, autorreflexividade e para despertar nos/as participantes a construção de uma consciência crítica, política e comunitária, tal qual Freire.

Assim, podemos perceber que, através dos diálogos nas perspectivas meadiana, freiriana e kohaniana, o sujeito pode alcançar uma autonomia pessoal e comunitária no processo de conscientização, através da linguagem e das experiências de pensamento. Nesse sentido, na dialogia com Freire, Kohan e Mead, percebe-se uma interface teórica, o sentido e o significado do termo "consciência" em Paulo Freire; mas o diálogo nos ambientes educacionais, nas praças, escolas, debaixo das árvores; as perguntas meninas, a curiosidade na infância geraram nos sujeitos uma reflexividade e autorreflexividade nas memórias experienciais filosóficas construídas nos Círculos de Cultura; estes, por sua vez, podem constituir Selfs e mudanças de ações sociais dos sujeitos. Nas palavras ditas por Paulo Freire, "a educação não transforma o mundo, a educação transforma pessoas e as pessoas transformam o mundo". Tais palavras geraram uma inquietação intersubjetiva através do diálogo internalizado consigo mesmo, com o outro e nos Círculos de Cultura.

Ao sair de Caicó, no período da manhã, o destino das andanças do professor Walter Kohan foi Cruzeta; cidade menina da região do Seridó, cheia de encantos, acolhedora, imbuída com uma grande força de um capital humano, cultural e social. Um lugar de memórias musicais, que tem como slogan: "Da fé e da música aqui se vive". Terra de grandes musicistas, formadora de maestros, de pessoas comprometidas com a educação. Os indicadores de desempenho, apesar das suas fragilidades pelo tempo da pandemia, acolheram o andarilho freiriano, criando laços identitários.

As memórias experienciais no Círculo de Cultura em Cruzeta e Carnaúba dos Dantas, RN

Na memória experiencial do Círculo de Cultura de Cruzeta e de Carnaúba dos Dantas, RN, foram reunidos gestão e professores/as da Escola Estadual Otávio Lamartine (EEOL), que já desenvolve uma experiência de Filosofia na Escola com a Educação de Valores, do Projeto de Extensão da UERN, desde 2007. Além desses/as professores/as, participaram também dois vereadores de Carnaúba dos Dantas e de Cruzeta, coordenadores/as pedagógicos/as, professores/as e a gestão da educação municipal dos dois municípios seridoenses.

O município de Cruzeta é uma cidade menina e, como Paulo Freire, também completou 100 anos de existência. Nas reminiscências percebemos uma alegria dos/as participantes do Ciclo de Cultura na recepção do professor Walter Kohan; percebemos um desejo e esperanças de construir laços identitários, de experienciar o exercício do filosofar com a pedagogia da pergunta para planejar a inclusão da filosofia na educação infantil e fundamental.

Essas experiências de pensamentos filosóficos foram realizadas na Câmara Municipal de Vereadores de Cruzeta, com o tema: "A filosofia e os caminhos na escola", como forma de refletir sobre as experiências de pensamento, a inclusão do exercício do filosofar nas escolas e a inserção da filosofia nos currículos das escolas municipais de Cruzeta e Carnaúba dos Dantas. O Círculo de Cultura em Cruzeta foi desenvolvido no dia 14 de outubro de 2021, período da festa da padroeira e do recesso escolar das instituições públicas municipais e estaduais.

No processo de rememoração, escolhemos escrever sobre os testemunhos e relatos das experiências vividas e sobre as marcas pessoais e sociais experienciadas pelos/as participantes no Círculo de Cultura "A filosofia e os caminhos na escola".

No testemunho da vice-diretora da Escola Estadual Otávio Lamartine, a professora Vaneide Almeida, ela explica que:

A Escola Estadual Otávio Lamartine teve o privilégio de receber o filósofo Walter Kohan com suas perguntas, numa manhã de muitos conhecimentos, reflexões significativas e importantes para nossa vida pessoal e profissional. A importância de recebê-lo nos motivou a sermos um ser mais pensante e reflexivo diante de uma realidade tão complexa, cheia de conflitos e de falta de empatia. Na sua experiência, e usando a pedagogia da pergunta, nos fez abrir novos leques para mudarmos a nossa maneira de pensarmos e agirmos, tanto dentro como fora do ambiente de trabalho. Para a escola, foi uma grande honra conhecer esse filósofo. Um ser simples de uma grandeza de conhecimento e humanidade excepcional. Adquirimos mais conhecimentos para agregar no nosso projeto Educação de Valores (Professora Vaneide Almeida).

Nas experiências rememoradas pela professora Vaneide Almeida, pode-se perceber a relevância da presença do professor Walter Kohan no chão da escola: "A importância de recebê-lo nos motivou a sermos um ser mais pensante e reflexivo diante de uma realidade tão complexa, cheia de conflitos e de falta de empatia".

Um gesto simples se tornou significante para a escola pela visita à instituição e por ouvir a experiência das suas professoras, que nasceu de uma pergunta das crianças sobre o ipê. A professora Rejane Azevedo, da escola, descreve:

> A visita do professor Walter Kohan a Cruzeta foi um momento muito interessante e rico para nós enquanto professores. Na oportunidade, eu e minha colega Nereide pudemos apresentar e compartilhar algumas experiências realizadas na Escola Otávio Lamartine, envolvendo filosofia com crianças. Estavam presentes alguns professores da rede municipal e também professores da cidade de Carnaúba dos Dantas. Foi um momento muito interessante no qual o professor Walter Kohan nos encantou com sua maneira dinâmica de mediar o encontro, que se transformou numa espécie de ágora filosófica, onde todo mundo se apresentou a partir de questionamentos que foram sendo compartilhados por todos os participantes, provocando muitas reflexões interessantes. A sabedoria e simplicidade do professor Walter Kohan encantou a todos que gostariam de tê-lo conosco em outros momentos de formação (Professora Rejane Azevedo).

A professora Rejane Azevedo, através das suas memórias experienciais, narra que "o Prof. Walter Kohan nos encantou com sua maneira dinâmica de mediar o encontro, que se transformou numa espécie de ágora filosófica, onde todo mundo se apresentou a partir de questionamentos que foram sendo compartilhados". Nas experiências dialógicas, a professora faz uma comparação com as ágoras filosóficas e dá ênfase à relevância aos questionamentos por gerar muitas reflexões. Os laços identitários foram construídos pela perspectiva de retomada de outros momentos formativos e dialógicos, ao descrever: "a sabedoria e simplicidade do professor Walter Kohan encantou a todos que gostariam de tê-lo conosco em outros momentos de formação".

Dando sequência aos testemunhos, a secretária Municipal de Educação de Cruzeta, a professora Maria Rosa Medeiros, elucida que:

> Em meio a tantas incertezas vividas no ano de 2021, receber a visita do mestre e filósofo Walter Kohan em nosso município foi um momento ímpar para os profissionais que lá estavam. Foi rápido, porém suficiente para nos instigar a grandes e profundas reflexões sobre questões essenciais da vida humana, que para alguns parecem ser simples, para outros, primordiais para viver melhor. Homem sábio, simples, encantador e apaixonado pela "arte de filosofar". Precisamos intensificar essas reflexões no espaço escolar, iniciando com os pequenos para que cresçam e desenvolvam suas competências e habilidades com mais autonomia. Obrigada! Queremos que retorne ao nosso Seridó (Professora Maria Rosa Medeiros).

Percebe-se que os testemunhos marcam o registro de satisfação e algumas reflexões proporcionadas no Círculo de Cultura, o qual instigou "grandes e profundas reflexões sobre questões essenciais da vida humana, que para alguns parecem ser simples, para outros, primordiais para viver melhor". Ao descrever o papel do professor, foi relatado: "Homem sábio, simples, encantador e apaixonado pela 'arte de filosofar'". Palavras ditas pela secretária, que marcou o momento das andanças feitas pelo professor no Rio Grande do Norte.

Outros depoimentos e testemunhos constataram que:

> Em 2021, em meio a tantas angústias vividas pelos educadores devido à pandemia de covid-19, tivemos a honra de receber a visita do filósofo

Walter Kohan, em Cruzeta e em algumas de nossas escolas. Como um grande mestre em provocar reflexões, nos levou a uma viagem de conhecimento de nós mesmos e do outro. Durante o diálogo do professor Walter, simples, acolhedor e carregado de sabedoria, ficou evidenciada a importância de trabalhar filosoficamente em nossas escolas, desde a educação infantil, para que as nossas crianças cresçam e se desenvolvam com autonomia e construam suas próprias concepções, tornando-se seres ativos do seu próprio conhecimento (Professora Ana Luiza Monteiro – Cruzeta, RN).

Nos depoimentos da professora Ana Luiza, coordenadora pedagógica municipal de Cruzeta, foi observado que as experiências possibilitaram o autoconhecimento e a importância de trabalhar filosoficamente em nossas escolas, desde a educação infantil.

A professora Paula Marilene, da educação infantil, elucida que:

A presença do professor/filósofo Walter Kohan foi um momento ímpar em nossa cidade de Cruzeta. Ele, com sua maneira poética e singular, nos provocou a refletir acerca de nossa vida e atuação profissional como educadores através de um simples questionamento. Como um bom mestre, nos instigou a pensar sobre relações com o outro, com nós mesmos e como é necessário oferecer às crianças, a adolescentes, jovens e adultos práticas educativas que favoreçam o pensar filosófico, sendo eles protagonistas na construção de suas aprendizagens. O encontro permeado de significados, aprendizados e encontros com certeza deixou em todos os participantes o desejo de vivenciar outras experiências que nos provoquem com tal intensidade (Professora Paula Marilene).

Após o Círculo de Cultura, constatamos também o despertar, nos vereadores de Cruzeta, para a inserção da filosofia nos currículos das escolas municipais da educação infantil e fundamental. As andanças do professor Walter Kohan não foram apenas visitas aos espaços habitados, mas deixaram marcas das experiências no exercício do filosofar e poderão modificar a educação nos municípios de Cruzeta e Carnaúba dos Dantas, e incluir a filosofia como componente curricular necessário nas escolas públicas.

Nas palavras dos/as educadores/as de Cruzeta, foi notória a satisfação da comunidade cruzetense pelas aprendizagens construídas no exercício do pensar do professor Walter Kohan e o desejo de construir laços identitários com a filosofia freiriana, kohaniana e meadiana.

A presença das professoras Maria de Fátima Medeiros, da UERN, da secretaria Municipal de Educação, a professora Rúbia, e da vereadora Marli Medeiros, do município de Carnaúba dos Dantas, foi de grande relevância na cidade de Cruzeta, pelo interesse das educadoras de conhecimento maior da filosofia na escola. O mais interessante foi a visita acompanhada por uma vereadora do município carnaubense para conhecer as experiências filosóficas na escola.

Na memória experiencial intersubjetiva inscrita pela professora Rúbia:

> A experiência de uma conversa com Kohan me trouxe uma reflexão acerca do "eu", do que eu consigo ver dentro de mim; aquilo que muitas vezes passa despercebido e que por vezes eu não quis enxergar. Ter um contato com Kohan é se redescobrir, se reinventar. Ele traz reflexões sobre fatos simples que fazem parte do nosso convívio. Foi um dia muito agradável que favoreceu a importância da reflexão sobre o "eu" (Professora Rúbia Medeiros).

Ao descrever sua experiência interpessoal de pensamento, a vereadora Marli Medeiros explicita esses momentos como "rompendo barreiras"; momento de muito aprendizado, conhecendo a filosofia na base de ensino através do professor doutor Walter Kohan, partindo do princípio até chegar à realidade; é o início de um novo ciclo na educação fundamental da nossa região. Essas palavras demonstram um interesse e uma perspectiva para a filosofia na educação infantil e fundamental.

Nas palavras da professora Maria de Fátima Medeiros, torna-se evidente que, para ela, participar do momento na cidade de Cruzeta, com o professor Walter Kohan,

> Foi incrível, reflexivo e envolvente. A metodologia e dinâmica filosófica por ele utilizada me fizeram compreender com clareza que a filosofia está presente no dia a dia das pessoas, nas suas ações, no falar, no agir e principalmente no contexto de sala de aula. Essa rica experiência levou-me a compreender melhor a minha prática docente e a assim redirecioná-la para uma realidade inovadora de saberes, reflexões profundas e assentadas sobre um vasto conhecimento da filosofia,

da razão e da vida cotidiana (Professora Maria de Fátima Lopes de Medeiros – Carnaúba dos Dantas, RN).

Os registros dessas experiências se tornaram necessários de serem inscritos, narrados, por compreendermos o devir do ensino de filosofia, do exercício do filosofar na rede pública de ensino na educação infantil e fundamental, uma vez que são registradas experiências isoladas nos projetos de extensão universitária na cidade de Caicó, pelo projeto da professora Maria Reilta Dantas Cirino, desde o ano 2008, e, em Cruzeta, com a experiência de educação de valores da professora Shirlene Mafra, desde o ano 2007.

Retornando de Cruzeta, o professor Walter esteve na Escola Municipal Maria Leonor Cavalcanti, município de Caicó e no Programa EJA em Ação, na Rádio Comunitária Professora Luzinete Araújo.

As memórias experienciais nos Círculos de Cultura na Bahia

A dialogia é de suma importância na ação educativa, pois desperta no sujeito experiências marcantes que surgem nos relatos das memórias pessoais, sociais e nos projetos que não estavam planejados, mas que ganharam relevância no contexto educacional no processo dialógico nas cidades de Rio de Contas, Vitória da Conquista e Guajeru, na Bahia.

Nessa roda de conversa em Cruzeta, RN, na hora do almoço, ao falar sobre os lugares de memória e das identidades pessoais e sociais, eu falei: "Sou de Rio de Contas, Bahia, uma cidade pacata, muito linda pelas suas belezas naturais e sociais da Chapada Diamantina, na Bahia". Surge uma afirmativa do professor Walter Kohan: "Eu estive lá, conheci esse lugar maravilhoso". No processo dialógico, o professor falava: "Fui encontrar com Fátima Freire, filha de Paulo Freire", pensava e questionava-me: "Será coincidência?". Ao mesmo tempo, o professor Kohan afirmava: "Eu quero voltar a Rio de Contas, na Bahia". Imediatamente surgiram as ideias de articular os Círculos de Cultura na cidade de Rio de Contas, BA.

Círculo de Cultura em Rio de Contas

Para planejarmos as ações na Bahia dos Círculos de Cultura, reunimos os grupos de pesquisa e extensão sobre memória, articulados à

UERN e à UESB, na Bahia. Dando continuidade, conversamos com os/as coordenadores/as dos Grupos de Pesquisa Filosofia, Educação, Saúde e Pensamento Complexo (GESCOM/UERN) e com o Núcleo de Análise em Memória Social, Espaço e Educação (NUAMSEE/UESB), com alguns secretários municipais de Educação, a direção de algumas escolas da cidade de Rio de Contas e de Vitória da Conquista, e foi sugerida pela professora Irene, do NUAMSEE, a cidade de Guajeru. O planejamento foi feito de forma coletiva, participativa, dialógica, com a participação da UERN, da UESB e do professor Walter Kohan.

A cidade de Rio de Contas impregna histórias, memórias de vidas pessoais e sociais como um grande patrimônio imaterial. Tudo o que faz e realiza transborda um processo de rememoração das experiências vividas, revigorando as forças por laços identitários, articulando passado, presente e reconstruindo experiências no esperançar no sentido freiriano para ultrapassar esse período pandêmico.

Na memória experiencial vivida, veio o temor, o medo de se reunir nos Círculos de Cultura em função da pandemia de covid-19, e o esperançar em um devir transformador. Nesse período pandêmico, passamos por situações adversas. Na perspectiva do esperançar freiriano, de sonhar com uma formação social nas cidades baianas, construímos, por princípio do diálogo, perguntas, como formas de conhecer a realidade, problematizar e transformar o contexto histórico com a construção de saberes experienciados ao longo da trajetória de vida do sujeito.

Na memória social vivenciada nos espaços baianos, o trabalho dos Círculos de Cultura do professor Walter Kohan se inicia na cidade de Juazeiro, da Bahia, depois segue com destino à região sudoeste, na Chapada Diamantina, com destino a Rio de Contas, uma das cidades mais antigas do Brasil, Guajeru e Vitória da Conquista.

No planejamento dos Círculos de Cultura da cidade de Rio de Contas, o município vivenciava na sua memória histórica 298 anos de sua fundação. A cidade estava em festa, e os munícipes estavam rememorando as suas tradições, experiências de um passado, reconstruídas no presente, tanto na sede da cidade, como nas comunidades. Rio de Contas foi fundada por negros alforriados, o que caracteriza a força e as raízes da resistência de um povo lutador que, mesmo no sofrimento, procura mecanismos de superação para a sua sobrevivência e a edificação da sua história. Tem uma memória histórica nos seus casarões antigos, nos museus, na sua arquitetura, pela preservação de um passado reconstruído no jornal histórico *O Cinzel*; um grande acervo histórico de interesses acadêmicos, não apenas na Bahia e no país, mas no mundo, por ser hoje um patrimônio cultural da humanidade e por suas belezas naturais de rios, cachoeiras, todas localizadas na Chapada Diamantina.

A primeira atividade na cidade de Rio de Contas foi no CIRCEA. Revisitar o CIRCEA – Barão de Macaúbas foi um processo de reencontros das experiências vividas no processo formativo, de aprendizagens construídas nos marcos sociais da nossa existência, por lembranças jamais esquecidas, por sua organização 'tradicional, bancária", como diz o próprio Paulo Freire, permeada por rituais educativos, mas comprometida com a formação humana e social dos/as seus/as estudantes.

Ao visitar a cidade de Rio de Contas, o professor Walter Kohan iniciou suas atividades no dia 2 de dezembro, com uma programação maravilhosa, organizada pelos/as gestores/as do CIRCEA – Barão de Macaúbas, e os cafés filosóficos. No CIRCEA – Barão de Macaúbas houve três Círculos de Cultura para a educação de jovens e adultos, para estudantes e professores/as da educação fundamental e para crianças.

Os temas das rodas de conversa foram construídos de acordo com o público atendido: 1) O que vale mais: uma resposta ou uma pergunta? Esse tema foi trabalhado com crianças e adolescentes do ensino fundamental; 2) Filosofar na educação de jovens e adultos e despertar o interesse dos/as estudantes pela pergunta, com o público-alvo de estudantes entre 15 e 19 anos; e 3) É possível trabalhar filosofias com as crianças na escola? O público-alvo foram crianças, estudantes entre 9 e 10 anos, professores/as, a gestão administrativa e equipe técnica da escola.

Na organização do Círculo de Cultura, construído pelos/as educadores da escola, algo surpreendente aconteceu, pelo encantamento e pela satisfação de recepcionar o professor Walter Kohan e pelo devir, não como uma perspectiva futura, mas de um momento presente, vivido, pelas experiências de pensamento, com a pedagogia das perguntas; o que gerou nos sujeitos a reflexividade e autorreflexividade de uma mudança de práxis educativa.

Ao falar do Círculo de Cultura no CIRCEA, o gestor Márcio Antônio Dantas Ramos (2022) descreveu *Um menino de 100 anos* numa roda de conversa, e fez-nos refletir sobre a raiz, a essência verdadeira da educação que nossos/as alunos/as merecem: a educação da pergunta, do ser livre, espontâneo, e, acima de tudo, fez-nos despertar para uma aprendizagem libertadora.

No Colégio Estadual Carlos Souto (CECS), como enfatizou a professora Patrícia Coelho, "fomos agraciados com a presença do professor doutor Walter Kohan, que em suas rodas de conversa com estudantes e professores/as nos levou a refletir, sob a perspectiva do mestre Paulo Freire, em uma educação libertadora, baseada no diálogo e na autonomia para o despertar do conhecimento". A professora concluiu afirmando: "Muito obrigada, professor doutor Walter Kohan, que, pelo seu ato de AMOR pela educação, nos emocionou e inspirou a 'esperançar', nos motivando a não desistir dos nossos sonhos".

Nas palavras da diretora Luciana, a passagem do professor Walter Kohan pelo colégio foi magnífica. Várias rodas de conversas com alunos/as e professores/as foram realizadas, e ele conseguiu, com uma linguagem simples, despertar a atenção e o interesse de todos pelos temas tratados.

Na memória social da professora e diretora da escola, todos os momentos experienciados foram gratificantes e cheios de entusiasmo, ao relatar:

> Recebemos com grande alegria e expectativas, por se tratar de um seguidor e disseminador das ideias do nosso grande Paulo Freire. Nossas expectativas foram superadas, e muito. Apesar de ter sido breve a sua passagem pelo CECS, o professor Walter conseguiu um grande feito devido a sua genialidade e capacidade de tratar de diversos tipos de assuntos, dos mais simples aos mais relevantes (Professora Luciana – Rio de Contas, BA).

Foram organizados os cafés filosóficos, encontros com todos os segmentos do CECS, e laços identitários foram construídos no exercício do filosofar na cidade de Rio de Contas.

Círculo de Cultura no NUAMSEE/UESB, em Vitória da Conquista

O encontro na UESB, do grupo de pesquisa do NUAMSEE, do Mestrado em Educação, aconteceu no dia 6 de dezembro no Auditório do Colégio Modelo Luiz Eduardo Magalhães, na cidade de Vitória da Conquista, BA. Transcorreu de forma dialógica; inicialmente, houve a apresentação dos participantes, em torno de 25 pessoas, membros dos grupos de pesquisas do NUAMSEE.

Entre os/as participantes do grupo de pesquisa, havia professores/as da educação básica e professores/as da UESB. O interessante no processo dialógico foi que cada participante deveria fazer a sua apresentação com uma pergunta. Essas perguntas proporcionaram um diálogo aberto sobre diversos temas e problemas; o que levou o grupo a pensar filosoficamente, em um verdadeiro exercício do filosofar com questões da prática educativa e acerca de experiências vividas e de inquietações dos/as participantes.

Círculo de Cultura em Guajeru

Um fazer filosófico traduzido no mais puro pragmatismo deste dito popular nordestino: "É preciso botar a mão na massa" descreve a passagem do professor Kohan por nossa cidade, Guajeru, BA, pois um presente nos foi dado quando este celebrava em suas andanças de 100 dias por terras nordestinas os 100 anos de Freire.

> Aqui o encontro se deu entre professores e estudantes guajeruenses. Fomos tocados com e por aquilo que se passara na roda de conversa, cujo foco fora o direito de "curiar" (indagar a vida) com a liberdade de quem se vê igual aos seus pares, experimentando a errância, mantendo viva a ânsia/infância de quem ainda tem muito a aprender. Uma vez tocadas por essa experiência, fomos, portanto, marcadas e impulsionadas a – mais do que conhecer Paulo Freire para celebrá-lo e/ou citá-lo – praticá-lo no chão das escolas nas quais educamos (Professora Irene Nunes – NUAMSEE/UESB).

Na avaliação dos Círculos de Cultura, a professora Irene relata que:

> A nós, do grupo de pesquisa NUAMSEE/UESB, não bastava ouvir a sensibilidade da professora Shirlene Mafra ao falar do Círculo Cultural, dos estudos assentados na pedagogia de Paulo Freire, das vivências suas e de seus orientandos em terras do Patrono da Educação Brasileira... Experimentávamos já ali a grandiosidade de uma proposta que versa

sobre interacionismo simbólico em que as coisas se dão por meio das relações. Éramos de fato tocadas, ainda que virtualmente (Google Meet), pela pedagogia libertária de Freire que nos passa. E por essa oportunidade, professora Shirlene, somos profundamente gratas.

Foi uma oportunidade marcada pela vivência e percepção da importância das perguntas na experiência da proposta freiriana, dando lugar ao devir inquietante das perguntas dos/as presentes, despertando para a reflexão que conduz à ação, uma vez que o conhecimento deve promover transformação significativa. Perguntar exige, portanto, "olhar" para si mesmo, contudo é impossível não enfrentar a realidade na qual se encontra inserido/a, guiado pelo ato de indagar na perspectiva de buscar relações sociais mais humanas.

O professor Walter Kohan proporcionou-nos "olhar" para nós e para o "outro" como possibilidades de anúncio e denúncia de uma realidade que pode ser modificada, a partir das relações de igualdade.

Considerações gerais

Os Círculos de Cultura de Caicó, Cruzeta e Carnaúba dos Dantas, no estado do Rio Grande do Norte, e das cidades de Rio de Contas, Vitória da Conquista e Guajeru, na Bahia, foram organizados com as comunidades educativas dos referidos municípios, dos programas de pesquisa e pós-graduação em Educação (UESB) e do PROF-FILO/UERN. Todos/as os/as educadores/as se alegraram com a visita do filósofo professor Walter Omar Kohan, e, no exercício do filosofar, da pedagogia das perguntas, muitos saberes foram construídos e desconstruídos nos Círculos de Cultura.

Os saberes experienciais despertaram nos/as participantes dos Círculos de Cultura a importância das andanças do professor Walter Omar Kohan nos caminhos freirianos pela região Nordeste e pelos laços identitários construídos nos percursos epistemológicos, das novas descobertas e possibilidades filosóficas na/pela singularidade de cada lugar. Na nossa memória pessoal e social, ficarão registradas sua simplicidade, o carinho e o grande compromisso do professor Kohan com a educação e com a filosofia.

Para concluir as memórias experienciais, utilizamos um testemunho de uma professora da Bahia:

Nós, integrantes do Colégio Estadual Carlos Soutos, localizado em Rio de Contas, na Bahia, fomos agraciados com a presença do professor doutor Walter Kohan, que, em suas rodas de conversa com estudantes e professores, nos levou a refletir, sob a perspectiva do mestre Paulo Freire, em promover uma educação libertadora baseada no diálogo e na autonomia para o despertar do conhecimento.

Muito obrigada, professor doutor Walter Kohan, que, pelo seu ato de AMOR pela educação, nos emocionou e inspirou a "esperançar", nos motivando a não desistir dos nossos sonhos e de uma forma infantil, no sentido da infância, como tempo aiônico da intensidade, das perguntas, daquele/a que busca ocupar o lugar do "não saber" como potência para novos saberes, nos fez renascer na luta pela educação. ∎

📍 Para Walter Kohan

Mari Cecília Silvestre da Silva, Claudia Robéria da Silva[54]
ICAPUÍ, CE

Quem somos, ou queremos ser...

A temporada de pescarias está cada vez mais ativa e intensa, nestes tempos de incertezas e desafios, em Icapuí! Vimos numa caminhada, que pode muito bem ser confundida com ativismo, mas cujo sentido se acha entranhado nas nossas mais profundas convicções. A pedagogia do diálogo, a arte-educação e a emancipação humana são nossas possibilidades de expressão criativa e premissas do nosso caminhar.

Olhando em retrospectiva, com o olhar que, no ativismo diário e nas respostas aos desafios do fazer no tempo presente, cuja amplitude muitas vezes nos escapa à consciência, distanciamo-nos da base que nos impele, aquilo que pode ser chamado de superestrutura da consciência.

---

[54] Secretaria da Educação do Município de Icapuí, CE.

Uma avalanche de demandas estava nos esperando no segundo semestre de 2021. Começamos com a Formação Docente Colaborativa: Territorialidades e Práticas Educativas, que mobilizou uma equipe da Faculdade de Educação da Universidade Federal do Ceará (FACED-UFC), uma equipe de formadoras da Secretaria Municipal de Educação de Icapuí e 95 professores das redes municipal e estadual de ensino. O foco era uma educação contextualizada e a melhoria da qualidade da educação no município.

Caminhando junto seguia a busca ativa de alunos com dificuldades de acesso ou afastados das aulas remotas, que ocupou toda uma equipe intersetorial nas suas ações; o movimento de reorganização dos grêmios estudantis foi uma boa sacudidela nas rotinas de aulas remotas, cada um em sua casa; a intensa mobilização para a realização da Semana do Estudante. O trabalho intersetorial fortaleceu a dimensão pedagógica dos processos que estavam em construção. Saber-refletir-fazer-saber-refletir-fazer..., próprio do dialogismo que temos aprendido com Paulo Freire, lembra-nos de que não existe caminho pronto, o caminho se faz ao caminhar. Foi criada a possibilidade de um espaço de reflexão, conjugando olhares das artes, dos esportes, da saúde, do desenvolvimento humano, da criatividade, de questões-problema vivenciadas pelos estudantes e por cada um de nós. Aprendemos a trabalhar juntos e entendemos que devemos avançar nessa proposição, construindo novas e sólidas pontes.

A IV Mostra do Peixe-Boi de Icapuí acontece anualmente, de 4 a 8 de outubro, com base em atividades realizadas pela ONG Aquasis junto às escolas, sendo assumida pela Secretaria de Desenvolvimento e Meio Ambiente (SEDEMA), a partir de uma lei municipal que criou o Dia do Peixe-Boi Marinho, em Icapuí. Especialmente, em 2021, dada a condição das escolas, preparando-se para o retorno às aulas presenciais, optou-se pelo trabalho com grupos que estão engajados institucionalmente na educação ambiental. Os temas geradores que palpitavam no momento foram o meio ambiente, a arte e a mudança de atitude em relação à nossa casa comum. E o *slogan* foi: "Entre a terra e o mar: vidas a preservar!".

E, em outubro, a aventura nos surpreendeu, propondo uma viagem pedagógica à filosofia "menina da pergunta", trazida pelo professor Walter Kohan, da Universidade do Estado do Rio de Janeiro (UERJ), em viagem de pesquisa durante a pandemia, comemorando os 100 anos de vida de Paulo Freire. Saindo do estado do Rio de Janeiro, chega ao Ceará, neste momento tão esperado e cheio de expectativas, exigências e desafios que é o retorno às aulas presenciais, nos Centros de Educação Infantil e nas Escolas de Ensino Fundamental. Depois de visitar alguns estados do Nordeste do Brasil, chega a Icapuí propondo conversas com diferentes segmentos da comunidade local, desde escolas até assentamentos rurais. A possibilidade de sua visita nos encantou, desafiando-nos a pensar na abordagem pedagógico-filosófica da infância como um estado atemporal do sujeito que mantém viva a criança dentro de si.

A proposta conectou-se, de imediato, com a possibilidade de, nas trocas, construirmos um entendimento melhor, mais aprofundado, de algo que nos move no ativismo diário na Secretaria da Educação de Icapuí. O ativismo, por si só, não faz sentido para nós, e, se esse sentimento muitas vezes atravessa a percepção do que estamos fazendo, podemos simplesmente negá-lo ou questioná-lo, buscar o sentido intrínseco existente nele. Isso é importante para nós. Temos os pressupostos freirianos, e eles podem ser uma boa base conceitual para nossa prática didática. No entanto, enquanto equipe, cremos ser um bom momento para tentarmos discutir, um pouco mais a fundo, o que nos move. O fazer docente, a prática e a gestão devem ter bem claros os pressupostos nos quais estamos imersos.

A chegada e a viagem...

Recebê-lo em Icapuí foi um presente cheio dessas expectativas já pensadas, além de outras a serem descobertas, e compromissos agendados com muitos parceiros e parceiras da educação. Se ele pretendia encontros, diálogos e ensinagens-aprendimentos, comemorando os 100 anos do nascimento do mestre Paulo Freire, a responsabilidade era muito grande! A educação em Icapuí, iniciada nos Círculos de Cultura freirianos, teria valiosos saberes para trocar com esse "educador errante" que trazia muitas perguntas e nenhuma resposta. Buscamos, então, envolver a educação formal e a não formal, a partir da Secretaria Municipal de Educação e as escolas, os Centros de Educação Infantil, os grupos de teatro, músicos, Jovens Cientistas e Projeto Manatí (Aquasis), Agentes Jovens Ambientais (SEMA-CE), Jovens de Olho no Futuro (FBC), artistas e educadores populares, como Augusto Jerônimo, Ray Lima, Mazé Costa, Madalena e padre Lopes, comunidade de assentados, buscando a pluralidade e as possibilidades das perguntas acontecerem.

Os encontros que tivemos foram pensados através de temáticas. Assim, no primeiro dia, tivemos o tema "Cultura popular e infâncias", na comunidade pesqueira de Redonda, com crianças e adolescentes dos grupos de teatro, professor@s, ONG Aquasis, convidados locais e até curiosos que passavam pela rua. No segundo dia, nós nos deslocamos à deslumbrante praia de Ponta Grossa, onde Pinzón atracou pela primeira vez no Brasil, antes de Cabral – diga-se de passagem, para conversar com moradores e, principalmente, com Josué, um pescador de memórias, pescador e arqueólogo amador, como ele próprio se chama.

No dia seguinte visitamos, na praia de Requenguela, Augusto Jerônimo, um gestor da educação (aposentado) de Icapuí e região, para conversar sobre educação emancipadora, e também nos reunimos com quatro jovens ambientalistas que participam da ONG Brasil Cidadão, com atividades importantes de educação ambiental em áreas de manguezal e na formação de crianças e jovens de Icapuí.

No quarto dia, reuniu-se a equipe pedagógica, da Secretaria Municipal de Educação, para uma roda de conversa. A metodologia da pergunta causou, a princípio, um forte estranhamento nesse grupo, que demorou para se abrir e se engajar nas perguntas. No período da tarde, fomos conhecer e conversar com funcionários de um Centro de Educação Infantil e, a seguir, com a Escola de Ensino Fundamental que fica no centro da cidade de Icapuí. À noite visitamos o "lendário" padre Lopes, com sua experiência de mais de 30 anos na paróquia de Icapuí. Em seguida, nós nos encontramos com o maestro Reudson Almeida, que está à frente da Banda de Música de Icapuí, uma iniciativa também com mais de 30 anos de formação musical da juventude icapuiense.

No último dia, nós nos deslocamos para a zona rural, no Centro de Educação Infantil que atende alunos de dois assentamentos. Em seguida, reunimo-nos com moradores do Assentamento São Francisco e a conversa foi rica em perguntas, a partir da experiência cotidiana, da precariedade do viver em um assentamento, sem as condições mínimas de água, acessos, escola para adultos. A despedida da viagem filosófica menina da pergunta e do já querido por tod@s professor Walter Kohan foi na casa do mestre da cultura popular Ray Lima, com muitas trocas, ensinagens-aprendimentos, colocando fim, infelizmente, nessa curta e intensa jornada em Icapuí, CE.

As ensinagens-aprendimentos...

E, nesta viagem inquiridora, da pedagogia filosófica menina da pergunta, cremos que ficaram no ar e na mente, de cada um de nós que viajamos juntos, boas perguntas sobre tudo o que vimos, sentimos e refletimos. E que a criança curiosa e "perguntadeira" que ainda existe em cada um de nós nunca perca sua curiosidade de perguntar… "mas, por quê?".

Algo que sentimos na viagem das perguntas é que ela nos oportunizou reencontros, possibilitou ter contato com narrativas de pessoas que fizeram e fazem histórias, com narrativas de quem pouco é escutado. Em contato com essas narrativas, sonhos foram se desenhando, vontades de um pertencimento, de vínculos foram se ampliando e se nutrindo a cada pergunta lançada na roda. Assim se expressa Lucas, um jovem estudante do ensino médio: "Uma tarde que guardarei nas minhas lembranças enquanto eu estiver nessa vida e tentarei guardar nas minhas próximas…". Um tempo infinito que ele reservou para as memórias vividas no encontro filosófico à beira-mar com outros jovens e adultos. E que afetou Mazé Costa, quando manifestou: "Bem profundo, Lucas, grandiosa visão de futuro você tem, valendo para além dessa existência! Parabéns! Amei essa tarde com todos vocês, aprendi muito sobre o amor à natureza, ao peixe-boi, as perguntas escutadas me remeteram a esse aprendizado! Gratidão! 🙏 Mas por que será que amamos a natureza?".

Assim percebemos que, a cada roda que fazíamos, outras rodas eram geradas, suscitadas pela vontade de aprender a perguntar, como um espaço/tempo que instiga os viajantes das perguntas. Como bem disse Madalena: "mais uma manhã de perguntas?? Quantas perguntas??? Isso nos faz pensar!!!".

Pensar e sentir foram a expressão máxima dos encontros, pois, ao recontarem e serem indagados, muitos se emocionaram em reviver e ter a escuta atenta e sensível. Foi assim com Augusto Jerônimo, um dos arautos da cidade educadora, emocionado por revelar mais de uma centena de vezes os princípios basilares para a gestão democrática, para a educação emancipadora. Também teve um tom parecido na conversa com o padre Lopes, pela experiência estética que tivemos no salão paroquial, que dizia do seu engajamento com as lutas populares.

Sentir-se à vontade com as perguntas da roda da educação foi um dos maiores desafios, porque foi institucionalizada a não pergunta. Daí decorreu um tempo maior de elaboração das perguntas e uma desconstrução contínua da necessidade de respondê-las. No entanto, algumas rodas foram instigantes, evidenciando perguntas que revelavam o cotidiano escolar, a ausência de participação democrática nas decisões, perguntas sobre o que é democracia na escola e se ela existe.

Temos referência dos trabalhos acadêmicos do professor Walter, suas pesquisas com filosofia das infâncias, e, quando foi oportunizada a conversa com as crianças, isso nos fez repensar a cultura da infância e a escola da infância que está sendo ofertada para as nossas crianças. As perguntas na roda da educação provocaram desequilíbrios epistemológicos, porque desconstruíram respostas prontas sobre fazer educação.

No encontro com os assentados, a fala foi unânime por uma educação mais justa e de qualidade, por programas que atendam às necessidades de crianças e jovens da comunidade. Ficou evidente que o exercício da conversa, da participação popular nas decisões por políticas públicas não estava ocorrendo a contento, e o espaço da viagem das perguntas foi expressivo para adultos e jovens, que inicialmente silenciaram, mas que, instigados, manifestaram seus sonhos com o Exame Nacional do Ensino Médio (Enem) e a escola de arte, entre outros.

No relato rítmico de Ray Lima sobre cenopoesia, a voz embalou sonhos e ativou memórias dessa dita "cenopoesia que se faz no encontro, quando são colocadas em diálogo várias expressões artísticas, com uma intencionalidade". Linguagens que se fundem, que se recriam para dar lugar a novos aprendizados. Ray Lima fala de uma experiência de que fomos sujeitos participantes, muitos de nós, uma experiência tecida no espaço escolar, que teve a escola como ponto de cultura, polo articulador das muitas culturas; cenopoéticas, teatrais, musicais e políticas.

A pedagogia menina da pergunta suscitou a busca de sentidos para o nosso fazer coletivo mediado pela indagação, e isso se deveu também à "experiência com Walter Kohan, que foi muito enriquecedora, por direcionar as perguntas que fazemos de volta para nós, para assim refletirmos mais profundamente", como afirma Liliza Guimarães. "Adorei filosofar à beira do mar sentindo a brisa agradável da Redonda Icapuí [...] Professor Walter vai ficar como Paulo Freire, um menino de 100 anos", conclui Liliza.

Sabemos que foi semeada a vontade do reencontro, da continuidade da pedagogia da pergunta como modo de ser, estar no mundo e intervir no mundo, mas, como disse Carla Paz: "Continuemos nossas viagens... Sempre respeitando nossas perguntas e atentos/as às perguntas do outro/a...". Porque aqui é lugar de um povo perguntador 😁. Então, cabe-nos sonhar e construir possibilidades de um *continuum* de perguntas. ∎

📍 Oportunidade ímpar

Meirilene, Ana Frota, Rebeka, Nice, Cristina, Bernadete, Luciane, Alexandre, Janice, Leandro, Carol, Janaína, Karen, Rosalina e "JOREEEEEL"[55]

FORTALEZA, CE

> *Um galo sozinho não tece uma manhã:*
> *ele precisará sempre de outros galos.*
> *De um que apanhe esse grito que ele*
> *e o lance a outro; de um outro galo*
> *que apanhe o grito de um galo antes*
> *e o lance a outro; e de outros galos*
> *que com muitos outros galos se cruzem*
> *os fios de sol de seus gritos de galo,*
> *para que a manhã, desde uma teia tênue,*
> *se vá tecendo, entre todos os galos.*
>
> João Cabral de Melo Neto, "Tecendo a manhã"

Querido professor Walter,

Queríamos poder com palavras traduzir toda intensidade, alegria e movimento que significou para nós a tua viagem ao Nordeste, especialmente ao Ceará. Desde que recebemos a carta que nos anunciava a excursão errante que tu farias em comemoração aos 100 anos de Paulo

---

[55] Professoras e estudantes da Universidade Federal do Ceará (UFC).

Freire, um misto de empolgação e curiosidade nos envolveu. Teríamos a oportunidade de ver de perto o trabalho sobre o qual já temos lido e que nos provoca esperança e desejo de mudança. Mal podíamos acreditar.

Movimentamo-nos para buscar contatos com associações, comunidades praianas, quilombolas, indígenas, assentadas. Buscamos acolhimento para tua proposta de "filosofia menina" em nossa capital, mas também no interior do estado. Organizamo-nos para estar contigo nos municípios que aqui visitastes: Icapuí, Aracati, Itaiçaba, Eusébio, Fortaleza.

Foi uma oportunidade ímpar. Queríamos tanto aproveitar cada momento, que por vezes talvez tenhamos exagerado nas programações. Mesmo assim, apresentastes vontade e ânimo em cada conversa, em cada encontro. Vimos contigo a força das perguntas, dos começos, de pensar com. E como foi difícil para muitos de nós conversarmos com perguntas sem respostas, sem receitas, sem verdades absolutas, mas com possibilidades. No entanto, como afirmastes, "perguntar é difícil, mas é possível".

Vivemos contigo cuidado e presença. De perto sentistes nossas dores, nossas belezas, nossas cores, nossos sabores, e conosco compartilhastes tua forma de se relacionar consigo, com outros, com a natureza. Nas rodas de conversa nos terreiros, galpões, associações, escolas, bibliotecas, parques, praças, centros de educação infantil, praias e sertões, provocaste-nos a pensar com nossos pares e gerastes a vontade de novos encontros. Ofereceste-nos muitas perguntas, levastes tantas outras, propiciando-nos perceber as curiosidades que movem e criam sentidos à vida de diferentes crianças, jovens e adultos. Percebemos a importância da disponibilidade para a escuta, e provavelmente o que mais escutastes foi: o que quer você, um ilustre professor de outro país, aqui, entre nós? Mas, como essa pergunta também não teria resposta, teu sorriso acolhedor permitia que cada um, se quisesse, descobrisse ou inventasse porquês à tua errância.

Propiciaste-nos a partilha de uma experiência. Permitimo-nos pelo teu convite uma caminhada, em boas companhias, por diversos lugares e realidades, com tempo para apreciar as pessoas, os caminhos, o mar, a lua, as plantas, o riso, a vida. Enfim, pensamos que poderias querer comemorar os 100 anos de Paulo Freire, assim como ele, lançando gritos de parceria, de possibilidades, de esperança, de resistência, e com isso nos mostrastes que podemos escolher novas formas de habitar o mundo e passar pelos momentos difíceis, tecendo juntos outras manhãs.

Abraços carinhosos,
Meirilene, Ana Frota, Rebeka, Nice, Cristina, Bernadete, Luciane, Alexandre, Janice, Leandro, Carol, Janaína, Karen, Rosalina e "JOREEEEEL". ∎

ꖘ (Im)provável: do que se fala?

Ana Maria Frota[56]
FORTALEZA, CE

Não sabendo que era impossível, foi lá e fez.
Jean Cocteau

Pensar que coisas improváveis não acontecem não se sustenta. Vou lhes contar uma história que me aconteceu: estava esperando minha hora para entrar no médico, quando recebi uma mensagem do Walter (sim, aquele mesmo, Walter Kohan, que nos inspira e alimenta com seus pensamentos férteis e (des)ajuizados), contando da sua viagem pelo Nordeste brasileiro, uma aventura que considero moleca, inventiva, assemelhada à que Che Guevara fez, para conhecer a América Latina. Pois bem, aquele homem-menino (tal qual o Gael), de sorriso aberto, olhos faiscantes e lenço na cabeça, convidava-nos a tomar parte dessa aventura!!! Convidou-nos a participar, com ele, de rodas de conversa, aos moldes das rodas de cultura freirianas. Poderíamos escolher os trabalhos, montar sua agenda enquanto estivesse conosco. Preferia ficar mais longe da cidade grande e mais perto do chão, da natureza. Escolhêssemos seu destino. Seus olhos brilhavam na calma de quem se deixa atravessar pela abertura e ausência de controle. E gosta disso, assim aparentam o olhar

---

[56] Professora da Universidade Federal do Ceará (UFC).

maroto e o comportamento moleque, cheios de brilho e vivacidade. A data da sua chegada ficava ao encargo do tempo kairótico, entremeado com o aiônico. A nós coube o Kronos!!! Belo treino para a lida com a ausência das seguranças, com a impermanência do ser!!! E ainda nos rendeu boas risadas. Então, com maestria, tal como o mestre ignorante, ativou em nós nossa potência, criatividade e abertura, para o que não pode/quer ser equacionado. Talvez por não desejar esquadrinhar nada, tampouco esperava algo assim. Você quem sabe, querida, como achar melhor!!!! Queria estar conosco, inteiro, fazendo o dia amanhecer quase antes do sol; e sonhar embalados por sambinhas, que davam vida aos lábios prontos para dormir. Duna, mar, conversas, perguntas. Carro lotado de plantas, presenteadas por seus companheiros de rodas de conversa, das poeiras de muitos quilômetros e dos afetos de muitos mais. Voltando ao começo… inicio a pensar: quando foi que começou? E será que já começou? A cabeça gira, o corpo dá sinais de vida, e a sensação de estar presente torna-se intensa e imensa. Pois é… Ficou claro como essa aventura proposta pelo Walter brincava com o tempo, com os costumes, com o *modus operandi* de um professor universitário. Não era no seu gabinete da universidade que ele iria estar. Estaria nas pequenas comunidades, em assentamentos do MST, em escolas de cidades de interior, em tribos indígenas, em comunidade quilombola. Nós que escolhêssemos: generosidade, abertura ao desconhecido, perguntas agudas, outras mais arredondadas: Por que perguntou isso? O que quer? Será que busca chegar a algum lugar? Talvez Walter estivesse parafraseando o poeta espanhol Antonio Machado: "caminhante, o caminho não há. O caminho se faz ao caminhar". Talvez fosse essa uma possibilidade de parar, de quebrar a dominância do Kronos e da lógica metafísica. Perguntas que se assemelhavam às vozes que emergiram das rodas: Qual seu objetivo? Para que serve isso? Para que perguntar tanto? O que você quer? Quer chegar aonde? Mar aberto, duna a ser escalada em busca de um sol que se derretia. Buscando a criança, à luz de Fernando Pessoa, interrogo: Como se sente com sua criança? Sou (quase) tal qual Pessoa, respondo: "'A criança que fui chora na estrada./Deixei-a ali quando vim ser quem sou;/Mas hoje, vendo que o que sou é nada,/Quero ir buscar quem fui onde ficou'. A busca pela criança que marca presença, que é". Uma onda foi furada, sob a guarda de Iemanjá. A areia áspera e algumas conversas fortuitas: experiência e acontecimento são a mesma coisa? Responde… vibrava internamente… Pensava na economia de leitura e estudos que a resposta me pouparia. (Descobri agora o empobrecimento causado pela resposta fácil, rápida e tentadora.) No entanto, a resposta se desmanchava nas contraperguntas, na belezura das ideias que se banhavam nas ondas do mar e se desmanchavam nas espumas brancas. E trouxeram novas quebras nos paradigmas. Intimidade e reflexão: O que é ser criança? O que é educar? O que é escola? Quantas gotas de própolis? Sopa de abóbora, salada e berinjela combinam? Uma roda de conversa na qual cabeça e alma se enlaçam se fez possível na sala de casa. O que é filosofar? Afetos que abrem o mundo de um modo que fazem sentido: ternura, alegria, gratidão, curiosidade, coragem. Muitas perguntas. Algumas se sobressaem: O que é a pedagogia menina que fez companhia ao Walter? Sei e não sei. As rodas de conversa têm um objetivo? Ou talvez um destino fenomenológico, daquele tipo que indica caminhos? Nenhuma resposta… e tantas perguntas brotando. Mudando a prosa: Vocês já fizeram uma caminhada filosófica? Não???!!! Sabe quando a gente se acompanha de si mesmo? E, quando a vê, habita e brinca com ela? Chamar-se, atender à convocação de se fazer presente, experienciar-se, e ao mundo, e as coisas. Se não 100, talvez 10 dias? Uma vida? Dias, nos quais a criança fale, e que seja escutada, vista e sustentada? Que seja resgatada na estrada distante. Aquela criança estrangeira, que, por não falar uma língua dominante, fala com 100 linguagens diferentes? Já sei: seria uma infância ampliada, que se atualizasse com os dias? Talvez um modo de ser e estar no mundo? Abertura, presença, alegria e cuidado? E aonde isso nos levaria? Pensando nisso, vejo o mundo de ponta-cabeça, porque, como está, muito nos avilta. E assim foi. Aliás, assim está sendo. As perguntas desalojam, abrem espaço para sermos outros, que não nós mesmos. E chegarmos a ser o que não somos? Pensar tudo isso, a que se destina? "Não olhe para o Céu", convite tão improvável de ser aceito como a possibilidade de não termos sido atravessados, no melhor dizer de Rancière, pelo convite de sermos partícipes desta viagem-aventura que Walter (des)organizou. Gratidão, desejos, abertura, bichinhos nas nuvens de Canoa.

Ana Frota e sua frota de anas. ∎

♀ Filosofia da memória das águas

Antônio Vladimir Félix-Silva[57]
PARNAÍBA, PI

Viajando com as perguntas das mulheres marisqueiras e pescadoras artesanais, na companhia de Walter Omar Kohan e Guilherme Augusto Souza Prado, pudemos experimentar dois bons encontros, desses que, ao longo de sete anos, temos experimentado com essas mulheres da Planície Litorânea do Piauí.

Nos dois encontros que agendamos e realizamos no Labino (Casa da Daina) e no Porto dos Tatus (Casa das Marisqueiras), em Ilha Grande, PI, à semelhança de outras cartografias que compomos, as mulheres, mais uma vez, mostraram que têm uma leitura do território das águas marcada pelas experiências dotadas de emoção. Esse modo de subjetivação tem a ver não só com representações sociais, mas também com modos de se relacionar com o território e com um saber milenar que é passado de geração em geração, saber de experiência feito, para usar uma linguagem freiriana.

À diferença daquelas pesquisas, nas quais, em geral, são os pesquisadores que fazem as perguntas e registram as respostas, ao iniciarmos a viagem, o pensamento das mulheres foi deslocado do trabalho da pesca artesanal para um trabalho dialético-dialógico de pensar os sentidos da viagem do filósofo.

À medida que as mulheres embarcavam na viagem, o filósofo adiava o sentido da viagem, e cada marisqueira e pescadora artesanal, ao devir criança, autorizava-se a pensar e a perguntar e a perguntar e a pensar, inventando outros sentidos para a viagem. Por meio da retórica e da restituição das perguntas, tal como fazia Paulo Freire nos Círculos de Cultura com jovens, adultas e adultos que aprendiam a ler e a escrever, nós e o filósofo fomos experimentando uma filosofia que brilhava como a menina dos olhos de mar das marisqueiras e pescadoras artesanais.

---

[57] Professor da Universidade Federal do Piauí (UFPI).

Ao participar da viagem que esses encontros provocaram, a filosofia da memória me fez recordar as vezes que adentramos as águas do Delta do Parnaíba e embarcamos com as marisqueiras e pescadoras, cartografando o processo de trabalho da pesca artesanal. Todas as vezes, somos acompanhados por elas e experimentamos a errância que as águas e os ventos do Delta nos evocam, de acordo com o ciclo lunar e o movimento da maré. ∎

♦ Walter Kohan no Delta

Guilherme Prado[58]
PARNAÍBA, PI

> *O pensamento é a liberdade com respeito àquilo que se faz, o movimento com que nos separamos daquilo que fazemos, com que o constituímos como objeto e o pensamos como problema.*
> FOUCAULT. *Polêmica, política e problematizações.*

Como começar um causo? Quando começamos? Seria quando as coisas acontecem? Mas e o que aconteceu antes, para que o acontecido do causo acontecesse? No caso de uma visita, até chegarmos ao destino e começarmos a interação, o que aconteceu antes de começar (porque, sem dúvidas, muita coisa aconteceu até chegarmos ali e para que o encontro fosse possível) não entra, deve estar de fora do começo?

Pois começa assim a visita do querido Walter Kohan no litoral do Piauí. Poderia chamá-lo de professor, pesquisador, mas o mais apropriado, nesse caso, seria provocador. Walter assume bem o lugar daquele que provoca a voz, que puxa a voz, que chama a voz do outro.

Antes mesmo de começar a viagem, ou de chegar mais perto geograficamente do Piauí, recebo uma imagem, que circulou por grupos de conhecidos e amigos no WhatsApp, da "Viagem das perguntas" daquele professor que tinha lido e visto um par de vezes nos colóquios da UERJ.

---

[58] Professor da Universidade Federal do Piauí (UFPI).

Como andarilho de outras searas, achei bem legal a ideia, e, como costumo receber gente de todo jeito, de viajantes desconhecidos a amigos de outros tempos, quase escrevi para o número divulgado. Mas, como me pareceu algo como uma viagem de pesquisa, mais voltada para o campo da educação, e não conhecia pessoalmente o professor, achei que ele teria coisa melhor, mais conveniente e mais interessante para fazer e tocar o seu projeto.

Mas se "a rede não é maior do que o mar, nem quando ultrapassa o tamanho da Terra", ela tem seus emaranhados, e uma tarde de outubro recebo um pedido de um amigo da educação de Fortaleza, provocando para receber e ajeitar uma atividade com o tal Walter. Um amigo costuma ser um bom intercessor, que desorganiza e sacode a poeira do fundo do copo turvo do cotidiano.

Umas quatro trocas de mensagem depois, entendi melhor a proposta do provocador Walter e acertamos duas atividades com os coletivos de pesca artesanal do litoral do Piauí. Rodas de conversa? Ou de perguntas? Entre outros compromissos, acadêmicos, de trabalho e de visitas, Walter chega a minha casa, e em menos de duas horas estamos do outro lado do curto litoral piauiense, na casa de Daina, para uma roda de conversa com mulheres de 15 a 60 anos de idade que vivem de atividades artesanais na região, em forte ligação com o território que habitam.

Chegamos com as participantes já reunidas e em roda, e a apreensão do começo logo se transformou em matéria da própria atividade. Podemos começar? Quando começamos? Como começamos? O que viemos fazer ou o que estamos fazendo? Começamos com uma espécie de maiêutica performativa, não exatamente sobre o começo, mas sobre o começar.

Começamos performando os contornos do que tomamos como o começo de uma atividade, e com isso alguns elementos da organização popular puderam vir à tona, como o combinado, a recepção da proposta, a mobilização, as expectativas e encomendas do coletivo, os laços entre as pessoas, assim como as singularidades emergentes na frustração, na espera e na expectativa do que seria o encontro e aquela atividade que, sem dúvidas, já acontecia e avançava ao debater sobre como seria começar.

Podemos pensar que tocar na dimensão infinitiva do começar, logo de início, teve como efeito uma dessubstancialização do começo e de algum modo tirou o peso não só do começo, mas também da própria atividade, da ideia de que estamos ali para que aconteça algo de marcante, de importante, de imprescindível. Em realidade, o que parece interessar mesmo são os laços que são capazes de tornar aquele tipo de encontro, de grupo, de ligação, de encontro, enfim, possível. Em suma, a pergunta-provocação sobre o começar faz da própria atividade em grupo uma atividade com valor em si. Com isso, o encontro e o que o condiciona e o torna possível, como os laços, as pelejas lado a lado, a capacidade de articulação, organização e mobilização, podem ser vistos de um outro modo, mais íntimo, mais "de dentro", por assim dizer.

Com isso, os professores presentes podem confortavelmente se abdicar do lugar de provedores em que não raro se cai ao se trabalhar com coletivos populares e periféricos, numa lógica automatizada (e irrefletida) de suprimento-carência. Com isso, a exortação "Viemos aprender com vocês" se faz de fato, não sem alguns irreverentes ou desconfortáveis *insights* dos participantes, para além da demagogia e da falsa humildade em que por vezes pode cair esse tipo de interação.

Aos poucos, na transição do lugar de receptáculo passivo e coadjuvante para o de intercessoras e protagonistas do encontro, as participantes já se colocavam mais à vontade e descontraídas. Disso emergiram interações mais afetivas, como a provocação de uma participante a outra, as brincadeiras, nas quais às vezes são ditas coisas importantes que são constrangedoras de se dizer de outro modo, mais assertivo, e também questões mais candentes, como a moralidade religiosa como estratégia de (não) negociação e debate em aspectos polêmicos, difíceis de tratar ou mesmo com recurso corriqueiro ao "porque Deus", "Deus quis assim", "Deus fez".

Para uma atividade que trazia de início a problematização do começo, até que demorou para aparecer o tema da religião, especificamente com o Deus onipresente e provedor de tudo. Em regiões periféricas, as políticas públicas têm dificuldades de chegar e de se efetivar, e, mesmo quando o fazem, fazem por meios altamente clientelistas e personalistas, seja na figura do político, do gestor ou mesmo do profissional público que ocupa função técnica. É inevitável termos de lidar com a penetração das igrejas, sobretudo as neopentecostais, nos vácuos e lacunas do Estado nos interiores do Brasil. Pois já não há projeto popular de país que não passe pelas relações entre o povo periférico e pobre e a ética da religião da salvação.

Curioso que, para chegarmos à casa de Dania, em nossa deriva buscante, erramos a referência da igreja que era onde deveríamos fazer a curva para encontrar a rua sem saída que estávamos procurando, mas, como se não quiséssemos ver a igreja, ou como se não quiséssemos tomá-la como a referência, passamos direto e tivemos de dar a meia volta e corrigir nosso caminho para encontrar as pescadoras.

Ao final, entre cuscuzes e outras guloseimas, nós nos abraçamos todos como velhos conhecidos ou pelo menos como bons amigos e a despeito da covid-19, cujo espectro ainda pairava sobre nós. ∎

⚲ Encontro com mulheres da Associação de Catadores de Marisco de Ilha Grande, PI (ACMIG)

Maria Verônica Almeida Caetano[59]
PARNAÍBA, PI

O encontro presencial com as mulheres da Associação de Catadores de Marisco de Ilha Grande, PI (ACMIG) em sua associação foi a primeira parte da experiência. Elas nos receberam, nos acomodaram e pareciam já curiosas para saber o que aconteceria ou o que trouxemos para elas ao propor o encontro. Houve muitos atrasos, apenas umas quatro mulheres estavam já presentes, as outras foram chegando mais tarde. O professor propôs que fizéssemos algo enquanto não "começávamos" o encontro, como contar alguma história. Breves histórias foram contadas por elas, mas havia um pedido constante para que disséssemos o que afinal viemos fazer lá. Foi, então, feita a pergunta para todos da roda sobre esta questão: o que trouxe o professor e os estudantes até lá? Até agora não disseram ou explicaram nada, não perguntaram sobre sua atividade laboral, não trouxeram uma informação ou palestra sobre determinado assunto, que nós, supostos "detentores do saber", poderíamos proporcionar. Houve inquietação e até mesmo certa irritabilidade com a dinâmica que estava se sucedendo.

---

[59] Estudante da Universidade Federal do Piauí (UFPI).

Depois do encontro nos reunimos no ônibus e pensamos sobre o ocorrido. A partir da experiência com esse grupo, percebemos a construção de um funcionamento de certa forma passivo e hierarquizado diante do processo de aprendizagem presente no grupo, no entanto, esse tipo de lógica é comumente estimulado na maioria dos grupos, por exemplo, no ambiente escolar. Por isso, as perguntas são tão inquietantes, elas não trazem respostas, mas sim mobilização para reflexões. Acredito que tenha sido algo inovador, causou estranheza para as mulheres perceber que não dariam respostas sobre suas vidas e experiências nem seriam bombardeadas com as nossas respostas sobre suas vidas. Por isso, levanta-se uma questão necessária ao trabalhar com grupos: ao buscarmos por finalidade somente as respostas já consolidadas, pré-formuladas, muitas vezes, carregadas de certezas, nossa prática estimula a autonomia ou a dependência?

Outro ponto para os psicólogos em formação que estavam presentes foi o alerta sobre a importância das perguntas na nossa profissão, pois não trabalhamos com respostas prontas, mas com as reflexões que advêm das perguntas. Dependendo da qualidade na formulação destas e da intencionalidade, elas sim podem ser cruciais no processo terapêutico. Nesse sentido, chegamos ao entendimento de que estimular as pessoas a fazerem perguntas para questionar a si, aos outros e a sua realidade pode repercutir em processos de autonomia e transformação social, papel crucial do fazer da psicologia. ∎

♀ Entender na prática...

Rosilda Diniz Sousa[60]
BARREIRINHAS, MA

A 2 de novembro de 2021, recebemos em nossa cidade, Barreirinhas, MA, a visita do professor e pesquisador Walter Kohan. Ele me foi indicado

---

[60] Professora da rede municipal de Barreirinhas, MA.

por um amigo com a proposta de apresentar a um grupo de professores a pedagogia da pergunta de Paulo Freire.

Reuni alguns amigos professores e nos preparamos para esse encontro.

O início foi de anseio e curiosidade para saber o que aquele homem que veio de tão longe (Rio de Janeiro) queria conosco, simples professores de uma cidade do interior, e ficamos meio inquietos quando ele começou a nos questionar com tantas perguntas que geravam outras perguntas, mas não se chegava à resposta de nenhuma.

E em meio àquela grande expectativa que tínhamos para ouvir o que o professor da UERJ e pesquisador tinha para nos trazer em prol de nossa prática docente, ficamos meio confusos com tantas perguntas sem respostas. Mas ele com seu dinamismo foi nos instigando com suas perguntas, e aí pudemos perceber que seus ensinamentos já haviam começado e que em meio a tantas perguntas sem respostas veio nos fazer refletir e entender na prática como funciona a ideia de uma educação problematizadora defendida por Paulo Freire, e que o processo de ensino e aprendizagem não pode ser apenas de dar a resposta pronta para o aluno, mas deve instigá-lo com indagações que o façam refletir, despertando em si a curiosidade e o desejo de buscar as respostas através de seu próprio raciocínio. ∎

📍 Depoimentos de membros do Conselho Popular de Integração Comunitária - Fé em Deus

(recolhidos por Joberval Carvalho Bertoldo)
SÃO LUÍS, MA

A palestra do professor Walter Kohan me deu a entender que as respostas às nossas indagações não devem ser respondidas pelos outros, mas devem ser respondidas por nós mesmos. Precisamos compreender o que está à nossa volta e encontrar essas respostas para as questões que nos inquietam. Devemos deixar de ser sujeitos passivos para sermos sujeitos ativos, protagonistas da nossa própria história.

Rosângela Bertoldo

A palestra do professor Walter foi muito impactante para minha formação, visto que, depois de alguns anos sem ir para a universidade, a nossa formação enquanto docente, por vezes, deixa a desejar, mas esse dia foi uma experiência incrível, instigante e desafiadora, fez-me pensar e refletir sobre o exercício de filosofar, o exercício da dúvida, de questionar, simplesmente sai da caverna. Gratidão por essa dinâmica na nossa comunidade!

Maria Cristina

Quero iniciar falando do meu lugar. Sou professor por formação, mas acima de tudo me coloco na condição de educador. Sobre a palestra gostaria de colocar algumas impressões: a) como educador aquela palestra me marcou profundamente; considero aquele momento como se eu estivesse num quarto, uma sala escura... e ao ser provocado com a dinamização da palestra do professor Walter... é como se abrisse uma janela e eu fosse tomado por uma intensa luz (foi impactante). De repente a "vista clareou" mais, possibilitou-me enxergar mais. Foi uma experiência que levo comigo para toda a caminhada como educador.

Falei demais dessa experiência para as pessoas mais próximas... e como elas ficaram instigadas a fazer parte daquele momento.

Tentei usar a linha de raciocínio dias depois daquela palestra num encontro com uma comunidade quilombola (comunidade: Amapá dos Catarinos; município: Nina Rodrigues, MA)... o resultado foi positivamente impactante, rendeu muita repercussão boa. Todas as lideranças comunitárias ficaram muito balançadas... Foi um sucesso grandioso, fazer as pessoas raciocinarem em cima da dúvida ou das dúvidas lançadas por todos. Acredito que até encontrar um outro modo melhor de provocar as pessoas, vou utilizar esse método por muito tempo.

Nesse momento meu sentimento é de profunda gratidão por todo o aprendizado. Muito obrigado!

Professor Fadaká

Boa tarde. A impressão e a certeza que guardei dessa palestra é que apesar de estarmos já no ano de 2022 e termos vivido muitas coisas, ainda somos um Ser em construção.

Rita Fontinele

♀ Uma vinda muito importante

Alexsandro de Jesus Ferreira Pereira[61]
SÃO LUÍS, MA

A vinda do professor Walter foi de grande importância para a família do Instituto Dica Ferreira. Na oportunidade fez processo de envolvimento de todos os presentes, criando uma atmosfera de aprendizagem comum e mútua. Os estudantes, professores e voluntários do Instituto Dica, presentes na roda de conversa, tiveram oportunidade de fazer vários questionamentos, inclusive sobre si e as relações humanas. Momento muito fortalecedor das práticas educacionais da educação popular. Tempo passou que nem observamos, pela atmosfera de autoaprendizagem construída por todos. ■

♀ Encontrar um presente

Cátia de Oliveira do Carmo Moraes[62]
SÃO LUÍS, MA

Encontrar Walter pelo caminho foi um presente. Foi uma experiência breve, mas enriquecedora. Posso dizer que foi um bom encontro! Daqueles que mexem com a gente, aqui dentro, sabe! Que inspiram, que vibram, que encantam, que questionam e nos movem a questionar, nos fazem não apenas parar para pensar, mas, principalmente, sentir, observar, escutar. E tudo isso de maneira simples, leve, alegre, curiosa, descontraída, mas nem por isso distraída. A gentileza, o cuidado, a atenção, a presença sempre presentes. Um ser sensível que de alguma forma reverberou em todos e todas nós. Obrigada pelo encontro. ☺ ■

---

[61] Diretor do Instituto Dica Ferreira, MA.
[62] Movimento de Educação João de Barro, Rio São João, MA.

📍 Foi lúdico...

Monica Rodrigues[63]
SÃO LUÍS, MA

Na manhã do dia 4 de novembro de 2021, a Escola de Cinema do Maranhão, localizada na Rua Portugal, coração do Centro Histórico de São Luís, recebeu o professor Walter Kohan para uma roda de conversa "Viajando nas perguntas".

A Associação Maranhense de Arte/Educadores (AMAE) foi a organizadora desse encontro, e, apesar de as chamadas nas redes sociais serem abertas a todos os interessados, compareceram somente arte-educadores para participar do encontro com o professor Walter.

Com máscara e distanciamento protocolar entre as cadeiras, por conta do momento pandêmico ainda, na sala de aula da escola, o professor Walter iniciou com uma fala sobre seu projeto de viajante/professor/pesquisador paulo-freiriano, e, em seguida, de maneira muito tranquila foi nos envolvendo numa rede de perguntas que, apesar de simples, reviravam-nos do avesso na ânsia de acertar. Foi lúdico, até nós – professores arte-educadores presentes, todos declaradamente leitores e admiradores do mestre Paulo Freire – erámos crianças ali, querendo vencer o jogo – mas que jogo era aquele?

Não encerramos o diálogo, apenas concluímos a roda de conversa por conta do tempo previsto, pois já passava do meio-dia. Talvez no diário de viagem do professor Walter Kohan organizado em livro encontremos algumas respostas para as questões levantadas naquele dia... ou não. Mas foi muito bom brincar com nossas "certezas" naquela manhã de novembro.

---

[63] Arte-educadora e gestora geral da Escola de Cinema. Doutoranda do Programa de Pós-Graduação em Artes Visuais da Universidade Estadual de Santa Catarina (PP-GAV/UDESC).

◉ Passagem de Walter pelo Maranhão

Paloma Sá[64]
SÃO LUÍS, MA

Estava eu, sentada em uma sala fria, defronte ao turbo de um ar-condicionado congelante, enquanto o calor toma conta da Rua Portugal, em pleno Centro Histórico de São Luís, quando ouço minha companheira de trabalho anunciar: "Está para chegar à cidade um professor para lançar seu livro sobre os 100 anos de Paulo Freire. Vem dirigindo desde o Rio de Janeiro, já se encontra em Fortaleza. Procura abrigo e grupos para trocas de experiências sobre educação popular". Opa. Pode ficar lá em casa, ofereci. Pronto. Encontro confirmado.

O Movimento de Educação João de Barro, formado por crianças, jovens e adultos da Comunidade do Rio São João e adjacências da Estrada de São José de Ribamar, Ilha de Upaon-Açu, que desenvolve ações de autoeducação e livre brincar na natureza, estava prestes a conhecer o autor e professor Walter Kohan. A casa redonda feita de barro é humilde, apenas um colchão e rede, com mosquiteiro, para se deitar. A área ao redor é vasta, com jaqueiras e mangueiras para se deliciar. De tantos caminhos percorridos, muitas narrativas para contar. Como se daria a permanência desse grande mestre viajante entre nós?

Com travessias tão distantes, receber esse senhor de tantos passos, por si só, já é uma oportunidade de ampliar nossos olhares. Não imaginávamos que seu próprio olhar seria capaz de revelar tanta imensidão e simplicidade no brilhar. A forma única de estar em presença, com as crianças, sendo ele mesmo eterna criança sonhadora, já nos remete ao andarilho mestre a quem veio celebrar o centenário. No seu caminhar pelo sítio, ao colher frutas no pé, jogar bola e se encantar com as perguntas e perguntar com as respostas, vivendo um dia a dia de interação, sendo infância, sendo ser.

---

[64] Movimento de Educação João de Barro, Rio São João, MA.

Pela entrega sincera e atenciosa em se relacionar, já é a ação transformadora da educação. A singeleza de estar é o ensinamento mais rico que deixou em nosso lar. Não há teorias nem notas que possam avaliar o poder de se permitir, sem pressa, seguir a direção que a própria vida vivida nos dá. Observar, entre folhas e tamarindos, os reflexos de pequenas e grandes mãos e pés e corpos escorregando entre galhos, em uma tarde em que os raios de sol iluminam e aquecem essa aula de crescer em união, deixa marcas de posicionamentos intensos no acreditar e esperançar na saúde e na harmonia, refúgio de tanta agonia que a falta de educação insiste em acelerar em práticas de encarceramento de sonhos, afetos e paixões.

Quando um pós-doutor se coloca em estado de meninice permanente, há uma grande revolução. Um palhaço entre os olhares e risos, aplausos e xingamentos, trabalhando sem preconceitos, em prol da liberdade de questionamentos, utilizando privilégios para construir pontes. Aprendendo com quem faz, ensinando a desaprender, sem se render ao que não pode ser; acompanhado por plantas de poder, para se proteger e espalhar bem-viver.

Buscando o específico em cada lugar, da jussara ao peixe com cuxá, banho de mar para descarregar, chuva boa para a alma lavar e se refrescar, filhas sempre a se lembrar, bons frutos sempre a semear. Fincando raízes onde deve ser, voando faceiro, porque assim é, nossas memórias se entrelaçam toda vez que o destino quiser, pois fazemos parte de uma gente que gosta de receber e dar. Cerimônia para agradecer o despertar guiado por você. Bom poder escrever esse simples retorno sem contorno, com intenção de retribuir, com carinho por ti, pelas alegrias que vivi. Como uma aranha, completamente inofensiva, vamos tecendo nossas histórias. Que se entrelacem, quando for a hora. ■

◉ "Como tudo começou?": indagação que nos aproxima da dimensão filosófica da infância

Shara Jane Holanda Costa Adad[65]
TERESINA, PI

Para *Walter Kohan*, o menino *sem* anos!

"Como tudo começou?" Com essa pergunta, fomos instigadas por toda a tarde do dia 8 de novembro de 2021 – tempo dos cajus no Piauí!

Para minha surpresa, meses depois, recebi o convite do professor Walter Kohan para escrever um pequeno texto sobre aquele encontro. Pensei: "O olho vê, a lembrança revê e a imaginação transvê o mundo!". Em comunhão com o delírio do poeta Manoel de Barros, que lambe as palavras e depois se alucina, passei a transver o que se passou, os motivos que me levaram a sair de casa naquele dia, apesar dos riscos da covid-19 – pandemia que se arrastava entre nós há quase dois anos.

Passei a lembrar e a transcriar!

Acompanho Walter há bastante tempo. Pelas redes sociais, percebi outros movimentos – havia incursões pelo mundo de *Paulo Freire: um menino de 100 anos*, título de seu novo livro, ajuntado a outra produção, *Paulo Freire mais do que nunca: uma biografia filosófica*, sobre o patrono da educação no Brasil.

Uma memória inventada me invadiu, o olho via naquelas matérias virtuais que o professor-pensador-andarilho modificava o mundo em diferentes lugares e tempos do Nordeste, num festejo ao centenário de Paulo Freire!

A *poíesis* da memória permitiu-me vibrar ao tocar os rastros do professor: um convite a territórios abertos, às contaminações revigorantes. *Pelo Instagram*, soube que ele chegara a Parnaíba, no Delta. Perguntava-me: "quando chegaria a Teresina?".

---

[65] Professora da Universidade Federal do Piauí (UFPI).

Desejos movem as linhas que nos constituem: embaraçados na trama, puxamos os fios e traçamos a renda de nós mesmos e do mundo, integrando o invisível do visível num ato poético. Assim, a alegria me tomou nos braços quando a professora Edna Magalhães comunicou que ele estaria aqui!

Cheguei antes de Walter Kohan ao auditório da Associação dos Docentes da UFPI. Muitos de nós, discentes, professoras e professores, estávamos lá. Esperávamos... Sob esse ângulo, esse foi um começo! Especulações: o que aconteceu com o professor da conversa?

Como um vento forte, ele chega. Sem solenidades, entra na sala. A lufada de ar pareceu-me firme, corajosa e, ao mesmo tempo, leve, cheia de alegria, como uma criança que corre numa ousadia própria dos começos da vida, sem longas apresentações.

Logo a pergunta: "Como tudo começou?".

"Começar" é um verbo infantil. Provocadora, a pergunta interpela, e muitas foram as iniciativas para respondê-la. A pergunta não nos deixa indiferentes, rompe com conformidades e chega como esperança, cheirando a imprevisível. Assim, entre as mãos levantadas, a minha se fez presente. Num fluxo, eu disse:

> Para mim, tirar caju ensina sobre começos... Ao tomar a posição nesse exercício, há iniciativas que reúnem um feixe de movimentos do corpo: 1º olhar para cima; 2º buscar o fruto; 3º ao encontrá-lo, posicionar a vara com a cesta. Dos começos, isso exige atenção e sensibilidade para desver, porque, entre as folhas, num esconde-esconde, há sempre que se começar. Começa-se sem sequer perceber que se está começando. Instalamo-nos no movimento próprio de (a)colher as fugas e os retiros das frutas do alto da árvore, num tempo com outras medidas, ensinando que o apressado não come caju tirado por ele mesmo. Inspirar, perguntar, pensar e sonhar com cajus requer parcimônia para entender que eles nos esperam para continuar pensando e perguntando à sua sombra.

Perguntei: "Você já viu ou subiu num cajueiro, Walter?". "Já chupei caju, mas não subi num cajueiro!", ele me respondeu.

Outros começos se fizeram presentes, inclusive os que têm a ver com o relógio: "Você chegou atrasado, Walter!".

De qualquer forma, pensar começos é presentificar nascimentos... Encontrar Walter Kohan foi um convite para viver diferentes entradas para inúmeros começos. Um criançar sedutor, um nascer – sempre e outra vez – aqui e acolá – prática educativa de liberdade!

Teresina, 22 de junho de 2022.
De *Shara Jane Holanda Costa Adad*, a menina
que cuida, pensa e pergunta com cajus. ∎

A pedagogia menina como um expressar filosófico

Pablo Andrey da Silva Santana,
Ana Celia Carvalho Ferreira[66]
TERESINA, PI

A filosofia em sua essência atua na busca por uma compreensão da realidade, reflete sobre as diversas formas ideológicas que uma hora ou outra tendem a ser a dominantes, administra uma possível compreensão dos valores orientados pela sociedade, dialoga com a história, além de contribuir com a formação do homem e como este interage com o espaço a sua volta. Com poucas palavras manifestamos uma provocação sobre a importância da formação e ação cotidiana não apenas das comunidades acadêmicas e secundaristas, mas também da sociedade como um todo.

Descartar o aspecto formativo e a contribuição dentro da educação proporcionada pela filosofia é negar à consciência humana uma distinta experiência com a realidade, pois, como é próprio do ser humano buscar respostas, através de suas indagações, é deveras compreensível que "alguns" equivocados se sintam amedrontados diante das formas de atuação da experiência filosófica em diversos setores, como na universidade, nas escolas de nível médio, na emancipação dos cidadãos, ressalvando que um

---

[66] Doutorandos da Universidade Federal do Piauí (UFPI).

de seus inúmeros objetivos é comprometer-se em desvendar os mistérios existentes, dentro e fora do ser humano.

Provocamos assim um olhar "diferenciado" sobre a disciplina de Filosofia, pois "alguns" acreditam que a ação do filosofar é um mero embuste ou é apenas um emaranhado de reflexões críticas sobre procedimentos e conceitos científicos, que é uma simples interpretação dos conceitos sociais, e com isso justificando a desqualificação do seu ensino, considerando não poder estar no patamar de importância das "ciências" e reduzindo-a numa espécie de avaliação crítica de seus conteúdos e metodologias.

Para a criação de uma nação autônoma, é necessário que sua população seja constantemente motivada a buscar um entendimento sobre si mesma, sobre seus atos, pois será a base de sustentação do seu desenvolvimento socioeconômico; e a melhor saída para sua efetivação é a educação, devendo ser considerado um crime hediondo não criar políticas favoráveis à sua estruturação, manutenção e desenvolvimento.

E esse sentimento aproxima-nos da experiência de conviver e entender um pouco sobre a forma de pensar a filosofia como uma pedagogia filosoficamente menina da pergunta, segundo Kohan, que apresenta como uma criança que sempre buscar aprender, e conhecer a realidade em sua volta.

A experiência da roda de conversa é uma atualização da ação freiriana de se construir uma ação autônoma que interpasse o aprendizado formal e se configure em uma troca de um conhecimento que está para além dos livros, mas localizada na experiência fenomenológica ligada à construção do tempo, um dos pontos altos da experiência vivida no encontro que ocorreu em Teresina, na Associação dos Docentes da Universidade Federal do Piauí (ADUFPI), na qual refletimos sobre os tempos de cada coisa, sobre a ação de *Kairós*, *Aión* e *Chrónos* e a relação que cada um tem com nosso aprendizado e a maneira como eles se dão para cada ente envolvido em todo o processo educativo.

O encontro foi de uma rica e esmera contribuição para a formação dos presentes, pois nos trouxe a provocação de que esperar o tempo do outro é o que de fato importa tanto para a construção do conhecimento como para a formação de sua autonomia; trouxe-nos a atenção a uma característica que não deve nos faltar: a percepção sobre o meio e sobre si mesmo.

Fazendo jus ao entendimento sobre a percepção, o fruto que a roda de conversa trouxe é aceitar que, na construção do desenvolvimento consistente, é necessário que a forma de ensinar e obter o conhecimento esteja interlaçada a uma forma de percepção equivalente à de uma criança que nunca se cansa de investigar, de compreender, de descobrir e de se maravilhar com os eventos, tal qual a ideia concebida no itinerário do pensar filosófico, ou seja, o conhecimento passa pela percepção do saber do outro como cerne para a nossa autonomia. ∎

◉ Relato sobre a viagem do professor Walter Kohan ao Cariri cearense

Maria Dulcinea da Silva Loureiro[67]
CRATO, CE

> *Digo: o real não está na saída nem na chegada:*
> *ele se dispõe para a gente é no meio da travessia.*
> Guimarães Rosa

> *Ninguém caminha sem aprender a caminhar, sem aprender a fazer o caminho*
> *caminhando, refazendo e retocando o sonho pelo qual se pôs a caminhar.*
> Paulo Freire

A primeira vez que tomei conhecimento do projeto de viagem do professor Walter Kohan recolhendo experiências de filosofia com crianças foi por ocasião da sua participação como palestrante no III Encontro de Professores de Filosofia da Região do Cariri, que ocorreu nos dias 26, 27 e 28 de maio de 2021. Nesse momento, colocamo-nos à disposição para acolhê-lo no Cariri cearense, mesmo que não existisse na região[68] nenhuma experi-

---

[67] Professora da Universidade Regional do Cariri (URCA).
[68] Há o projeto desenvolvido na UFCA – curso de Filosofia, coordenado pelo professor Francisco José da Silva, com estudantes em escolas públicas com crianças, que no momento estava suspenso devido à pandemia e ao fechamento das escolas.

ência específica e consolidada de filosofia na escola pública com crianças e que devido à pandemia algumas experiências educativas nas comunidades com crianças e adolescentes estavam sendo realizadas no formato remoto.

Até esse momento não tinha muita clareza dos objetivos da viagem do professor, sabia que havia uma relação com Paulo Freire, e, sempre que nos comunicamos por WhatsApp, Walter se encontrava em lugares diferentes. Comecei a perceber que a viagem, sem um roteiro prévio fechado, estava seguindo o ritmo dos encontros e desencontros, em que o percurso se definia no próprio caminhar, como nos lembra Cora Coralina: "O que vale na vida não é o ponto de partida e sim a caminhada. Caminhando e semeando, no fim, terás o que colher".

O que Walter estava procurando?

Sempre fui uma viajante. Viajar, para mim, é mais que deslocamento físico, territorial, é, ao mesmo tempo, um deslocamento emocional, afetivo, que envolve gostos, sabores, sons, lugares, monumentos carregados de histórias, afetos, abertura para o encontro/desencontro, para o diferente. É a possibilidade de se perder, seja literalmente, no deslocamento físico, não encontrar o lugar, seja perder-se no outro, ver-se refletido nessa alteridade e aceitá-lo não como uma imagem de mim, mas como diferente, estranho, e perceber essa estranheza como algo que pode acrescentar positiva ou negativamente. É sempre bom lembrar que, quando viajamos de alguma forma, estabelecemos um tempo fora do tempo, há uma suspensão do tempo que ocorre em espaços outros.

Mas o que esperar desse viajante que aqui chegava cheio de expectativas? Como preparar nessa longa jornada esse tempo conosco? Quando Walter chegou à região, vindo por Nova Olinda, fomos encontrá-lo (eu e o professor Miguel Junior) para que ele pudesse conhecer a experiência desenvolvida na Fundação Casa Grande, Museu do Homem Kariri,[69] e, em seguida, fomos conhecer o Museu do Couro e conversar com o artesão Espedito Seleiro.[70]

---

[69] Para mais informações sobre a Fundação Casa Grande, consultar: https://blogfundacaocasagrande.wordpress.com/.

[70] Natural de Arneiroz (CE), Espedito Velozo de Carvalho, 81 anos, adotou o nome Espedito Seleiro por causa da família, a maioria de vaqueiros e seleiros. Foi no Cariri cearense que ele criou raízes e iniciou sua carreira como artesão. Tornou-se um dos principais marcos da cultura nordestina e mestre da arte do couro.

Durante o período da pandemia, as atividades com as crianças e os adolescentes na Fundação Casa Grande foram suspensas e estavam retornando aos poucos. Em uma roda de conversa com as crianças que lá se encontravam, pude entender melhor a viagem do Walter. No diálogo com as crianças, Walter as convida a fazerem perguntas, não para encontrar respostas, mas para instigar a imaginação, o espanto, a curiosidade. Inicialmente a curiosidade das crianças se dirigia a ele (quantos anos tem? O que estava fazendo? Quem era? De onde era?), e aos poucos as crianças passam a elaborar perguntas que sejam significativas para elas. Numa postura não diretiva e sem assumir o lugar de poder e de saber, Walter vai escutando e dialogando com as crianças.

Quando nos reunimos com os professores da Casa da Música no Belmonte,[71] já na cidade de Crato, pude observar o incômodo dos professores quando colocados diante de uma situação que se define não pelas respostas, mas pelas perguntas. Quando Walter propôs que o diálogo se daria a partir das questões que cada participante traria, e que cada um, antes de fazer a sua questão, teria de repetir as questões anteriores e o nome de quem a formulou, foi possível perceber que, ao repetir as perguntas, nós nos colocávamos numa atitude de escuta e de compreensão do que mobilizava o outro e, ao mesmo tempo, como temos a necessidade de tentar responder, ou de encontrar respostas. Em nenhum momento da dinâmica da oficina com os professores foi colocado que buscar respostas seja algo desnecessário, mas pude compreender que Walter estava tentando fazer fluir nos professores uma postura de aceitação, acolhimento do espanto, do reconhecimento do não saber, um aguçamento da curiosidade,

---

[71] A Sociedade Lírica de Belmonte (Solibel), instituição criada pelo padre Ágio Augusto Moreira, em 1974, é uma escola de música situada na cidade de Crato, CE, no distrito de Belmonte. Complexo de arte e cultura, é composta pelos projetos Escola de Educação Artística Heitor Villa Lobos, Coral Santa Cecília, Camerata Alberto Nepomuceno, Orquestra Pe. David Moreira, Orquestra Solibel Jovem (OSJ), Banda de Música Zequinha de Abreu, Quarteto de Cordas Cristina Prata, Grupo de Flauta Doce e grupos de tradições, entre os quais a escola recebe crianças, jovens e adultos oriundos do campo. A Solibel transcende o ensino da música e visa à transformação humana através da inclusão sociocultural e do direito de acesso à arte e à cultura, apoiando-se nas manifestações artísticas e culturais regionais e criando oportunidades de contato entre a música erudita e a população rural da região.

e dessa forma se estabelecia uma abertura para o mundo de incertezas e de angústia em que nos encontramos.

No encontro com os professores de Filosofia ocorrido na universidade,[72] a dinâmica e a postura de resgate desse "perguntar" e de pensar sobre as questões que mobilizam a existência foram novamente colocadas em ação. Em cada grupo (crianças, professores de música e professores de Filosofia), com características e faixa etária diferentes, no decorrer do encontro, inicialmente se instalava um incômodo, e desconforto, um estranhamento com a postura do Walter, que no transcorrer do diálogo ia se modificando, e o espanto, a curiosidade e a escuta substituíam tal incômodo.

Nas oficinas com professores da educação infantil, alunos bolsistas da Residência Pedagógica e PIBID – Pedagogia/Filosofia e do mestrado em Educação que ocorreram pela manhã e à tarde, o professor Walter assumiu a postura (que já havia ocorrido em outros encontros) de, sempre que uma pessoa chegava, recomeçava-se a atividade, e, a cada recomeço, uma pessoa do grupo esclarecia o que estava sendo proposto; como o grupo era maior, foi necessário recomeçar muitas vezes. Observei o quanto as pessoas ficam desconfortáveis, como se estivessem perdendo tempo – mas por que devo recomeçar? – Quem mandou chegar atrasado? A necessidade de homogeneizar, de ganhar tempo, muitas vezes faz com que o professor em sala de aula não perceba as diferenças de ritmo, aprendizagem, atropelando quem precisaria de mais tempo, que se recomeçasse muitas vezes o conteúdo como na atividade proposta de repetir as perguntas antes de falar a sua. Quantas vezes, quando se repetia a pergunta, mudava-se a forma de perguntar, o que poderia modificar a questão? Nesse processo há uma reelaboração que se dá no como a questão do outro me mobiliza, faz sentido para mim, o outro que a repete, enfim, para o grupo.

Em todas as oficinas e rodas de conversas, a postura do Walter sempre foi de escuta; ao tentar instigar uma pedagogia da pergunta, ele instaurou ao mesmo tempo uma pedagogia da escuta. Não da escuta muda, passiva, muitas vezes indiferente, mas, ao contrário, de uma

---

[72] Para mais informações: http://www.urca.br/portal2/.

escuta atenta, ativa, que nos convida a pensar, questionar, a sermos infâncias. Nesse caminhar com encontros e desencontros nos dias que Walter esteve aqui no Cariri, entre perguntas e escutas percebi, nos depoimentos daqueles que atravessaram o viajante, atravessar no sentido do estar junto, do se prolongar no tempo, do vivenciar, uma suspensão da certeza, para um reencontro com a infância, não como um momento vivido em uma determinada faixa etária, mas como um estado que não depende da idade, mas da capacidade de se maravilhar com o mundo, com a possibilidade de recriar, que só pode se instalar no eterno questionar das coisas que estão dadas, consideradas óbvias, numa mudança de postura diante da vida, do outro, de si mesmo. Acolher a inquietude, a dúvida, a ignorância é aguçar a curiosidade e abrir-se para o conhecido/desconhecido, reconhecendo-nos como seres inacabados.

Intercalando os momentos com os professores, as crianças, os adolescentes, Walter foi convidado a mergulhar um pouco nos sabores, costumes, crenças e paisagens que formam essa região, conhecida como um celeiro cultural. Desse modo, visitamos a ONG Beatos[73] para conhecer um pouco das tradições orais que permeiam o imaginário da região, manifestadas nas danças, músicas e festas, em que o profano e o sagrado se entrelaçam. Ao subir a colina do Horto, Walter refaz o trajeto de milhões de romeiros que todo ano visitam Juazeiro do Norte movidos pela esperança e fé. Ao conversar com os artesãos da casa Mestre Noza[74] e observar a arte da madeira, da xilogravura e do cordel, e ir a Exú, terra de Luis Gonzaga, para visitar o Museu do Gonzagão,[75] os que o recebiam lhe davam a oportunidade de mergulhar também no universo musical, cultural desse povo. Espaços esses que podem ajudar o viajante a entender os questionamentos que mobilizam os sujeitos que aqui habitam e os vários sentidos da educação e da formação nesses espaços que se refletem nas instituições educativas formais e não formais de ensino. Mais do que fazer um passeio turístico, os que aqui o recebiam o guiaram para um mergulho cultural em espaços não iguais, mas

---

[73] Para mais informações: https://beatos.org.br/.

[74] Para mais informações: https://artesol.org.br/noza.

[75] Para mais informações: https://www.instagram.com/museudogonzagao/.

culturalmente próximos à infância e à juventude que marcaram toda a obra de Paulo Freire, um mergulho nos fazeres e dizeres, nas formas de ver e transformar o mundo. ∎

◉ Recebi um convite...

Itamar Soares Oliveira[76]
SÃO RAIMUNDO NONATO, PI

Recebi um convite, aqui em São Raimundo Nonato, Piauí, para participar de uma conversa com um pesquisador "de fora". A mensagem falava que eu poderia convidar outras pessoas para o encontro.

Decorreram duas impressões: 1) estender o convite pareceu-me uma preocupação para que, de fato, houvesse público; 2) apesar de o título despertar minha curiosidade, não gostei muito do *card* de divulgação do evento e fiquei desconfiado sobre o que estava por vir.

Seria mais uma das inventices pedagógicas e educativas? Chamei alguns colegas e alunos para, juntos, corrermos o risco e saber o que era aquela "pedagogia menina" estampada no título.

Sem aparatos tecnológicos e nenhum academicismo, nada foi inventado para a educação naquela tarde. Tudo de que precisávamos já estava lá, dentro de nós, em nossa curiosidade e atenção. Aliás, foi consenso que nossa atenção foi captada e capitalizada de maneira eficaz, por meio de simples porém complexas perguntas.

Ali construímos algumas respostas, reflexões e decorrentes questionamentos sobre as pedagogias menina e da pergunta, sobre Paulo Freire e acerca de nosso labor professoral.

Tudo de que precisávamos já estava lá, e em nós, residindo na palavra, na pergunta e no se fazer presente, no coletivo e na curiosidade construtiva. ∎

---

[76] Professor da Universidade Federal do Vale do São Francisco (UNIVASF), campus Serra da Capivara, PI.

♀ Walter Kohan: fazedor de *skholé*

Josemar Martins Pinzoh[77]
JUAZEIRO, BA

Meu primeiro contato com Walter Kohan foi o contato com o nome de um autor distante. Foi como educador, abarrotado de tantas questões, tendo de lidar diuturnamente com o "pós-tudo-bossa-band" e o agigantamento da ignorância pública, e tendo de pensar como a escola pode e deve se transformar para lidar com isso, que me encontrei com o nome dele grafado como um dos coordenadores, juntamente a Jorge Larrosa, da coleção Educação: Experiência e Sentido, da Autêntica Editora. A coleção me foi apresentada pelo professor Marcelo Ribeiro, da Universidade Federal do Vale do São Francisco (UNIVASF), quando nos pusemos a fazer, ainda em 2018, encontros reflexivos para a organização de uma "defesa crítica da escola", nestes tempos turvos, de negacionismo e violência contra ela, tempos de "escola sem partido", "ideologia de gênero", "escola cívico-militar" e "*homeschooling*"; tempos em que a autonomia docente, já precária, viu-se encurralada e insultada como nunca antes por uma milícia odiosa e habilidosa em insultar professores e qualquer raciocínio sensato.

Depois que o livro *Em defesa da escola: uma questão pública*, de Jan Masschelein e Maarten Simons, abriu-me acesso à coleção, fui aos poucos me interessando por outros títulos: *O mestre ignorante*, de Jacques Rancière, *Para além da aprendizagem*, de Gert Biesta, *Elogio da escola*, coletânea organizada por Jorge Larrosa, na qual consta um texto de Walter Kohan, sobre sua experiência com Jan Masschelein – através do qual podemos entender muito da atitude do próprio Walter enquanto educador, filósofo e autor, inclusive entender melhor a escrita de outro livro da mesma coleção, *O mestre inventor*, de sua autoria, em que ele relata os desígnios de um "fazedor de escola" chamado Simón Rodríguez.

---

[77] Professor do DCH/Universidade Estadual da Bahia (UNEB), Campus Juazeiro.

Os encontros que fizemos, eu e o professor Marcelo Ribeiro, que levaram a Walter, ampliavam minha busca por notícias de reinvenção da forma escolar, onde quer que houvesse, a busca por pensamentos e pensadores descolados da tagarelice costumeira que as catedrais teóricas acadêmicas nos impõem, apegadas que estão à doutrina de alguns autores e conceitos, e limitadas à escrita crespa e ao pedantismo. No coração dessa busca passei por livros e filmes e fui também, há mais de uma década, conhecer as Escolas Família Agrícola, a Escola da Ponte, em Portugal, as escolas Waldorf, e realizamos, em 2017, no âmbito do DCH III/ UNEB, o I Seminário de Escolas Diferenciadas e Educação Inclusiva, como parte das ações do nosso grupo de Pesquisa ECuSS e pelo esforço de Jieli Brito Nascimento. "Escolas diferenciadas" foi o nome que demos, ainda precariamente, para escolas que vêm alterando o funcionamento da "forma escolar", algo que pode ser associado ao que o próprio Walter Kohan chama de "escolas de *skholé*".

Mas as conexões que faço agora com o conjunto dessas referências e com a figura do próprio Walter Kohan não seriam possíveis sem o fato da organização de uma Sessão Coordenada do nosso grupo de pesquisa no X Workshop Nacional e I Internacional de Educação para Convivência com o Semiárido Brasileiro (X WECSAB), que, em 2021, com caráter internacional, adotou o tema "Educação contextualizada, diálogos e conflitos interculturais: entre o local e o global". A Sessão Coordenada do ECuSS teve como tema "Paulo Freire e as questões de alfabetização, letramento e multiletramentos", e para sua realização nos pomos a buscar nomes para dela participarem. A pandemia de covid-19 nos abriu a possibilidade do uso do *streaming* para a realização de nossos eventos e permitiu a participação de pessoas localizadas em outros lugares, até mesmo fora do Brasil. Dadas essas condições, fizemos contato com o Instituto Paulo Freire, em São Paulo, que nos forneceu uma lista de contatos de seus colaboradores, para os quais enviamos mensagens propondo a participação on-line em nossa sessão. Apenas duas respostas positivas nos retornaram: a do professor Carlos Rodrigues Brandão, que confirmava a participação, e a do professor Walter Kohan, que dizia, "aceito participar, desde que seja numa atividade presencial".

Ora, ora! Estamos no meio de uma pandemia, vivendo o distanciamento social e outras medidas profiláticas – razão pela qual suspendemos nossas atividades presenciais e passamos a trabalhar de forma remota, on-line, em casa, com uso de plataformas de videoconferência e *streaming*, aliás, passamos a morar no trabalho... – e no meio desse fuá todo nos vem uma pessoa dizer "aceito participar, desde que seja numa atividade presencial"? Como assim? Foi o que pensamos! Mas a essa frase acrescentou-se a informação de que o Walter estava no meio de uma viagem pelo Nordeste, visitando várias cidades e experiências, e passaria por Juazeiro, BA, e Petrolina, PE, mais ou menos por aqueles dias do nosso evento. Mas não pretendia participar de nada on-line, apenas de alguma atividade presencial – deixara claro!

Com a colaboração principalmente de Luis Osete, eu me coloquei à tarefa de organizar a recepção de Walter, de hospedá-lo em minha singela casa e de equacionar para ele uma agenda de visitas a experiências educativas em Juazeiro, Petrolina e Sobradinho. E então me encontrei com uma pessoa simples, ativa, que àquela altura estava viajando sozinho por todo o Nordeste havia três meses, dirigindo seu carro carregado de livros e plantas, e se mostrava sempre disposto, incansável. Dispusemos suas plantas em toda a extensão da escada, juntamente às minhas muitas mudas de ipê, angico, umbuzeiro, graviola, jacarandá... Entre os livros, *Paulo Freire, mais do que nunca: uma biografia filosófica* (Vestígio, 2019) e *Paulo Freire: um menino de 100 anos* (NEFI, 2021), ambos de sua autoria.

Tudo isso aumentou a nossa vontade de conversar com Walter, inicialmente sobre Paulo Freire, pela recente passagem do aniversário de 100 anos do educador pernambucano, ocorrido em 19 de setembro de 2021, e pelos seus livros sobre Freire, mas também pela sua curiosa viagem. No decorrer dos dias que passou em Juazeiro, Walter visitou o coletivo Carrapicho, no Vale do Salitre, e a casa de estudantes do Instituto Regional de Agropecuária Apropriada (IRPAA), ambos em Juazeiro, a Escola Família Agrícola de Sobradinho (EFAS), o Projeto Vida Nova, das Irmãs Carmelitas, em Petrolina... e entre essas idas e vindas fizemos no DCH III/UNEB um bate-papo interrogativo e uma pequena homenagem a ele pela passagem do seu aniversário, no dia 25 de novembro de 2021, na quadra do DCH III, embaixo de uma grande árvore que ladeia a quadra, onde alunos da turma de Fundamentos da Educação Contextualizada do nosso mestrado lhe cantaram os parabéns.

Quanto ao bate-papo interrogativo, ele foi o auge de sua passagem entre nós e se repetiu em muitos outros momentos em suas visitas. Ali descobrimos um Walter interrogador, exercendo uma versão bem particular da maiêutica socrática, que em vários momentos nos tirou do sério. Como pode um diálogo feito apenas de perguntas? Aos poucos fui percebendo que aquela estratégia pretendia produzir exatamente um deslocamento radical à maneira do comportamento infantil, que nos avexa o juízo e nos leva ao avesso do raciocínio habitual. Não sabemos se tantas perguntas lhe renderam alguma resposta, sabemos apenas que nos instalou no inabitual e lhe agradecemos por isso. Talvez seja essa sua forma de "fazer escola", de fazer "escola de *skholé*". Ele nos deixou essa marca. ∎

◉ Sem respostas, só perguntas

Aldenisse de Souza[78]
JUAZEIRO, BA

Uma roda de conversa, na cidade de Juazeiro da Bahia, na sombra de um pé de juazeiro florido e povoado de abelhas que aproveitavam as flores da primavera sertaneja, pouco se importando com a prosa provocadora, perguntadora que estava acontecendo naquela manhã. E, entre algumas especulações sobre o que faria um professor percorrer várias cidades no centenário de Paulo Freire, surgiu a deliciosa brincadeira do "façam qualquer pergunta, mas vou devolver com outra pergunta". E o que parecia fácil, logo na primeira devolução, ficou difícil, e a brincadeira que causou riso também causou inquietação, quase uma irritação, um princípio de duelo de quem se incomodava em ter de acolher a pergunta que desmontava nossas possíveis convicções e vaidades de querer mostrar

---

[78] Sertaneja, ribeirinha, educadora em construção e desconstrução, fazendo perguntas e em busca de respostas.

que tinha resposta e também de querer uma resposta. Que chato não poder/saber responder, não ter a resposta da pergunta feita!

A pedagogia da pergunta pode ser fascinante para o mundo da criança, mas, para os adultos, sinto que é perigosa, pede coragem para encarar (a nós)! Ela nos coloca na condição de ouvir nossas vozes e silêncios internos, que dialogam também com as vozes e silêncios que perpassam pelo mundo externo. Mundo esse habitado por outras pessoas e outros seres visíveis e invisíveis que também dão sentido a nossa existência, dúvidas, "certezas" e até resistências. Ao ouvir a pergunta de outra pessoa, parecia que era a minha, parecia que era pra mim, e que já me trazia respostas, mas também aumentava minhas dúvidas...

Quantas perguntas e respostas já temos e fingimos não ter? Quantas perguntas ainda precisamos fazer e refazer ao longo da caminhada? Cada fase da vida tem perguntas próprias? E as respostas, por que nem sempre obedecem ao tempo da pergunta? ■

📍 Relato do encontro com Walter Omar Kohan

Lusan Paiva[79]
JUAZEIRO, BA

No dia 24 de novembro de 2021, nós, estudantes da República do IRPAA, tivemos o prazer de organizar um espaço para receber o professor, que estávamos na expectativa para conhecer. Foi à sombra magnífica de um pé de juazeiro que selecionamos e pusemos uma mesinha com as mais bonitas e mais saborosas frutas da roça, acompanhadas do suco delas, e fizemos até bolo. Rsrs.

Quando o professor chegou, já ficamos empolgados ao perceber que o sotaque dele era diferente do nosso, denunciando que era de outro país. Ficamos felizes também, porque trouxe como acompanhante

---

[79] Estudante da república do Instituto Regional da Pequena Agropecuária Apropriada (IRPAA).

uma pessoa que a gente já conhecia e fazia tempo que não víamos. O problema do problema foi que ele chegou e, ao se apresentar, foi logo dizendo que estava à procura de algo que desse para levar consigo dentro do carro. Sem saber do que se tratava, começamos a citar as mais variadas coisas: plantas, pedras, fotografias, conhecimento (quem é que não quer conhecimento?), cultura (para nós, só podia ser cultura), entre várias outras coisas, e não era nada do que a gente achava que seria. Depois, já depois de ter ouvido de tudo e depois de algumas dicas, alguém chega à tão esperada "resposta", que até hoje eu ainda não sei se pode chamar de resposta: PERGUNTAS. O Walter estava atrás de perguntas. Achando que teríamos resolvido a charada do professor, o mais difícil veio: se apresentar para o grupo fazendo uma pergunta e o outro responder somente com perguntas. A essa altura muitos de nós se perguntavam como isso era possível, se toda pergunta requer resposta. (Ou não?)

Daí começamos um duelo de perguntas quase que sem fim. Alguns entenderam a ideia, outros até hoje ainda se perguntam: "Por quê, por quê e por quê???".

Foram muito interessantes as partilhas, em que a pedagogia da pergunta ditou a cena, fazendo-nos refletir e entender que nem sempre as perguntas requerem respostas e que é mais importante perguntar do que estar sempre à espera de respostas. Obrigada, professor Walter, por ter aprofundado sobre a importância da problematização e por ter nos ajudado a construir respostas através de argumentos. Espero nos encontrarmos novamente para nos ensinar outras pedagogias, partilhas histórias, saberes e experiências. Obrigada também por ter nos presenteado com livros. Hoje, eles fazem parte da nossa biblioteca e estão disponíveis para os novos jovens que chegam a ler o livro escrito pelo professor Walter Omar Kohan.

Gratidão. ■

♀ A educação acontece

Evelucia Borges de Almeida[80]
JUAZEIRO, BA

A experiência de encontrar pessoas é sempre um privilégio encantador. Cruzar caminhos, escutar o outro, participar de momentos, vivenciar esses momentos enriquecem nosso olhar para a vida e suas inúmeras possibilidades de aprendizagens. Com Walter Kohan, esse encontro, nessa sua rica expedição, não poderia ser diferente. Um encontro que nos fez pensar no caminho de possibilidades que a educação percorre lindamente nas nossas vidas e na riqueza que é olhar para esse percurso por meio dos presentes, presenças, que encontramos nessa jornada. São nesses momentos de troca e diálogo que fortalecemos aprendizagens próximas e afetivas de conhecimentos que entrelaçam diversos caminhos e nos inspiram coragem para continuar a buscar novas experiências. Viver educação como um processo que se amplia à medida que envolvemos pessoas, diversidade, mistura, cultura, pensamentos e aprendizados em uma constante busca por um processo que faça sentido para nossas vidas. É nessa direção que consigo definir a passagem de Walter por aqui, em um sentido que me fez pensar que a educação perpassa por diferentes situações, e isso inclui desde uma roda de conversa instigante e intrigante até momentos descontraídos em uma manhã de sol e calor nesta terra quente que é Juazeiro da Bahia. Afinal, a educação acontece. E, como diz Brandão certeiramente, "ninguém escapa da educação". É privilégio poder registrar a importância desses encontros, como reconhecimento à coragem de pessoas que, como Walter, colocam-se à disposição para reconhecer a grandeza da educação como extensão do que somos e de como somos constituímos. A delicadeza de olhar o outro nos faz crescer diariamente, tornando-se indispensáveis momentos como esses, para que, sempre e continuamente, em meio a tantas outras experiências,

---

[80] Mestranda em Educação pela Universidade do Estado da Bahia (UNEB), Campus Juazeiro.

possamos parar para observar o processo diverso que é educar, aprender, ampliar e construir conhecimento.

Obrigada, Walter, por isso e por tudo ■

📍 Walter Kohan: um menino andarilho

Maisa Antunes[81]
JUAZEIRO, BA

Conheci Walter Kohan no ano 2016, numa conferência: "Depois do espanto…", no Centro Cultural de Belém (CCB) – Lisboa, Portugal. Durante a conferência "Pensar a infância: a infância de um pensar", foi fácil perceber suas peraltices de menino, quando brincou com os tempos do tempo, *Chrónos*, *Kairós*, *Aión*, à nossa frente, alimentando-nos de uma alegria na cavidade mais funda do coração, enquanto acomodávamos a esperança que se espalhava em todas as partes do nosso corpo. E ainda para celebrar o presente como o tempo que temos, e a infância não como idade, mas como tempo, deu-nos de presente versos do poeta brasileiro Manoel de Barros, e com isso celebrou também as infâncias que nos habitam.

Muito tempo se passou do nosso primeiro encontro, até que no dia 15 de agosto de 2021 recebo uma mensagem deste Menino, que saía para andanças, aberto ao seu próprio abandono, para conhecer experiências pedagógicas no Nordeste. Um educador/menino andarilho, numa viagem de 100 dias, que se esticou amorosamente para 110, comemorando os 100 anos da interminável infância de Paulo Freire.

Como todo menino, Walter Kohan trouxe em sua bagagem muitas perguntas, e com essas perguntas abriu um campo vasto, bonito e frutífero de relações humanas, envolvendo crianças, jovens e adultos, estudantes e professores, em diferentes e diversos espaços; escolas, assentamentos

---

[81] Professora do DCH III da Universidade Estadual da Bahia (UNEB), Campus Juazeiro.

do MST, ONGs, movimentos sociais, comunidades quilombolas, universidades.

O carro de Walter transformou-se numa espécie de casa ambulante, ganhando semelhança de um caracol. E, igualmente à existência que habita o caracol, Walter deixou um caminho de gosma escrito com seu próprio corpo, reaprendendo a cheirar, a tocar, a saborear, a abraçar, em cada pedaço de chão que pisou. Suas companheiras de viagem, as mudas de plantas trazidas dos diversos lugares andados, carregavam, cada uma, a história de quem as doou.

Na rua Santa Luzia, 213, em Juazeiro, BA, entregou-me um livro que me fez estremecer de alegria, *Paulo Freire: um menino de 100 anos*. Estremeci, porque esse livro foi como uma espécie de reencontro comigo mesma, com a vista de um ponto de onde contemplo a pedagogia. No trabalho de campo da minha tese fiz a escuta de crianças em países distintos, e a lucidez brincante de suas vozes orientou a minha contemplação da educação, da escola e da pedagogia. No livro a mim presenteado, Walter escreveu esta dedicatória:

> *à Maisa*
> *à sua meninice…*
> *à sua sensibilidade…*
> *à sua vida – brinquedo…*
> *Abraço*
> *Menino,*

A estadia de Walter Kohan nas cidades de Juazeiro, BA, e Petrolina, PE, coincidiu com o 8º Encontro de Pesquisa Educacional em Pernambuco – 8º EpePE, em que dividiu a mesa da conferência de abertura, "Educação: esperançar em tempos de crises", com Flávio Brayner. A fala de Walter percorreu o caminho de suas andanças, e sua intervenção na conferência costurou um diálogo intimista e infantil tão necessário para a educação, uma fala cheia de vida, pronunciando o nome das pessoas e dos lugares por onde tinha passado e recebendo um retorno direto do chat na plataforma do encontro; uma conferência com palavras vivas catadas com amor no cotidiano das pessoas e, sobretudo, sublinhando as aprendizagens e as confirmações que a viagem lhe proporcionava.

Uma das aprendizagens mais belas que tive com a presença de Walter foi dialogar com a obra *Por uma pedagogia da pergunta*, que eu não conhecia. Paulo Freire tornou-se, para mim, desde muito cedo, uma referência, não só teórica. Li com toda a minha força, articulando às minhas experiências práticas: *Pedagogia do oprimido*; *Pedagogia da esperança*; *Pedagogia da autonomia*; *Educação como prática da liberdade*; *A importância do ato de ler: em três artigos que se completam*. E Walter, nas suas andanças, deu-me de presente, de uma forma especial, *Por uma pedagogia da pergunta*, através de um exercício saudável de não parar de perguntar, estimulando minha meninice, minha infantilidade. Foi uma bela oportunidade de confirmação de tantos meninos e tantas meninas que nunca pararam de fazer perguntas.

Como vejo a viagem desse educador/menino andarilho? Vejo como um livro/vida que Walter Kohan assina junto a Paulo Freire e Simón Rodriguez, numa espécie de coautoria de pensamentos/sentimentos, trazendo reflexões de um mestre viajante, que se reinventa em suas andanças, e contempla a educação e a pedagogia a partir da dimensão infantil do mundo. Nós também fazemos parte desta viagem e também somos capazes de ser inventores e inventoras de nós próprios e próprias no exercício da docência. Mas, para isso, é essencial aprendermos a caminhar descalços e descalças, a sentir o cheiro das coisas e das pessoas, a saber ouvi-las, a olhar o mundo com curiosidade, espanto e encantamento próprios da infância.

Walter Kohan fez esta viagem com os ouvidos bem abertos, especialmente abertos ao tempo da infância e às crianças; escutá-las fez desta viagem uma provocação pedagógica acerca desses sujeitos da educação, as crianças. Com o seu espírito infantil, Walter Kohan fará uma tradução desta viagem, que alimentará nossa meninice, e com certeza suas anotações em torno da viagem nos ajudarão a manter acesa a chama da nossa infantilidade, para continuarmos ou começarmos, ou ainda recomeçarmos a ser um menino professor, uma menina professora, e nunca, nunca envelhecer. ∎

📍 Para Paulo Kohan

Juracy Marques[82]
SALVE AS SERRAS, BONFIM, BA

Sinto que minha alma livre habita o caminho dos livros. Quando jovem descobri, num Círculo de Cultura, que aprendemos em estado de comunhão; que era preciso ler o mundo, que é, antes, um grande livro. Foi minha admiração pelas ideias de Paulo Freire que me fez seguir o caminho da educação. Quisera o destino que a caminhança de Walter Kohan, o beija-flor freiriano, seu melhor biógrafo, celebrando os 100 anos de Paulo Freire, cruzasse meu caminho. No enigmático "dia 100", coberto de folhas e flores, envoltos numa natureza cheia de inebriados sonhos, embebecidos de uma utopia jardinesca, estávamos nós, na minha casa na Serra, observando as pétalas que nos levariam à melhor forma de como esperançar nossas esperanças. Nesse dia chovia. Formigas e cupins corriam, e a luz dos vaga-lumes espelhava as estrelas no terreiro do Sertão. Imitando esses seres, Kohan também corria. Não sabia, mas seu espírito soprava como os ventos das serras em forma de "pranas algorítmicos". Chegara a noite, e, embora seu corpo estivesse conosco, sua voz escorregava como as águas dos rios para um mar infinito, longe de nós. Com os orvalhos da manhã, já nos despedindo, entendi que ele é freiriano porque se decompõe e encontra, nesse modo de derramamento de si, a Grande Alma da Educação Brasileira – Paulo Freire. ∎

📍 Como é necessário sair por aí

Ilze Braga[83]
PETROLINA, PE

---

[82] Grupo de Pesquisa em Ecologia Humana (GPEHA-PPGECOH) da Universidade Estadual da Bahia (UNEB).

[83] ACARI, Associação Civil de Articulação para Cidadania, Petrolina, PE.

Ao receber o pedido para apoiá-lo aqui em sua pesquisa, eu senti muita curiosidade e logo me lembrei da frase do comercial e pensei: nossa, que interessante... quero muito poder contribuir e aprender...

Quando recebi o seu material explicando que se tratava de uma pesquisa baseada em Paulo Freire, já consegui visualizar o momento: uma grande roda, pessoas refletindo e diálogo.

E foi isso que vi na prática: a intenção de aprender cada vez e de compreender que as perguntas não têm fim...

No fim me senti inspirada e pensando em como é necessário sair por aí, ouvindo a todos e todas em diversos lugares. ■

♀ Walter Kohan às margens do rio São Francisco: uma travessia indagadora de começos

Luis Osete[84]
PETROLINA, PE

"Quando se começa um texto? Quando se recebe o pedido para fazê-lo ou quando se inaugura o motivo que irá preenchê-lo?", pergunto-me ao recordar as impressões deixadas por Walter Kohan em sua passagem pelas margens do rio São Francisco, no encontro de Juazeiro, BA, e Petrolina, PE. Essas duas perguntas primeiras já reúnem um aprendizado fundamental da sua vinda: indagar os começos. São ainda frutas verdes, como o umbu que inunda a paisagem sertaneja neste início de ano, ao propor uma prática tão bem exercitada por Walter, inspirado em Paulo Freire: a pedagogia da pergunta. A primeira impressão, portanto, é fruto da mistura dessas lições essenciais: um exercício dialógico que funda começos e nos convida a mergulhar na potência infantil que é estar sempre no limiar da continuidade e do constante iniciar.

---

[84] Doutorando do Programa de Pós-Graduação em Educação (PROPEd) da Universidade do Estado do Rio de Janeiro (UERJ).

E, agora que a infância chegou a nosso texto, devemos começar de novo, Walter iria propor, como propôs a cada vez que alguém entrava nas três rodas de que participei com ele. A minha primeira experiência com a pedagogia da pergunta foi no povoado de Alfavaca, distrito do Salitre, interior de Juazeiro. Eu tinha dito à minha amiga jornalista Érica Daiane, que toca o projeto Carrapicho Virtual com jovens educomunicadores/as do Salitre, que Walter iria falar sobre Paulo Freire, uma das inspirações da educomunicação. E hoje sei o quanto Paulo esteve entre nós, enquanto Walter, em vez de palestrá-lo, praticava-o.

As nossas cabeças meninas fervilhavam, e todo mundo entrou no jogo pedagógico, dialógico e curioso, cumprindo a sugestão de que a pergunta é um modo horizontal de se dar a conhecer. A gurizada ficou toda contente ao se presentificar presenteando uma pergunta às pessoas presentes. Tanto que dali a pouco estávamos indagando sobre como mudar o mundo, sentindo as vibrações das transformações internas que operavam novos seres sobre a superfície da terra, uma terra, aliás, calejada na luta e na busca de uma criativa convivência com as alternâncias climáticas da mundanidade semiárida. Uma das lembranças daquele momento foi a tentativa empreendida pelos/as jovens em contar a história do Carrapicho Virtual a partir de perguntas. Dias depois, Érica me escreveu para dizer que "o pessoal gostou muito".

Após o doce parto coletivo de indagações, em que se podia perceber nos olhares novos nascimentos, enchemos uma sacola de pão e seguimos para o Departamento de Ciências Humanas – campus III da Universidade do Estado da Bahia (UNEB). O professor Pinzoh, que acolheu Walter em sua casa, reuniu em uma das salas da universidade uma turma afeita às ideias de Paulo Freire, algumas das quais participaram de momentos formativos com o patrono da educação brasileira, como a professora da UNEB Francisca de Assis de Sá e a agente pastoral da Comissão Pastoral da Terra de Juazeiro, Marina Rocha.

A proposta de exercitar a pedagogia da pergunta se repetiu, e as pessoas presentes pareciam dispostas a entrar na embarcação, mas uma, ansiosa por respostas, começou a resistir. Queria responder e pedia afirmações para as suas questões, quando não se danava a emitir juízos sobre as intenções daquele momento. Em uma querela com Walter, recolheu suas coisas e saiu. Disse que abdicava do confronto. Foi uma lição importante poder acompanhar esse encontro, pela tensão que pode subsistir à tentativa de conduzir um momento perguntador e por presenciarmos o desafio de manter a coerência entre as nossas concepções teóricas e a prática que delas se alimenta.

Inevitavelmente, fui dormir naquele dia pensando nas potências da pergunta, que confronta, mobiliza, inquieta, impulsiona. Pensando mesmo se vivo uma vida de perguntas, se o gosto de perguntar tem se mantido intacto em minha vida. Fez tanto sentido o fundamento dessa forma de estar com o outro proposta por Walter que em uma das rodas cheguei a indagar: é possível estar de outra forma, ou seja, é possível, em vez da pergunta, estar com o outro na resposta? E com uma resposta que não seja uma pergunta? Não que todo o diálogo seja feito com pontos de interrogação, mas que o bordado dos nossos corpos presentificados no encontro sejam mobilizados por inquietações, aberturas, novos começos, mantendo viva a curiosidade, o sonho, a criação?

A pergunta é um chamado para navegar nas imprecisões da vida ou desestabilizar o que acreditávamos preciso. Saber perguntar, por isso, tem um quê de saber versejar os achados para logo perdê-los e seguir procurando-os. É um constante e sempre novo aprendizado, especialmente porque nos convoca a abrir mão de apegos. Comparo com a felicidade de Goethe, quando esse poeta alemão escreve que habita em cada pessoa, "assim como o artista tem a matéria bruta, com a qual ele há de modelar uma figura. Mas ocorre com essa arte como com todas: só a capacidade nos é inata; faz-se necessário, pois, aprendê-la e exercitá-la cuidadosamente".

E o cuidadoso exercício continuou. Em outro dia, seguimos para o Centro de Formação Dom José Rodrigues, do Instituto Regional da Pequena Agropecuária Apropriada (IRPAA). No trajeto, abri o notebook e dei o play em uma entrevista rara de Paulo Freire, dada à jornalista Marta Luz Benevides na Rádio Juazeiro, em 24 de abril de 1983. Foi uma maravilha poder contemplar a voz do pedagogo da esperança na companhia de Walter. Recolhidos em pensamentos e antes mesmo que a entrevista se encerrasse, chegamos a um espaço que recebe o nome do eterno bispo dos excluídos, Dom José, responsável pela vinda de Freire há 38 anos e por uma verdadeira revolução popular na diocese nas três décadas de seu bispado.

Embaixo de um juazeiro, a roda se formou, e as perguntas começaram a brotar depois que todo mundo descobriu que eram elas, as tais questões, que Walter resolveu buscar em sua peregrinação nordestina. Ali, não faltavam pessoas dispostas a preencher ainda mais a bagagem curiosa de Walter. Quando recordo, vejo sorrisos e brilhos no olhar daquela juventude de comunidades onde o IRPAA atua, vejo questionamentos sobre pertencimento, autoestima, perspectivas, mundos possíveis e o próprio valor do questionamento, que me trouxeram a dimensão de que aquelas rodas instauravam espaços-tempos de elaboração da vida.

Ao chegar, já nos finalmentes do encontro, Pinzoh perguntou se haviam contado a história daquele lugar, e Walter indagou se seria possível contar a história com as perguntas do presente. Hoje tenho pensado bastante nisso em todos os espaços que frequento. Quais são as perguntas do presente que atualizam as experiências? Como essas perguntas sinalizam o passado e o futuro que habitam aquele presente? Parafraseando Freire, que disse, em sua entrevista a Marta Luz, que "existir é comprometer-se", eu diria que perguntar também é firmar compromissos, sobretudo de seguir perguntando, isto é, de não abdicar do confronto.

Perguntar é um caminho sem volta, talvez porque não tenha fim: é sempre começar e continuar, fluindo como um rio. Parafraseando Heráclito, ninguém pode entrar duas vezes na mesma pergunta, porque, quando nela se entra novamente, são outras as suas águas indagadoras e é outro o ser que se pergunta. Da mesma forma, é impossível reconstituirmos as nuances das despedidas de Walter da beira do Velho Chico. Basta dizer que, quando cruzamos o rio de caiaque, das margens de Juazeiro até a Ilha do Fogo, era o dia de seu aniversário, 25 de novembro de 2021. Era também o primeiro ano da despedida de Dieguito Maradona, *El Pibe de Oro*. Essa água que não para, de longas beiras e frequentes correntezas, passava por nós deixando viva a brisa dos começos.

Walter sabe que os caminhos ribeirinhos seguem abertos! ∎

♀ A volta ao Nordeste em 100 dias

José Bezerra da Silva[85]
PALANQUETA, IGACI, AL

1. Recebi o encargo dos professores Junot Matos e Anderson Menezes para recepcionar o professor doutor Walter Omar Kohan, da Universidade do Estado do Rio de Janeiro, em visita a Maceió e conduzi-lo à Serra da Barriga e a alguma comunidade quilombola do estado. Isso foi o que entendi, inicialmente. Nós nos contatamos. Não deu certo, pois Kohan estava seguindo a Pernambuco e comprometeu-se a me contatar depois. Isso no dia 18 de setembro de 2021. Manteve a palavra para me informar da impossibilidade da visita, pois viajara a Recife. Tudo bem. Depois de muitos desencontros, firmamos nosso encontro para o dia 26 de novembro, um dia após o seu aniversário e do falecimento de Maradona. Viajou de Petrolina, PE, a Monteirópolis, sertão alagoano, onde fui esperá-lo para, em seguida, irmos à Comunidade Quilombola Paus Pretos.

2. Chegou. O carro cheio de plantas, ele com a barba por fazer, de bermuda e calçado à moda do Conselheiro. Uma expressão de felicidade no rosto e nenhum sinal de cansaço após ter dirigido por aproximadamente 800 quilômetros. Já nos conhecíamos. Sim, mas não somente pelos contatos telefônicos. Sua humanidade contagiava os circundantes, e eu, o mais próximo, fui atingido. Não repeliu os gracejos, vez ou outra, porém, ao me ouvir, e isso fez continuamente, olhava-me nos olhos como a querer fixar a "besteira" que saía da minha boca. Prometi-lhe que iria no meu carro, mas para que dois carros? Somente no dia seguinte, ele confirmou como válida a ideia de andarmos juntos no mesmo veículo, porque assim podíamos conversar, apesar da grande quantidade de plantas que ocupava os espaços do veículo. Kohan procedeu aí a um verdadeiro "milagre": arrumou as plantas na medida certa que criou novos espaços.

---

[85] Doutorando da Universidade Federal de Alagoas (UFAL).

3. Paus Pretos o esperava. Franciele foi quem primeiro o recepcionou. Logo em seguida Kohan encontrou algumas crianças, com as quais passou a conviver simpaticamente. Digo conviver, porque o diálogo ultrapassou o campo do diálogo. Ele o fez com tanta naturalidade que me fez lembrar dos meus encantos por Jerusalém. Aos poucos fui compreendendo aquela criança que completara 60 anos no dia anterior, sua filosofia, seus escritos, sua intelectualidade. Kohan tem livros traduzidos em muitas línguas. É um filósofo, porém diverso dos enlatados. Fomos ao almoço vegetarianizado preparado por Sílvia, esposa do Dovinho. Em seguida nos instalamos numa casa, e Kohan tomou banho de cuia com água quentíssima da cisterna. Sem nenhum comentário depreciativo, tudo normal, porque era daquilo que a comunidade dispunha para nos oferecer.

4. Os preparativos para a festa da noite não alteraram o padrão comportamental do nosso visitante, quer nos trajes, quer na maneira cordial e humana como tratava os circundantes; aquela cara arredondada deixava transparecer uma sinceridade real, um apreço pelas pessoas, sem constrangimento. Fomos convidados a sentar à mesa juntamente às autoridades: prefeito, secretários municipais, vereadores, professores e professoras. Cedi meu espaço de fala ao "estrangeiro". Como num passe de mágica, todos ficaram atentos para ouvi-lo. De pé, andou pouco para os lados, comentou uma faixa aposta ao muro de onde estávamos. Não me lembro do conteúdo de sua fala. Minha curiosidade se fixou apenas nas suas maneiras, no seu método. No entanto, não falou muito. Usou uma quantidade de tempo suficiente, sob medida, como se alguém o tivesse prevenido para não falar muito.

5. Presenteou-me com o livro *Paulo Freire: um menino de 100 anos*. E aos poucos fui entendendo o motivo de sua viagem pelo Nordeste durante 100 dias. Percebi também que havia uma rede de amizade historicamente construída. Kohan estava seguindo esses contatos. Eu entrei na história porque sou orientando do professor Anderson, que foi orientando do professor Junot, que é amicíssimo de Walter Omar Kohan. Descobri também sua grande amizade com Conceição Gislane e Saulo Feitosa, meu amigo e irmão, atualmente professor na UFPE, em Caruaru. Isso é apenas uma maneira de enxergar os fatos, pois Kohan poderia ter circulado por todo o Nordeste e ter durante a viagem obtido os contatos e as

amizades de que necessitasse, porque, como argentino de nascimento, goza da experiência do Che, que curtia o mundo de bicicleta.

6. Acordamo-nos cedo no dia seguinte (sábado, 27) e seguimos viagem com destino à aldeia Xukuru-Kariri, em Palmeira dos Índios. (A pedido de Kohan, eu marquei duas visitas.) Tomamos café em Major Isidoro. Não poucas vezes exagero nas brincadeiras, fato que em nenhum momento tirou o professor Kohan do seu estado humanamente sorridente, cordial e muito participativo das minhas "ondas". Falou pouco de si, mas disse tudo do que perguntei: família, filhas (falava muitíssimo com as filhas), faculdade, Diego, livros, e foi nessas conversas que me sugeriu exclusividade e concentração nos meus estudos de tese. Pediu para ler *O mestre ignorante*, de Rancière. Em diversos momentos foi crítico mordaz de Bolsonaro e de Boaventura de Souza Santos. Este último porque cobrou caríssimo para dar uma palestra e porque vem à América Latina querer dizer o "que devemos fazer".

7. Aticei a minha curiosidade para curtir a maneira como Kohan trataria os indígenas. Como seria o diálogo. Não mudou nada do dia anterior. Sentado, pediu licença para gravar e filmar os circunstantes. Escutou, escutou, e eu, embriagado pelo método da escutação, logo me reportei ao mandamento que antecede ao Primeiro Mandamento. E concordei. Nesse dia percebi: a escutação humaniza, transforma, questiona, inova e renova. Nada acontece sem a escuta do outro/outra. Minhas pouquíssimas leituras de Paulo Freire, meu compromisso revolucionário, minhas lutas, tudo que fizera nestes 40 anos entravam agora por um novo caminho. O caminho da escuta. Pensei: como exercitar esse método? Bem, ainda teríamos mais um encontro, talvez lá eu consiga firmar minhas opiniões. Lanchamos lanche indígena e seguimos com destino a Serra Bonita, para o nosso encontro com o Hélio.

8. A conversa em Serra Bonita foi agradabilíssima. Walter Omar Kohan não se abalou ao encontrar apenas uma pessoa para a escutação. Procedeu igualmente como das vezes anteriores. Quando perguntava, não era incômodo, e o perguntado se voltava para si mesmo, como se, em vez de responder ao perguntante, tivesse de responder para si. Coisa maravilhosa somente vista, assim pensei, naquelas paragens longínquas em que um Caminhante se indispôs com o *status quo*. Por isso comentei comigo mesmo: quão perigoso é esse método, causa incomodação nos

dominantes, e eles optam por eliminar quem anda por aí praticando essas coisas. Tive um pressentimento ruim; Kohan corre perigo de vida, mas não há pena de crucifixão. Melhor! Ainda fartos pelo lanche indígena, fomos para a minha casa, onde minha esposa, Maria Luiza, aguardava-nos para o almoço já no cair da tarde.

9. Minha casa está em construção. Dinheiro curto não me permitiu concluí-la, porém já tínhamos os quartos com camas e um banheiro pronto. O das visitas. Kohan acomodou-se. Circulava pela casa com a mesma cordialidade. Parecia circunspecto. Fiquei atento. Nada de mais, simplesmente era dia do jogo do "nosso time" – o Vélez, e não tínhamos televisão, que foi deixada em Maceió, onde morávamos. Circunstâncias familiares nos fizeram retornar ao Sítio Palanqueta, zona rural de Igaci, AL, após 45 anos de Maceió. Sem problemas, pois a solução estava à vista: assistirmos à derrota do Vélez pelo notebook. Antes do jogo, porém, Kohan colaborou no feitio do jantar, andou de um lado para o outro, inventou alguma coisa e comeu com muito gosto sementes de abóbora. Permaneceu por bom tempo no meu escritório, onde repetiu, parece-me, o único "ritual religioso" de sua existência: falar com as filhas.

10. Após o jogo, fomos dormir. O resultado não causou nenhum sentimento de derrota. Acusamos o juiz, que deixou de marcar um pênalti a favor do "nosso time". Kohan mantinha-se impassível. Sua personalidade, seus sentimentos permaneciam expressos naquela cara arredondada de "europeu". A vida corre por suas veias sem as angústias que marcam os doentes carentes do amparo religioso para apenas se situar no mundo. Após o café no dia seguinte (domingo, 28), Kohan arrumou as plantas no carro, questionou o que uma estaria pensando sobre aquela viagem e seguiu seu destino. Permaneci como a Raposa durante a despedida do Pequeno Príncipe. Tenho lido vagarosamente o livro que me presenteou. Circulo pelo alpendre da minha casa com o livro na mão como se estivesse ao lado de Kohan. Fiz um quadro de uma de suas fotos. Pus diante de mim. Curto seu sorriso todas as manhãs. ∎

Pra quê perguntas?

Gislene Moreira Gomes[86]
POVOADO DE SÃO JOÃO, BA

Em dezembro de 2021, recebi o chamado de um amigo para receber um pesquisador que estava cruzando o sertão em busca de Paulo Freire. Ou algo assim. Achei que era apenas mais um turista desprovido de recurso, querendo conhecer as belezas da Chapada Diamantina e se hospedar em nosso sítio gratuitamente. Óbvio que aceitamos. Sempre aceitamos. Afinal, somos um casal de investigadores independentes que há quase 10 anos tenta entender como a vida pode ser mais sustentável no sertão, e fazemos a nossa própria existência e a dos filhos de cobaia. Então, quando chegaram os pedidos inusitados do tal investigador visitante, tentei satisfazer todos os seus desejos. Queria ver Paulo Freire 100 anos depois. Conhecer experiências, fazer roda de conversas, visitar professores… Tudo isso em menos de 24 horas. Mas atendemos. De pesquisa maluca entendemos perfeitamente. Mas, à medida que a data da visita se aproximava, o clima ficava mais confuso. Chovia há quase um mês seguido, o que significa mudanças extremas e isolamento tecnológico. Reuni dois grupos de colaboradores voluntários, um com professores da educação formal e outro com militantes da Comissão Pastoral da Terra, todos na tentativa de transbordar as muitas possibilidades de ser/viver o Paulo Freire contemporâneo. Mas, quando o pesquisador chegou, atrasado, com pneu furado, com o carro transformado em casa, com as roupas ensopadas de chuva na estrada, trouxe-nos um livro com dedicatória e uma enxurrada de perguntas. O que pensei ser um diálogo, uma troca de palavras e ideias, virou um arsenal inquisidor de interrogações e buscas inesgotáveis em torno de perguntas. Por fim, ao finalmente conhecer Walter Kohan, entendi que ele não era um pesquisador, mas um provocador de Paulo Freire. Mais que identificar

---

[86] Professora adjunta da Universidade do Estado da Bahia (UNEB), na Chapada Diamantina, Campus Seabra.

novas experiência freirianas, queria despertar o pensamento crítico. A questão é que, entre as perguntas e tentativas de respostas, eu estava mais preocupada com minhas funções de anfitriã, de dona de casa, de organizadora de evento, de professora em final de semestre, de cuidadora da roça e de monitora das chuvas. Numa sociedade em que a divisão sexual do trabalho e o patriarcado ainda se impõem como uma restrição aos corpos e ao ser feminino, meu pensamento crítico se resumia a indagar se conseguiríamos atravessar os rios, chegar em casa e cumprir as agendas com a conversa se prologando em tantas interrogações despertadas por Walter. Mas tanto inquirir me provocou a parar, e o parar me fez ouvir, e essa escuta me trouxe dúvidas sobre minha própria existência e vivência freiriana. Assim que, meses depois, esse mesmo pesquisador inquieto que nos provocou a sair dos roteiros, dos métodos e da pedagogia convencional segue interpelando. Este texto é uma catarse da madrugada, da hora em que as crianças dormem, os galos ainda estão cochilando, e as perguntas seguem ecoando sem respostas. Enfim, perguntas para quê? ∎

⦿ "...quanto mais a hora for chegando, mais eu me sentirei feliz..."

Irene de Souza Nunes[87]
GUAJERU, BA

> *Se tu vens, por exemplo, às quatro da tarde,*
> *desde as três eu começarei a ser feliz...*
> Antoine de Saint-Exupéry, *O pequeno príncipe*

Não foram horas, mas dias... à espera daquele que, apesar de tantos títulos, despe-se do peso das formalidades, porque se revestira primariamente da errância e da simplicidade que a vida nos pede. Inevitáveis foram

---

[87] Professora da rede municipal de Guajeru, BA.

as expectativas criadas, a pré-ocupação acerca de como se deve receber um doutor... um escritor... um filósofo... um pesquisador... um professor dono de vasta e rica produção científica.

Era o medo do desconhecido se antecipando, porém ao meu coração serviu pensar que alguém que fosse avesso ao respeito às diferenças não se atreveria a sair do conforto de casa para se aventurar por terras nordestinas/baianas extensas e longínquas.

Já aqui um misto de sentimentos me inquietava: o que tem Guajeru que possa atrair um olhar tão sagaz? O que possui Walter Kohan que o impulsiona até nós? Perguntas... Perguntas? Perguntas! As que não querem nem podem se calar tornaram-se o cerne da visita.

Tudo preparado, e eis que é chegada a hora de recebê-lo em casa, como se fora já um mui querido amigo de longa data! "...quanto mais a hora for chegando, mais eu me sentirei feliz... descobrirei o preço da felicidade". Mais que o abraço no encontro, chamam-nos a atenção o zelo e a quantidade de plantas que lhe faziam companhia ao longo da viagem. Quanta sensibilidade! Qual lhe falta na coleção? Há de caber o jenipapo e o mandacaru, símbolos do sertão, de Guajeru. E tudo passa a fazer sentido, pois nada é por acaso.

Na alimentação sem restrições o lugar de destaque é da fruta silvestre gabiraba, que só perdera para o saboroso pudim de coco. Uma visita à feira livre nos prende ao sabor da sopa de abóbora com gengibre preparada pelo visitante. Quanta honra!!! Que visita saborosa!

A roda de conversa que se deu embaixo de uma frondosa árvore numa agradável manhã de segunda-feira primaveril foi um encontro no tempo escola com alunos, professores, ex-alunos... mas também um encontro com a natureza e com a essência filosófica, condição humana para se conhecer e compreender o mundo que nos cerca.

Mais que falar sobre Freire, o professor Kohan realizou entre nós, de maneira pragmática, a proposta pedagógica de Freire, a qual prima pela libertação do sujeito por meio do livre exercício de pensar a vida. Gosto de pensar que ele tenha atingido sua meta de celebrar em 100 dias de viagem por terras nordestinas os 100 anos de Paulo Freire, dada a impossibilidade de se manter igual e/ou indiferente às afetações próprias de encontros – quaisquer que sejam eles. Imagine um encontro pautado e regado por *vida, amor, igualdade, infância e errância*! Imagine... impossível haver palavras que deem conta de qualificar a sua grandeza ou quantificar o seu valor, apenas se sente o que, por que e para que se foi afetado, e então cabe perguntar: as experiências têm de ter por quê?! ∎

♀ Custei a crer que teria a oportunidade...

Iraci Souza Nunes Marques[88]
GUAJERU, BA

Custei a crer que teria a oportunidade de participar de um diálogo com um filósofo... pois é, Walter Kohan visitaria Guajeru, e eu poderia estar na RODA DE CONVERSA conduzida por ele. A primeira impressão, que não é a que ficou, achei que fosse uma brincadeira, mais uma "arte" da rica criatividade de Irene. Como se confirmou, levei a boa-nova aos meus estudantes, e algumas indagações foram surgindo: como a pessoa se descobre filósofa? Por que fazer uma viagem filosófica? Quem foi Paulo Freire?

Bom, essas indagações se somaram a outras tantas, e eu, Irene e Lia, com a visita confirmada, fomos organizar a recepção, respondendo à pergunta principal: como se recebe um filósofo que se interessa pelas ideias de Paulo Freire?

Saí de minha cidade (Brumado) com o intuito de colaborar de alguma forma com o evento – Walter Kohan – bastante entusiasmada, entendendo que era realmente um privilégio vivenciar aquele encontro. Pois bem, a chegada do professor encheu-nos de orgulho, pois imaginávamos a grandiosidade daquela presença, considerando o pouco que conhecia de seus escritos. No entanto, tivemos a surpresa de tê-lo na cozinha preparando uma deliciosa sopa de abóbora.

O encontro com os estudantes e professores nos fez perceber como estamos ainda distantes das ideias de Freire, na prática. A dinâmica

---

[88] Professora da rede municipal de Guajeru, BA.

usada pelo professor nos conduziu a refletir acerca da importância das perguntas. Por que fazemos perguntas? Para que servem as perguntas?

Por que insistimos em dar respostas aos nossos alunos ou queremos que eles respondam com nossas palavras? Que professor sou eu? Por que não permitimos que nossos alunos perguntem?

Fiquei pensando que a metodologia dos cursos de graduação ou institutos de formação continuada (ou formação aligeirada) tem insistido em promover uma leitura de Paulo Freire de forma abstrata, por assim dizer, ou seja, a experiência concreta que o professor Walter nos proporcionou foi importante, porque representa o saber de experiência, como pontua Jorge Larrosa, ao discutir o valor do conhecimento significativo. ∎

⃝ Impressões de alunos de Guajeru, BA

Maria de Fátima Sousa Nunes e Silva (Organizadas por Lia)
GUAJERU, BA

A roda de conversa com o professor e filósofo Walter foi algo muito proveitoso, teria sido bastante interessante se toda a unidade escolar tivesse participado, pois foi um momento bastante legal para nós nos questionarmos, para confeccionarmos nosso senso crítico, pois através dele e da nossa absorção de conhecimentos, é possível praticarmos a igualdade, assim como foi dito pelo professor, todos nós somos iguais e estamos aqui para aprender um com o outro. Como o nosso tema central, digamos assim, foi sobre o patrono da educação brasileira Paulo Freire, que fez 100 anos em 2021, ele tem uma frase que diz "não existe saberes a mais ou saberes a menos, há saberes diferentes!". E essa é uma frase bem colocada, ainda mais dentro da unidade escolar, estamos aqui sim para aprender com os professores porque eles têm uma formação, mas estamos aqui para questionarmos, e passar nossos conhecimentos e nossos talentos para o próximo.

Fernanda Alves – 2º ano

De primeiro momento eu fiquei surpreso por estar recebendo um filósofo na escola, fiquei até um pouco apreensivo, mas quando cheguei lá, percebi que ele era gente da gente, bem comunicativo e brincalhão.

A roda de conversa foi um momento de muito valor e aprendizado, o fato dele conseguir passar as experiências sobre os estudos de Paulo Freire através de simples perguntas sem respostas foi muito interessante e realmente nos desperta curiosidade, abrindo assim nosso pensamento, nossa mente. Quando ele começou as perguntas, não teve como não lembrar de Sócrates, que também ensinava perguntando.

Concluí que a pergunta é muito importante, ou seja, é fundamental para qualquer coisa, com perguntas criamos metas que nos obrigam a pensar em possíveis respostas, refletindo a arte de pensar que é a própria Filosofia.

Gabriel Moreira – 1º ano

A impressão que eu tive sobre a ilustre presença de Walter Kohan foi muito boa! Como o professor se atentou aos detalhes, como foi extremamente atencioso em ir visitar a nossa escola, e como deu abertura para que os alunos questionassem.

Foi extremamente importante ele ter estimulado o nosso senso crítico, assim como Paulo Freire fez. Sem respostas formuladas, só questionamentos e mais questionamentos.

Emily Narele – 1º ano

A nossa roda de conversa com o professor Walter Kohan foi uma experiência incrível para mim, e creio que para todos que ali estavam presentes. Um momento único, que sempre levarei comigo. Cada palavra, cada ensinamento e cada segundo dessa dose de conhecimento compartilhado estará sempre em minha mente e em meu coração. Para mim, que sou apaixonado por filosofia, vivo a filosofia, estou sempre lendo muitos filósofos, aquele momento com o grande professor e filósofo Walter Kohan expandiu a minha mente, trazendo a simbologia da vida de Paulo Freire em suas palavras, mostrando a importância de perguntar e de não deixar se esvair uma pergunta, e o quão importante é começar, e recomeçar sempre que for preciso. Como dizia Charles F. Brannan: "Se você tem uma maçã e eu tenho uma maçã, e nós trocamos maçãs, cada um de nós acaba com apenas uma maçã. Mas se você e eu temos

uma ideia e trocamos ideias, cada um de nós acaba com duas ideias". Conhecimento, uma das poucas coisas que à medida que dividimos, se multiplica. Gratidão, professor Walter! Gratidão, professoras Irene e Lia, pelo convite! Sou extremamente grato por terem me proporcionado esse grande momento, e essa experiência incrível na minha vida. Obrigado!
Pedro Henrique de Souza Dias – 2º ano

Olá, boa tarde, primeiramente eu achei a experiência bem diferenciada, porque eu nunca conheci um filósofo antes, eu só ouvia falar mas nunca tive a presença de um... e o assunto que foi abordado: Paulo Freire; foi curioso, porque eu não imaginava que esse seria o tema nem a importância desse grande percursor da educação no Brasil. As coisas que foram faladas me fizeram refletir bastante.
Meiriele – 1º ano

Achei muito gratificante a presença do Prof. Walter, fiquei feliz também pelo convite de estar representando a minha turma.
Foi uma experiência diferenciada, adorei o jeito como ele nos envolveu no assunto e o jeito como nos fez pensar a respeito de vários assuntos e o sobre o fato de como ter a resposta de alguma pergunta nos faz perder o interesse de nos questionarmos mais.
Maria Eduarda – 2º ano ■

♀ Walter Kohan e a pedagogia das perguntas: paulofreiremuitofaladopoucolidoaindamenospraticado

Luiz Artur dos Santos Cestari[89]
VITÓRIA DA CONQUISTA, BA

Nos tempos recentes, devemos reconhecer que estamos envolvidos por um cenário cuja polarização é cada vez mais um aspecto que nos une

---

[89] Professor da Universidade Estadual do Sudoeste da Bahia (UESB).

e, ao mesmo tempo, nos separa. No que se refere ao nome do educador Paulo Freire, os anseios se agitam com o mesmo fervor dos dois lados da trincheira. Por um lado, somos testemunhas de uma defesa calorosa do educador e de sua pedagogia, principalmente pelo que ela representou para a educação brasileira num dos momentos significativos de ruptura institucional na história de nossa democracia. Por outro lado, acusações indevidas em nome dele e de sua pedagogia servem para ensejar que esta foi responsável por resultados negativos da política pública de educação no Brasil.

Sem qualquer pretensão de desfazer o cenário, um elemento em comum parece aplicar-se a sujeitos que figuram em ambos os lados, mesmo que isso ocorra em proporções diferenciadas. Uma forma de sintetizar esse elemento comum se deu por meio de uma consideração – coerentemente articulada – que eu ouvi do professor Walter Kohan no início de nossa conversa: "Paulo Freire é um autor muito falado, pouco lido e ainda menos praticado".

Assim, só para expressar melhor nossa compreensão, vou começar pela afirmação de: "Paulo Freire é *muito falado*". Em relação a esse aspecto, não poderia deixar de mencionar a crítica feita pelo professor Flávio Brayner quando ele denominou esse efeito de "paulofreiranismo". Por mais que esse neologismo seja provocador, reconhecemos que a crítica se direciona menos ao trabalho do autor (Paulo Freire), e mais à recepção e institucionalização de sua obra. O próprio Flávio declaradamente expressa isso em seu texto, e, citando Johann Mühlmann, argumenta: "quando uma ideia se institucionaliza, numa igreja ou num partido (mas também em uma Pedagogia!), é porque já perdeu a força originária onde, no entanto, ela tenta ainda fundar sua legitimidade" (BRAYNER, 2017, p. 854).

Diante disso, ser *muito falado* tem muitos sentidos, vejam: a) do fato de atribuir a Paulo Freire o título de patrono da educação brasileira e da sua ampla circulação nos *media*; b) de seu nome figurar em boa parte dos trabalhos que se apresentam como crítica educacional; c) de ser a base teórica para a realização de muitos programas de alfabetização; d) de ser um dos autores com maior indicação bibliográfica nos currículos dos cursos de formação de educadores no Brasil; e) de sua pedagogia ser responsável pelos baixos índices alcançados pelos estudantes nos resultados das avaliações dos sistemas educacionais; f) de sua pedagogia ser responsável pela formação de educadores militantes, mas incapazes de lidar com a realidade concreta das escolas; g) de responsabilizar Paulo Freire por intermediar uma (de)formação dos sujeitos, contribuindo para um tipo de "analfabetismo funcional" no ensino superior; etc.

Nesse sentido, a relação com a palavra tende a se reduzir a uma experiência efêmera que se esvai e assume sempre um novo sentido na recepção daquele que a reconhece como sua. Num texto que publiquei recentemente, coloquei como epígrafe um trecho extraído do livro *Esaú e Jacó*, de Machado de Assis, que considero apropriada ao momento, tal como segue: "As próprias ideias nem sempre conservam o nome do pai; muitas aparecem órfãs, nascidas de nada e de ninguém. Cada um pega delas, verte-as como pode, e vai levá-las à feira, onde todos as têm por suas" (Assis *apud* Cestari, 2020, p. 1).

Assim, o *paulofreiremuitofalado*, seja ele amado ou odiado, é num primeiro momento produto de uma recepção, ou, como diz Machado, nem sempre conserva o nome do pai, ao ponto de se tornar um órfão, ou seja, *paulofreiremuitofalado* já deixou de ser Paulo Freire quando começou e continuou a ser apenas falado. Em segundo lugar, percebo que a proliferação de sentidos em nome de Paulo Freire decorre de uma socialização efêmera segundo a qual uma percepção é imediatamente substituída por outra antes mesmo que esta encontre um lugar no domínio da compreensão, transformando o receptor em sujeitos de percepção, e não de *perceptos* (Deleuze; Guattari, 1997), uma vez que estes nos exigiriam uma vivência com a intensidade e a duração necessárias a fazer com que a percepção ganhe consistência nas elaborações, ao ponto de não deixá-la sob a influência passiva de uma nova torrente.

Deste último passemos ao *paulofreirepoucolido*. Falar sobre leitura quando nos referimos a um autor como Freire nos obriga a enfatizar algumas figuras extraídas da relação entre o autor e seus leitores. Um primeiro caso é o que identificamos como "não leitor". Este se refere àquele que ouve o nome "Paulo Freire" e logo vai levantando as mãos, ou para atirar uma pedra ou para aclamá-lo. Há alguns anos, esse leitor ainda poderia ser até chamado de louco, mas agora parece ser uma figura comum em nosso cenário atual, principalmente quando tentam relacionar o nome de Paulo Freire a todos os malefícios encontrados em nossa política educacional. Nos *media* já ouvi alguns dizerem: "Nunca li nada de Paulo Freire, mas não concordo com sua visão de educação". Mas, por outro lado, também encontramos aqueles que alavancam seu nome fervorosamente e desconhecem totalmente o significado de sua obra.

A segunda figura que me vem são aqueles leitores que se locupletam com as frases de efeitos, extraindo um trecho do autor em um de seus livros, que provavelmente nunca leram, para expressar algo que talvez nunca tenham compreendido. Eu chamo essa figura de "leitor clichê", pois ele nem sequer consegue ler um livro inteiro, e tão somente encontra uma frase do autor que produz certo efeito fonético e ou que o projete para um cenário utópico, já se dando por satisfeito. Poderíamos até levantar a hipótese se essa figura não se assemelha à anterior, mas tem um aspecto que considero importante para a sua distinção. Essa pelo menos tenta ler! Que desastre!

O problema dessa figura é que ela é profundamente superficial (que paradoxo!!). O "leitor clichê" me fez lembrar de uma referência a um texto escrito por Gilles Deleuze intitulado "Post-scriptum: sociedades do controle", no qual o referido autor já visualizava, no início dos anos 1990, uma mudança substancial na forma como começava a se desenhar a dominação nas sociedades contemporâneas, afastando-se, progressivamente, das sociedades modernas disciplinares, tal como vinha sendo analisada por Michel Foucault, com práticas de normatização para disciplinar o corpo dos sujeitos. Diferentemente, Deleuze sinaliza que o essencial não é mais uma assinatura nem um número, mas uma cifra: a cifra é uma senha, e ela está bem mais voltada para circular determinadas ideias nos sujeitos como forma de dominação, porque têm a finalidade de despertar neles a necessidade e o desejo sobre determinadas figuras, fazendo-os imaginar que estas representam sua liberdade de escolha.

Assim, o *paulofreirepoucolido* é flexível, um tipo de figura que varia entre aquele que nunca leu Paulo Freire e aquele que se deixar levar pela onda do momento, um sujeito bastante afetado por um tipo de individualismo que não se apega a nenhuma forma subjetiva que não valha a pena ser trocada, sobressaindo-se sobre ele, ao mesmo tempo, a uniformização dos modos de vida e os processos de diferenciação (mais paradoxo!!!).

Por fim, o último neologismo: o *paulofreireaindamenospraticado*. Sabemos que a educação é uma área do saber colonizada por muitos discursos, inclusive muitos deles tentam se livrar da ideia de que a educação e mesmo a pedagogia sejam um saber específico.

Que implicações visualizo? Primeiramente, um dos discursos que tenta se livrar da educação e da pedagogia é espontaneísta quando advoga que qualquer um pode falar sobre educação, desse modo, a educação está relacionada à esfera da opinião, e, como cada um tem a sua, então não precisamos de uma "ciência da educação" ou um saber sobre a natureza específica dessa prática. Um segundo discurso se alimenta da ideia de muitos profissionais que tentam se livrar da educação como um saber, porque a sua prática tem um valor inerente aos ditames de sua profissão. Sou psicólogo, filósofo ou sociólogo e sou prático nessa profissão, logo, dessa prática eu posso apresentar resultados do que faço, enquanto o teórico só pode falar. Essa alternativa é um caminho pela falsa e oposta relação entre a teoria e a prática. Por fim, um terceiro discurso que há muito tempo circula nas ciências humanas é a ideia de que a educação e mesmo a pedagogia não existem, sob o argumento de que os sujeitos são naturalmente racionais, logo, educar é o momento de encontro da razão humana e dos saberes. Ou seja, para muitos, a educação e a pedagogia não existem, e, se Paulo Freire construiu uma "pedagogia", logo é uma grande perda de tempo praticar Paulo Freire, pressupondo em princípio que o que ele fez não existe!

É bem verdade que esses argumentos se direcionam mais amplamente à educação e à pedagogia do que especificamente a Paulo Freire. Mas devemos reconhecer que essas ideias também tomam parte daqueles que por vezes atuam no campo educacional. Vejam que muitos pesquisadores em educação se preocupam em defender um tipo de socialização específica (um discurso identitário, por exemplo), ou até têm uma atenção específica em relação a uma dificuldade no desenvolvimento de uma criança (as chamadas "dificuldades de aprendizagem"), mas não se preocupam em apresentar ou até debater o conceito de educação e em muitas situações assimilam a noção de educação como se fosse semelhante à afirmação de uma consciência específica ou até à superação de uma dificuldade.

Vejamos um exemplo. Uma das questões sobre a qual já tive a oportunidade de escrever é a presença de discursos ambientalistas no campo educacional (AMORIM; CESTARI, 2013). Naquele momento, analisei a presença desses discursos na educação e como a sua centralidade discursiva tem a finalidade de subverter o conceito de educação e mesmo o de pedagogia, fazendo estes figurarem com função adjetiva em relação a uma ideia principal. Analisei, por exemplo, o caso da "sustentabilidade", que é um discurso ambientalista de origem econômica e que tem tomado parte em diversos saberes científicos em muitas de suas práticas. Na educação e na pedagogia, a lógica não foi diferente, pois, numa breve pesquisa sobre o tema na literatura, pudemos perceber que esse discurso reina com certa autonomia no campo da educação, e a função da educação e da pedagogia é tão somente figurar como instrumento ou meio para o alcance dessa meta, como se educação pudesse apenas ser um processo para a consolidação no sujeito de um tipo de consciência específica. Vimos que desse modo a educação e a pedagogia perdem a sua substancialidade para figurar de modo adjetivo em relação a uma intencionalidade predefinida.

Um segundo modo de perceber esse descentramento da educação e da pedagogia se fez com a ênfase que se tem dado desde o início dos anos 2000 ao discurso da aprendizagem em detrimento da educação. Quem bem analisou essa questão foi o filósofo e educador holandês Gert Biesta, que pôs em discussão a substituição de uma "linguagem da educação" por uma "linguagem da aprendizagem"[90] numa época em que denomina de "era da mensuração". Para ele, essa mudança foi um modo de retirar o debate sobre a formação humana do centro das questões educacionais. Vale lembrar que, com a formação humana, também são deixadas de lado a relação professor e aluno, bem como as diferentes interações e profundidades que estes podem ter com o conhecimento, para colocar em seu lugar a ideia de que, numa era em que a comunicação e a informação circulam abertamente mediante a tecnologia, uma relação direta entre os sujeitos e a informação deve ser mais que incentivada.

---

[90] Seguindo os passos de autores como John Dewey e Ludwig Wittgenstein, ele problematiza a linguagem, tentando se afastar de uma das funções da linguagem que se volta a descrever as coisas, uma espécie de espelho da realidade. Ao contrário disso, ele pontua que, nesses autores, e até em Foucault: "as práticas linguísticas e discursivas delineiam – e talvez até possamos dizer constituem – o que pode ser visto, o que pode ser dito, o que pode ser conhecido e finalmente o que pode ser feito. Assim, a linguagem torna possíveis alguns modos de dizer e fazer, ela torna outras maneiras de dizer e fazer difíceis e às vezes até impossíveis" (BIESTA, 2013, p. 29).

Diante do que foi exposto, um *paulofreireaindamenospraticado* não somente pode inclusive significar a tentativa de se livrar de Paulo Freire, mas também isso se combina com a intenção de incentivar a ideia de que não precisamos mais de educação ou até de uma pedagogia, e Paulo Freire é apenas um modo de dizer e fazer as coisas da educação e da pedagogia. Assim, falar muito, ler pouco e praticar ainda menos é apenas um modo de dizer e fazer as coisas que tornam impossíveis Paulo Freire e sua pedagogia.

Depois dessa tentativa de fazer uma exegese dessa afirmação que ouvi do professor Walter é que posso encerrar minha fala pontuando o sentido que teve aos meus olhos a sua viagem pelo Nordeste. Percebo que ele teve muita coragem em viajar por 110 dias para comemorar os 100 anos desse educador e, ao fazer isso, já começa a desenhar uma relação distinta com Paulo Freire, a educação e a pedagogia.

Primeiramente, a sua viagem não foi anunciada, não foi comentada, logo, não foi falada. Ela foi acima de tudo vivenciada. Tal como se fosse a erupção de um vulcão adormecido, chegou-me a notícia de uma reunião on-line por meio de uma colega (a professora Nereida) de que ele (Walter) estaria passando pela nossa região, mas não entendi imediatamente a natureza de sua viagem, achei até que ele faria participação em alguma atividade formativa na região e iríamos aproveitar a sua presença. Não imaginava que ele estivesse viajando de carro, por tantos dias na estrada, transportando uma floresta de mudas de plantas que cuidadosamente tive de ajudar a retirar, uma por uma, para guardar na garagem e varanda de minha casa, disputando o espaço que ainda restava entre as plantas de minha esposa. Walter foi assertivo nesse momento: "Fica tranquilo, eu conheço todas as minhas plantas".

Em segundo lugar, dos muitos modos de entrada na pedagogia de Paulo Freire, ele cuidadosamente escolheu *Por uma pedagogia da pergunta* como um modo de intermediar sua prática conosco. Esse texto é um livro em diálogo, entre Paulo Freire e o educador chileno Antonio Faundez, que tenta transmitir suas experiências concretas com perguntas que levam ao outro, ao diferente, aceitando e se confrontando com a diversidade do mundo. Essa escolha mostra uma relação alongada e profunda com a obra de Freire, e diria isso porque essa não é uma das obras mais citadas e/ou comentadas do autor, mas, pela forma como Walter iniciou sua relação conosco, mostrou que só um leitor atento às suas pretensões pedagógicas pode escolher o texto adequado. A sua escolha inclusive foi responsável por evitar momentos de exacerbação em nome de Paulo Freire, casos em que se transforma um momento pedagógico em saudação gloriosa e exaltação da personalidade, fazendo do autor um tipo de santo errante em frente a uma procissão.

É bom dizer: Walter não deixou nada disso acontecer. O seu cuidado com o texto foi efetivamente fazer com que o texto fosse bem praticado. Nossa conversa foi um processo que se estendeu numa tarde em que cada participante entrava numa espécie de jogo cuja regra era começar e encerrar com perguntas. O que estava em questão? Aquilo que cada um tem a oferecer de experiências, de indagações, resultado de sua formação, de seu processo de humanização, um encontro que garante o lugar da educação e da pedagogia, ou seja, precisamos do educador e da sua relação profunda com a obra; do educando, da sua experiência, abertura ao processo e ao conhecimento; e da palavra "DIÁ-LOGO", o encontro de duas ou mais pessoas "atravessadas" pelo logos.

Por conseguinte, ainda devo dizer que a presença de Walter deixou entre nós uma forte imagem de educador e humanista. Desde quando chegou, não parou de se conectar com muitas atividades educacionais de sua responsabilidade, palestras on-line, nosso encontro agendado no turno vespertino, nossa ida até minha casa, o cuidado que teve com suas plantas e, depois disso, mais aulas no turno noturno, tudo isso para realizar a tarefa e manter suas responsabilidades profissionais. À noite, numa boa conversa, compartilhamos uma garrafa de vinho e assistimos a uma derrota de meu time do coração – com certeza ele foi tolerante com a minha indignação. No mais, com toda a humildade que lhe é peculiar, aceitou de bom grado a minha humilde casa como sua estada. Na manhã seguinte, ajudei-o com as plantas e vi seu carro dobrar a esquina para mais uma aventura em sua travessia.

Abraços. ■

◉ Viajando nas perguntas: uma homenagem a Paulo Freire

Priscila da Silva Rodrigues[91]
VITÓRIA DA CONQUISTA, BA

Numa tarde de segunda-feira, no dia 6 de dezembro de 2021, nós tivemos um encontro com o professor Walter Kohan na sala de TV (videoconferências) do Colégio Luiz Eduardo Magalhães, conhecido como "Colégio Modelo", localizado no bairro Candeias, aqui em Vitória da Conquista.

A reunião começou às 14 horas, com a sala organizada em formato de círculo, o que indicava horizontalidade na participação, e Walter afirmou que se desfazia da burocracia da "hierarquia", contrapondo-se assim à educação bancária, na qual o professor tudo sabe. Ensinar é aprender a escutar, pois não há docência sem discência, e também ensinar é entender que a educação é ideológica. Educação é uma forma de intervenção no mundo. Afinal, a linguagem é social, pois linguagem e poder estão ligados. Paulo Freire (1974), em sua *Pedagogia do oprimido*, já afirmava a existência dessa relação de poder na estrutura escolar, quando sinalizava a contradição opressores *versus* oprimidos. Aqui o professor era visto como o "único detentor do saber" que transferia seu conhecimento ao aluno que "nada sabe".

Walter Kohan também convencionou com todos que iríamos começar, mas que, a partir do momento que chegassem novos participantes, toda a proposta seria retomada novamente, respeitando assim o tempo de cada um. Conforme Maria Barbosa e Maria Horn (2001), é necessário que haja uma sequência nas atividades, porém, é essencial que haja a sensibilidade do educador para entender a educando como sujeito ativo, reconhecendo as suas singularidades e o seu tempo.

---

[91] Pesquisadora no Grupo de Estudos e Pesquisas em Movimentos Sociais, Diversidade e Educação do Campo e Cidade (GEPEMDECC), da Universidade Estadual do Sudoeste da Bahia, UESB.

O encontro foi recheado por uma dinâmica de questionamentos, em que nós deveríamos nos apresentar elaborando perguntas, o que, para o público, foi uma novidade, já que comumente falamos nosso nome, de onde viemos etc., e o professor Kohan, contrariando a mesmice, pediu que nos apresentássemos por meio de perguntas. E, assim, a dinâmica durou toda a tarde e foram desenvolvidas diversas perguntas, sobretudo, direcionadas para a área de educação e prática docente. Foi muito interessante, porque, a partir de cada questão, éramos impelidos a buscar, compreender e questionar mais. Por meio das questões, nós introduzimos à pesquisa por meio da dinâmica.

Realmente a teoria das perguntas e não das respostas prontas e acabadas é extremamente interessante e bem diferente do que estamos acostumados a ver nos encontros. Freire (2021, p. 52) assevera que a base para a comunicação e a aprendizagem é o diálogo; "Ensinar não é transferir conhecimento, mas criar possibilidades para a sua produção e construção". O professor Walter Kohan não apenas se baseou nos ensinamentos de Freire, com também fez uma homenagem ao seu aniversário, fato que despertou admiração nos participantes, como percebemos na fala da participante do encontro Irlandia Lima:

> O trabalho dele em fazer uma espécie de homenagem aos 100 anos do nosso querido Paulo Freire, isso não tem preço. Vê-se que realmente ele tem respeito pela trajetória do nosso patrono da educação. Ainda mais vindo de alguém que não tem nacionalidade brasileira (Irlandia Lima – Vitória da Conquista, BA).

No site UOL Educação, numa publicação sobre como Paulo Freire é visto no exterior, o professor de Filosofia da Educação da Universidade da Califórnia, Estados Unidos, Ronald David Glass aponta que o mérito de Paulo Freire está na valorização da "consciência crítica, transformadora e diferencial, que emerge da educação como uma prática de liberdade". Segundo ele, "Paulo Freire viveu sua vida no espaço desta consciência; é por isso que inspirou e energizou pessoas no mundo inteiro, e é por isso que seu legado se prolongará muito além de qualquer horizonte que possamos enxergar agora" (Veiga, 2019).

Foi uma tarde bem produtiva e de muita aprendizagem, despertando apreço em todos os participantes. Conforme vemos na fala de Vera Belinato (participante do encontro):

Sobre as minhas impressões, fiquei maravilhada com a forma como ele conduziu o encontro. De forma inovadora com relação à percepção que se tem quanto à teoria freiriana. Foram muitas indagações que nos levaram a outra forma de pensar os ensinamentos de Freire. Foi realmente diferente, pois nosso ponto de vista nos levava a novas indagações e posteriormente a novas indagações (Vera Belinato – Vitória da Conquista, BA).

Tivemos, na sequência, um *coffee break*, que foi muito bom, porque vínhamos de um período muito longo de isolamento, e esse momento de interação permitiu que vários pesquisadores, estudantes, participantes de grupos de estudo e pesquisa se reencontrassem e/ou conhecessem os novos membros. A professora doutora em Memória, Linguagem e Sociedade Nereida Maria Benedictis, docente na Universidade Estadual do Sudoeste da Bahia, resumiu muito bem nossa reunião quando disse: "Foi um encontro riquíssimo, que nos fez repensar o nosso lugar no mundo, sobretudo como pesquisadores e como educadores". ■

⚲ "Viajando nas perguntas": encontros com o professor Walter Omar Kohan

Ana Paula da Rocha Silvares[92]
SÃO MATEUS, ES

De retorno, o professor Walter Omar Kohan entrou em contato conosco no dia 4 de dezembro de 2021, para mais essa vez nos encontrar nas infâncias que experienciamos em São Mateus.

Logo nos organizamos para que ele se encontrasse com crianças da educação infantil. Um público que não tinha dialogado com ele na primeira parada por estar em isolamento e realizando as atividades educacionais em casa, de forma remota.

---

[92] Secretaria Municipal de Educação, São Mateus, ES.

Dessa vez, ainda que com um grupo reduzido, por se tratar de um movimento do ensino híbrido que a rede municipal de educação estava exercitando, o professor Kohan se encontrou com as crianças do CEIM Amábile Zanelato Quinquim que dialogam com o professor Fúlvio Barreira.

Nessa ocasião, acompanharam o professor Walter os coordenadores Eberval, de Educação Física, e Karla Rigoni, da Educação Infantil. Recepcionaram-no no Centro de Educação Infantil Municipal a diretora Cristina Machado e o corpo docente da instituição.

Um depoimento do coordenador de Educação Física, Eberval, convida-nos a outros encontros. Nessa ocasião, ele relata que não tinha ideia de que uma roda de conversa pudesse convidar crianças e adultos a pensarem tão seriamente em torno de temas e ideias que são urgentes a ambos. Eberval ainda disse que o cotidiano nos tira o pensamento de que crianças são tão capazes quanto adultos de pensar e fazer educação.

Em roda, as crianças dialogaram com o professor e com todos que se arriscaram a conversar e pensar com elas. Também se expuseram no vivenciar canções e gestos de uma ludicidade que nos convidam a pensar brincando... a brincar pensando... juntos!

O que faz uma escola ser boa? O que é bom a ponto de transformar um lugar em escola?

O professor Walter seguiu viagem... e nós ficamos... em viagem! ∎

♀ No começo e no fim

Fúlvio Barreira[93]
SÃO MATEUS, ES

No começo e no fim. Ou na ida e na volta. Encontros em tempos distintos de uma viagem. Ou de várias viagens? Os encontros com o professor Walter são sempre convites a pensar... O encontro com a criança-Walter é sempre um convite a se aventurar...

---

[93] Secretaria Municipal de Educação, São Mateus, ES.

No porto de São Mateus um encontro aconteceu, estávamos entre professores de Filosofia, pesquisadores… amigos, nós nos colocamos a pensar sobre o começo… Dentre muitas perguntas, nós nos questionamos: quando um encontro começa? Como sabemos que começamos? "Quando o agora começou?" Existe fim? Ou o fim é só um começo visto por outro ângulo, e vice-versa? Quantos começos habitam um começo?

O porto de São Mateus é um lugar inspirador para pensarmos sobre começo, pois é onde os historiadores dizem que a história do município começou, e inclusive está ligado ao começo da história do nosso país. Será então que nosso encontro começou quando a primeira embarcação aportou nas margens do rio Cricaré? Podemos brincar de regressar a um ponto na história para afirmar como o começo de tudo, mas começar não é isso, pelo menos não quanto a nosso encontro.

Começo é afeto.

Começo é afeto!

Começo é afeto?

Começo é afeto…

A passagem do professor Walter por São Mateus possibilitou começos. No porto, na praia, na varanda, na creche… Entre professores, entre pesquisadores, entre jogadores amigos, entre crianças…

Viajamos. Mesmo que geograficamente tenhamos nos mantido no mesmo lugar, viajamos. Não só em pensamentos. Viajamos. Nós nos transformamos e transformamos nosso cotidiano. Desde a espera para receber o professor viajante, na qual nos organizamos para visitar escolas, promover encontros com os professores e alunos da rede, até o encontro sentados em roda, à escuta das vozes dos que vivem e habitam a escola. ■

Aprendizados de uma viagem sonhada

> *[...] meu filho, Vicente, de cinco anos, sempre diz que quando crescer vai querer ser criança. Uma criança grande.*[94]
> Suzana Rebeca da Silva

O que (me/nos) ensinou esta viagem? O que aprendi(emos) atravessando-a? Nela? Durante ela? Pensando nela e com ela? Vivendo-a? Quanto e quando aprendemos? O que (des)ensinamos e (des)aprendemos nos preparativos, no percurso e depois da viagem? O que fomos ensinados pelos anfitriões, pelos participantes e pela própria viagem? Senti(mos) a necessidade de pensar detida e calmamente nessas várias questões, algo que aqui talvez consigamos apenas começar... A viagem tem sido tão complexa, intensa e extraordinária que é talvez uma pretensão imprópria considerá-la especificamente em alguma das suas múltiplas dimensões, como se cada uma delas pudesse ser separada das outras. Contudo, somos incorrigíveis buscadores de começos, de ensinamentos e aprendizados, e, mesmo sabedores da improdutividade da presente busca, continuamos buscando e nos dispomos a começar a buscar... buscando. Começaremos, pois, a busca, tentando manter-nos nessa dupla posição: de busca e de começo.

Por onde começar a busca? Tentemos. Como sempre. Consideramos que a relação entre os termos "ensinar" e "aprender" não esteja determinada nem possa ser encadeada univocamente. Estamos usando inclusive propositadamente, entre parênteses, as formas afirmativas do aprender e

---

[94] Depoimento num encontro virtual de disciplina do Programa de Pós-Graduação em Educação da UFPE coordenada pelos professores André Ferreira e Flávio Brayner em maio de 2022.

do ensinar junto às suas contrárias para chamar a atenção para esse enredo. Sabemos da complexidade e inexequibilidade dessa questão: uma coisa é o que uma viagem ensina ou desensina, e que podem ser muitas coisas; outra é o que aprendermos ou desaprendemos os viajantes com ela. O último costuma ser bastante menos do que o primeiro. Em parte, por isso seguimos viajando. Para seguir (des)aprendendo e (des)ensinando. Ao mesmo tempo, não fui só eu que aprendi nesta viagem. Aqueles que me acolheram, que participaram das atividades compartilhadas que o digam. Aliás, não só o disseram, como também o têm escrito das mais diversas formas, como acabamos de ler, em testemunhos intensos e comovedores. De modo que as (des)aprendizagens e os (des)ensinamentos aqui expressados se complementam com os que aparecem nas escritas de anfitriões contidas na parte anterior deste livro. Quando alguém viaja afirmando uma pedagogia menina da pergunta, muita gente viaja, muita gente aprende e muita gente ensina.

Em todas as viagens – pedagógicas, filosóficas ou quais sejam – há sempre um antes da viagem. Um antes do começar a percorrer o caminho. A pedagogia vive de planejamentos e preparações. De traçar planos e elaborar preparativos. E, com eles, surgem inúmeras perguntas: como se preparar para uma viagem menina das perguntas? Como prepará-la? Como preparar aos que viajam junto? E a questão do antes da viagem nos leva à questão dos começos: quando começa uma viagem? Como se preparar para esse começo? Se há uma preparação para começar, haveria então algo antes do começo? Como pode algo estar "antes" do começo? Como algo pode fazer parte de uma viagem que ainda não começou? Ou essa preparação é o próprio começo da viagem? Ou temos de abandonar a ideia de começo e, em última instância, nossa vida inteira é uma viagem continuada que se manifesta de variadas formas sem começo e sem fim?

A ideia de começo tem estado muito presente nos meus pensamentos e na minha vida recente. Há uma frase de Paulo Freire numa conversa com Myles Horton que tem me impressionado bastante. Também os organizadores dessa conversa editada na forma de livro devem ter ficado bastante impressionados, porque a fizeram o título de uma seção: "Estou sempre no começo, como você" (Freire; Horton, 2018, p. 78). É mesmo impressionante, porque Paulo Freire costuma ser associado às grandes utopias, às metas de alcançar uma sociedade outra e, contudo, ele surpreende afirmando que está sempre no começo. O contexto é uma conversa dos dois educadores sobre seus começos, e Paulo Freire não se refere apenas a si mesmo, mas também a Myles Horton e provavelmente a qualquer educador popular, revolucionário, como se estar no começo fosse uma posição necessária para educar. Na continuidade do diálogo, Paulo Freire relaciona a ideia de começo a criar e a sonhar, afirmando que educar exige criar e criar exige sonhar; e para criar e sonhar é preciso começar a criar e começar a sonhar. Mas começar não é uma posição habitada no início de um processo que a deixará para trás. É preciso manter-se no começo, sempre estar começando... a criar e a sonhar.

O começo que Paulo Freire afirma é um começo como presente, e não um começo cronológico. Esse compromisso com o começo, como força inventiva e sonhadora, faz dele um amigo da infância. Esse começo se fez presente de diversas maneiras na viagem. Inclusive com uma música. Por isso, temos partilhado muitas vezes, em diversos encontros, uma canção que coloca singularmente os desafios que a ideia de começo nos coloca para pensarmos em nossas práticas educativas. É uma música "infantil" do grupo Tiquequê, intitulada "Quero começar". Ela tem a seguinte letra:

Quero começar
Tiquequê

Quero começar mas não sei por onde, onde será que o começo se esconde?
Quero começar mas não sei por onde, onde será que o começo se esconde?
Quero começar mas não sei por onde, onde será que o começo se esconde?
Quero começar mas não sei por onde, onde será que o começo se esconde?

Será que o mundo começou em janeiro?
Será que o amor começou com num beijo?
Será que a noite começa no dia?
Será que a tristeza é o fim da alegria?

Será que o mundo começou em janeiro?
Será que o amor começou com num beijo?
Será que a noite começa no dia?
Será que a tristeza é o fim da alegria?

Quero começar mas não sei por onde, onde será que o começo se esconde?
Quero começar mas não sei por onde, onde será que o começo se esconde?

Será que o mar termina na areia ou ali é o começo de uma vida inteira?
Está aí o mistério que chegou até mim: será que o mundo tem começo, meio e fim?
Quero começar mas não sei por onde, onde será que o começo se esconde?
Quero começar mas não sei por onde, onde será que o começo se esconde?

Será que o universo um dia começou, esse dia especial quem será que inventou?
Será que deus um dia nasceu? Será que o choro dele foi igual ao meu?
Quero começar mas não sei por onde, onde será que o começo se esconde?
Quero começar mas não sei por onde, onde será que o começo se esconde?

Esta música começa (começa? Onde/quando/quem começa uma música?) por um desejo, justamente o desejo de começar, e com esse desejo encontra-se, também no começo, uma dúvida, uma incerteza, um não saber por onde começar. Um desejo e uma dúvida estão no começo alimentando a música. Há também uma afirmação: a de que o começo se esconde. Desejo, dúvida, afirmação. Desejo de começar, dúvida quanto a por onde começar, afirmação de que o começo está escondido. Não sabemos por onde podemos realizar o desejo de começar, porque o começo está escondido. A situação é paradoxal, porque, de fato, a música começa. Com a dúvida pelo começo, mas começa. Ou seja, ela afirma que não sabe por onde começar começando. Na música, o começo começa cantando, questionando a sua própria existência. Ou é a dúvida que começa cantando sua inquietação desejante?

Seria esse paradoxo uma evidência de que o começo existe e de que, mesmo para duvidar dele, é preciso afirmá-lo? Quem sabe, talvez, Heráclito, alguém que está no começo de uma tradição da filosofia, ajude-nos a pensar. Porque esse começo da música ecoa muito, muito, muito um fragmento do Heráclito, o 123, composto de apenas três palavras: *"physis kryptésthai phileî"* ("a natureza ama esconder-se"). Dele, a partir da música, nasce outro fragmento; "o começo ama esconder-se". Heráclito reforça o paradoxo, porque, mesmo sem sabermos se o começo existe, sabemos que ele ama se mostrar como não existindo, ou seja, escondendo-se. E ficamos pensando em quantas coisas poderíamos colocar no lugar da natureza e do começo, e que também amam se esconder. Certamente o próprio desejo é uma delas; talvez a pergunta, a filosofia, a infância, a verdade, a justiça, o mundo, a vida… e tantas outras coisas. Temos feito esse exercício nas rodas de pedagogia menina. E assim percebemos que muitas coisas supreendentemente amam se esconder.

O que se esconde se torna invisível e, também segundo Heráclito, a harmonia invisível é mais poderosa que a visível (fragmento 54). Assim, nos deparamos com a força invisível do começo. Escondido, invisível, a partir de um desejo, um não saber e uma afirmação, o começo, paradoxalmente, volta a nos inquietar com suas perguntas: será que é esse mesmo o começo da música? Onde começa uma música? É na sua escuta? Pode uma música começar sem ser escutada? A letra da música está composta quase exclusivamente de perguntas. O "quase" é importante, porque, no meio de uma pergunta que se repete muitas vezes junto a outras perguntas, há uma afirmação singular: "está aí o mistério que chegou até mim". E esse mistério é, claro, uma pergunta: "será que o mundo tem começo, meio e fim?". Ou seja, a (quase) única afirmação da música diz respeito ao começo como um desejo, e nesse ponto a própria existência do começo é colocada em questão: será que existe qualquer começo, e o que se segue dele? Porque o começo não está só, e, se ele existir, então também ganham direito a existir outras coisas, como o meio e o fim. Só há meios e fins se houver começos. De modo que o começo não é algo apenas paradoxal, mas também misterioso e generativo. Há mais coisas escondidas e invisíveis com o começo. Como respeitamos muito os paradoxos e os mistérios, longe estamos de querer resolvê-los; ao contrário, esperamos estar alimentando-os.

Seguimos, então, atentando para a música. As perguntas que compõem a sua letra têm também uma forma comum: todas elas começam com "será que", que é uma maneira de lançar hipóteses. Ou seja: as perguntas da música lançam hipóteses a serem confirmadas ou não. Que algo seja hipotético significa que pode ser ou não ser. Algumas hipóteses dizem respeito a possíveis candidatos a ocuparem o lugar de começo de algumas entidades ("Será que o mundo começou em janeiro?", "Será que o amor começou com um beijo?", "Será que a noite começa no dia?",

"Será que o universo um dia começou, esse dia especial quem será que inventou?", "Será que deus um dia nasceu?"), enquanto outras dizem respeito ao fim ("Será que a tristeza é o fim da alegria?"), e outras ainda combinam hipóteses sobre o começo e o fim ("Será que o mar termina na areia ou ali é o começo de uma vida inteira?"). Nessa pergunta parece que o começo e o fim se conectam, pois o que marca um fim marca também a possibilidade de um começo. Um fim pode ser um começo? Um começo pode ser um fim? Isso parece estar sugerindo esse trechinho da música. E há também nela uma hipótese diferente, já não sobre o começo ou o fim, mas sobre o choro de um hipotético deus: "Será que o choro dele foi igual ao meu?". Claro, só de deus poderia nascer uma hipótese diferente, porque, se há deus, então é porque a hipótese sobre o começo já não é mais uma hipótese e se tornou uma certeza.

As hipóteses parecem ser ilustrativas. Elas dizem respeito a diversas dimensões da vida e do mundo; algumas têm a ver com a natureza, outras, com nossos sentimentos, outras, com o mundo e suas manifestações. Poderíamos pensar em muitas outras hipóteses, quase que o mundo e a vida inteiramente poderiam se tornar uma hipótese. Eis uma das forças dessa música, sua potência de começos. Ela inspira. Todas as hipóteses poderiam ser radicalizadas, e assim poderia ser questionado se de fato existe o que elas questionam como sendo um possível começo: existe a tristeza? A alegria? O amor? A noite? Deus?

Algumas das hipóteses parecem claramente distrativas ou querendo chamar a atenção sobre algo que resulta bastante pouco provável. Porque de fato não parece muito provável que o mundo tenha começado em janeiro, se é que ele começou. Seria quase como acreditar que o mundo é como Rio de Janeiro, e que o Rio de Janeiro começou em janeiro porque os invasores lhe deram esse nome pensando que era um rio e porque era esse mês. Mas a hipótese da música não apenas não justifica que o mundo tenha começado em janeiro, como também provoca outros começos e nos faz pensar no tempo, na relação entre começo, mundo e tempo, na nossa forma de organizar e contar o tempo, e também no começo do tempo, e não apenas do mundo: há um começo do tempo? Se houver, pode algo existir num "antes" de o tempo começar? Mas "antes" não exige um tempo já começado? Pode haver "antes" se não houver tempo? Pode existir "antes" antes de o tempo começar? Faz sentido um "antes" sem tempo?

Alguém poderia dizer que estamos exagerando e extraindo coisas demais de uma música que é apenas uma canção infantil. Pois bem, justamente disso se trata: da infância, da potência infantil dessa música, do que ela nos permite perguntar, pensar... começar!!! Das invenções e dos sonhos que ela permite começar. Talvez essa música desperte tantas coisas justamente por ser "infantil", pela potência que o infantil dispara nela. Outra vez caímos dentro de um paradoxo: parece que, "sem querer", o começo está mostrando que ele existe e agora fez com que "sem querer" comecemos. Eis aí outra potência e outro mistério do começo? Quem sabe...

Assim, a música e o começo inspiram-nos a nos perguntarmos sobre esse mistério por ela afirmado: existe o próprio começo? E, se existe, ele próprio tem um começo? Há um começo do começo? Onde começou o começo? É um começo do mundo? No mundo? O que começou primeiramente, o começo ou o mundo? Quantos começos cabem no mundo? Quantos mundos cabem no começo? Quantos começos uma vida pode acolher? Quantas vidas o começo pode acolher? E, claro, também nos perguntamos sobre algumas outras palavras derivadas do começo: existem o meio e o fim? E, se existem, quando começaram? O começo do meio é posterior ao começo do começo e anterior ao começo do fim? Ou são esses começos simultâneos? O que se seguiria de encontrarmos o começo do começo, do meio e do fim? Um recomeço? Ou poderia algo começar sem começo, meio e fim?

Talvez com o fim suceda algo próximo ao começo em relação a sua natureza paradoxal e, de fato, assim como, em algum momento, este texto começou, em outro ele deverá terminar. E alguém poderia questionar se haveria um "depois" do fim, assim como perguntávamos sobre o "antes" do começo. Ou seria impossível pensar num "depois" do fim? Podemos pensar no fim sem ao mesmo tempo afirmar o fim como fim, termo, sem depois? O mesmo poderia ser dito do meio? Significa isso que, uma vez aceita a existência do começo, deveríamos aceitar também a do meio e do fim? Isso comprometeria a força inventiva do começo?

As repercussões educativas de algumas perguntas são tremendas. Comecemos, como sempre, pelo começo: o que tem a ver a educação com os começos? Já vimos que Paulo Feire, inspirador de muitos começos, afirmava que ele estava sempre no começo. Sugeria, com essa afirmação ("estou sempre no começo, como você"), que estar no começo é algo assim como uma condição, uma necessidade ou uma tarefa de educadores? Que, para os que habitamos a educação, morar também na terra dos começos é incontornável e faz parte da curiosidade e do compromisso político exigidos pelo educar? O que nos inspira a começar essa declaração de fidelidade ao começo? O que podemos pensar a partir dela?

Antes de continuar com mais perguntas, lembro que a conversação entre Horton e Freire teve lugar em inglês e me pergunto o que aconteceu com essa frase que, muito provavelmente, tenha nascido em português em Paulo Freire e depois tenha sido traduzida para o inglês. Porque, como sabemos, não é fácil diferenciar o ser e o estar em inglês, já que ambos se dizem com uma única palavra, o verbo "*to be*". De modo que, para um falante do inglês, como Horton, a frase "I am always in the beginning, as you" poderia significar tanto "eu sempre estou no começo, como você" quanto "eu sempre sou no começo, como você". Pergunto-me sobre o que Horton e os leitores ingleses entendem quando Paulo afirma essa relação com o começo como um "estar". Deixo abertos outros eventuais começos que esse não saber possa provocar.

Como seja que leiamos essa frase, sinto que ela sugere, dita por um educador a outro educador, que a relação entre educar (ou educar-se) e começar é extraordinária e que é preciso habitá-la de alguma maneira. Educar requer começar e propiciar começos, estar sempre começando e criando condições para que outras e outros possam começar? Começar o quê? Onde? Quando? Quem? De que maneira? Por quê? Para quê? Com quem? As perguntas poderiam seguir infinitamente e só mostram a força do começo para qualquer prática educativa.

Todas essas perguntas são políticas ou, pelo menos, contêm uma dimensão política, mais evidente, talvez, no "para quê?" ou no "com quem?", mas não menos presente no "quando?", no "onde?" ou ainda no "de que maneira?", que alguns poderiam suspeitar como uma pergunta apenas instrumental ou metodológica. Contudo, essas perguntas são todas políticas, porque abrem (ou fecham) mundos e porque a maneira como sejam respondidas supõe certo reparto do mundo e um tomar partido nessa partição. Darei um exemplo, simples, para ilustrar o que estou tentando sugerir. Há educadores que começam e pronto... que não se preocupam com quem estão começando; que não estão atentos aos ritmos, condições, necessidades diversas dos seus estudantes para começar; há aquelas e aqueles que inclusive começam sozinhas/os. Os efeitos políticos dessas práticas são diversos e duradouros: elas podem deixar marcas em alunas e alunos que passam a se perceber fora, relegadas e relegados, lentas e lentos, incapazes ou qualquer coisa do tipo. Assim, cada vez que começamos algo, não apenas começamos isso que começamos, mas começamos ou propiciamos muitos modos de relação com o começo. Estamos atentos e cuidamos desses modos de relação e do que eles propiciam ou dificultam?

Na viagem dos 100 dias para comemorar os 100 anos de Paulo Freire que estamos aqui celebrando escrevendo-a, o começo apareceu de muitas maneiras. Por um lado, em diversas rodas de pedagogia menina da pergunta, começamos conversando sobre o começo, como muitos escritos dos anfitriões testemunham. Às vezes sem querer, às vezes porque algo ou alguém trazia a ideia de começo, o fato é que muitas das rodas começaram problematizando e pensando o começo. E em alguns casos, o começo tornou-se tão instigante que ficamos dando voltas no começo, sem sair dele. Muitas vezes não conseguimos sair do começo. Em outros casos, eu estava especialmente atento ao fato de que as pessoas iam chegando: havia atividades mais fechadas com um grupo que estava me esperando inteiramente e outras em que as pessoas não estavam todas desde o começo, e iam chegando. Nestes casos, quando eu notava que alguém chegava, cumprimentava, dava as boas-vindas e convidava o grupo a começarmos novamente. E repetíamos esse rito tantas vezes quantas pessoas chegavam. Inicialmente, ele gerava certa surpresa, incompreensão e, às vezes, resistência, mas aos poucos ele era percebido na sua potência: não apenas tratava-se de acolher os que chegavam para que pudessem começar junto, mas também nos permitia experimentar a força do começar e do recomeçar e pensar sobre o quanto nos importava que o começo fosse coletivo ou apenas individual; ao mesmo tempo, mostrava que de fato nosso tempo não era linear, que não tínhamos uma meta a alcançar e nos oportunizava a possibilidade de pensar, novamente, sobre as condições e os sentidos do exercício que estávamos compartilhando. Assim, recomeçar propiciava paragens intensas, retrocessos e desvios no movimento da conversa e, junto, certa sensação de se perder muito própria das viagens errantes. Isso tudo também nos ajudava a desacelerar, a desconstruir expectativas sobre os nossos lugares de saber ao mesmo tempo que alimentava um desejo de prolongar o encontro.

Desse modo, sinto que a ideia de começo foi se tornando, paradoxalmente, cada vez mais significativa e presente à medida que a viagem avançava; ao mesmo tempo, ela foi tremendamente vivenciada e alimentada durante a viagem em diversos sentidos. Por um lado, para a imensa maioria dos participantes dos exercícios de pedagogia menina, a viagem estava literalmente começando em cada parada: eram encontros singulares, irrepetíveis, únicos, que geravam uma expectativa por estar, de fato, começando algo singular, extraordinário; por outro, para mim mesmo, que era o único que participava de todos os exercícios, de alguma forma foi uma viagem de começos que se repetiam diferentemente, renovando-se em cada parada. Ou seja, o que era literalmente verdade para meus anfitriões também era verdade para mim, não literalmente, claro, mas num sentido que me fazia reiniciar a viagem em cada encontro, como se eu tivesse de começar a viajar em cada parada ou como se a viagem toda estivesse presente em cada parada. Não era apenas uma exigência filosófica ou pedagógica por mim colocada; a generosidade da acolhida; a diversidade dos contextos; a singularidade na organização de cada atividade. Tudo contribuía para fazer de cada parada um começo.

Os exercícios foram todos singulares, situados, sensíveis a cada contexto. Não preparava os exercícios porque nem sequer sabia com quem ia me encontrar. E mesmo que o soubesse também não tinha muitas condições de fazê-lo dada a intensidade do percurso; em alguns casos só tinha uma localização no GPS. E isso, longe de me angustiar, me tranquilizava: sabia que não teria como não considerar o contexto, os gestos, as palavras de acolhida para pensar no que iria propor. Claro que tinha algumas estratégias comigo, mas o começo era sempre improvisado, ele surgia no próprio local, às vezes com a atividade já iniciada. Ficava muito atento à acolhida, à apresentação, às expectativas, e, às vezes, o começo era a pergunta aberta sobre como poderíamos começar ou sobre qual era a expectativa do que faríamos juntos.

Resulta-me cada vez mais importante a relação entre forma e conteúdo na relação pedagógica. Na forma de uma pergunta: o que ensinamos quando ensinamos, não apenas pelo conteúdo que transmitimos, mas pela forma como que ensinamos? O que ensinam nossos gestos, nossas palavras, nossos tons, nossos ritmos, nossos olhares, nosso corpo, nossa escuta, nossa forma de experimentar o tempo, nossa maneira de acolhermos ou não acolhermos uma pergunta? Os exercícios de pedagogia menina não se propunham a transmitir conteúdo algum; eles buscavam partilhar uma forma de se relacionar com o pensamento, com o saber, com aqueles com quem pensamos junto; uma forma sensível e atenta à potência do começar, do inventar, do sonhar... era isso o que mais me preocupava, o que para mim resultava inegociável e me dava força para resistir às demandas para que ocupasse outra posição de saber.

De modo que os exercícios de pedagogia menina começavam "sempre" em cada lugar; eu poderia estar repetindo algum comando inicial ou, no meio de um exercício, às vezes me lembrava de uma pergunta ou uma estratégia que tinha causado certo efeito num exercício anterior e a recuperava. Mas era sempre para começar algo diferente, e nunca para repetir o mesmo. Não me permitiria desrespeitar a singularidade de cada encontro. Tinha a sensação de estarmos compartilhando algo quase sagrado, uma espécie de começar a perguntar em cada pergunta, e começar a filosofar em cada encontro filosofante. Como se cada roda fosse a primeira roda da viagem; cada pergunta, a primeira pergunta; cada começo, o primeiro começo. Como se a viagem contivesse infinitas viagens ou infinitos começos de viagem. Alguém poderia dizer que isso é justamente uma marca de uma viagem infantil ou uma maneira infantil de viajar. Assim, ela poderia ser percebida como uma viagem dedicada à infância, na sua forma e também no seu derradeiro sentido, uma viagem-sonho, inspiradora de sonhos e invenções.

E, como se trata de uma viagem pedagógica ou educativa, também poderíamos dizer, então, que se tratou de uma viagem infantilmente pedagógica ou de uma viagem pedagogicamente infantil. Isto é, uma viagem aprendente de infância, atenta à infância, movida pela infância. Isso parecem também dizer os testemunhos dos anfitriões, aquelas e aqueles que compartilharam a viagem comigo, as companheiras e os companheiros de viagem, sugerindo assim que a infância é algo comum, compartilhado, popular, para os que querem viajar juntos e abertos às aprendizagens infantis do mundo.

O que aprendi na viagem

A viagem foi tão extraordinária que, meses depois de ela ter terminado, ainda me sinto viajando. Ou, então, querendo começar outras viagens que a recomecem. Os efeitos ainda presentes da viagem podem ser sentidos de diversos modos. Por um lado, no impacto provocado pela viagem em pessoas que me fazem saber disso permanentemente, nos desdobramentos que ela tem gerado em muitas das pessoas que dela fizeram parte, nas repercussões indiretas que ela tem provocado até em pessoas que dela não participaram; muita gente que nem sequer tinha visto antes me fala da viagem pergunta-me dela, querendo saber mais. Por outro lado, e nisso gostaria de me concentrar no que segue, a viagem tem me proporcionado um mundo de aprendizagens sobre as coisas da educação, sobre uma maneira de habitar o espaço pedagógico, que ainda estou processando. Eis também um dos sentidos desta escrita: ajudar-nos a perceber as aprendizagens que uma viagem infantilmente pedagógica pode ter propiciado. Vou agrupar essas aprendizagens em alguns pontos tentativos, provisórios, que não são os únicos possíveis, mas são apenas um começo para pensar na viagem e um convite para seguir viajando.

A Educar, viajar, amar

Vou escrevê-lo de uma vez, porque sinto algo de fundamental e principal nessa primeira aprendizagem. É também o começo das aprendizagens, pelo menos na minha sensação, de como se apresentam a mim as aprendizagens, na forma em que elas se fazem presentes. Ou seja, eis um começo não temporal, mas uma espécie de força motora, condição e sentido de todas as outras aprendizagens. Dessa forma, quero começar apresentando minhas aprendizagens, antes de qualquer outra coisa, como aprendizagens amorosas, como se a amorosidade fosse a primeira aprendizagem e, ao mesmo tempo, um começo para ou uma condição de qualquer aprendizagem de verdade, pelo menos nesta viagem. Sabemos, porque esse é o Sócrates que mais escutamos, que os filósofos só sabem que não sabem, mas também sabemos, embora não o tenhamos escutado tanto, desde que Sócrates o confessou no *Banquete* de Platão, que os filósofos só sabem amar ou só sabem sobre as coisas do amor. Ou seja, sabemos que a filosofia é um paradoxo, porque os filósofos nada sabem, mas sabem amar, e isso não apenas não é um problema, mas também resulta numa condição para habitar a filosofia. Sobre isso, entre nós, um Sócrates napolitano, Giuseppe Ferraro, diz que a filosofia, que se traduz como amor ao saber, deveria ser traduzida, também, como saber do amor, por ser um saber sem conteúdo, um saber de laços, o saber que sabe a ligação mais importante, o saber que nos toca dentro (Ferraro, 2018).

Por isso apresentamos os aprendizados da viagem começando pelo amor que nos toca dentro. Repito: os começos não são apenas ou principalmente cronológicos. Há começos no tempo dos relógios, mas também num tempo que não passa. Por outro lado, há começos estéticos, éticos, existenciais, políticos, epistemológicos… e há começos que são essenciais, insubstituíveis e condição de outros começos, como é o caso desta, minha primeira aprendizagem: aprendi a amar o povo nordestino na sua inteireza, generosidade, hospitalidade. Ou, talvez, para dizê-lo mais precisamente, aprendi a vida contida no amar com a generosidade, a inteireza e a hospitalidade com que o povo nordestino ama a vida. Aprendi, com ele, que a educação é um ato amoroso, algo que repetimos muito pelo menos desde Paulo Freire e que talvez precisemos afirmar não apenas na palavra, mas também no corpo a corpo do encontro educativo. O amor é, assim, uma condição e também uma força de inícios, uma disposição para a escuta, a atenção, o cuidado. É uma confiança compartilhada para sonhar e construir mundos, para escutar uma pergunta, atentar para uma inquietação, cuidar de uma busca. É uma força estética, ética e política que dá condição e sentido a uma pedagogia menina da pergunta.

No encontro com o outro, a amorosidade é alimentada de espaço e de tempo, seus dois componentes estruturantes. É preciso ir até o outro, ao seu encontro, sair do lugar próprio, abandonar a comodidade da casa, deslocar-se e fazer sentir que o encontro nos importa e por isso nos deslocamos e nos aventuramos a nos reunir para escutar e sentir as perguntas por nascer. Educar, ensinar, aprender exigem deslocar-se, com o corpo, no espaço. E exigem também a criação de um espaço propício, pedagógico, que pode ser o círculo dentro de uma sala de aula ou à sombra de uma mangueira ou cajueiro, no pátio ou no quintal de uma casa de encontro, na areia da praia, e que, em qualquer caso, precisa estar disposto para a escuta atenta de umas/uns às/aos outras/os. Não precisamos sacralizar o círculo: podem ser muitas outras figuras. Porém, ele tem o valor da equidistância do centro que permite nitidamente apreciar e a consequente posição igualitária que convida a habitar.

Um outro alimento da amorosidade é o tempo. O tempo se diz e se vive de muitas maneiras, e a amorosidade é expressada em muitos tempos. Por um lado, o tempo do relógio, a quantidade de tempo que entregamos: o amor precisa de muito tempo, de muita quantidade de tempo, de muitas horas, dias, semanas, meses, anos… Mas ele também precisa de outro tempo, um tempo de certa qualidade: o tempo dos amantes que sentem o tempo suspenso pelo amor; elas/es próprios encontram-se suspensos nesse tempo. O tempo presente do amor, aquele que não passa; um tempo que exige estar presente no presente; um tempo de presente e oferecido com um presente; um tempo de agradecimento, gracioso, agraciado: é o tempo que nos permite perguntar, pensar e sonhar juntos sentados numa roda de conversa.

Desse modo, estou oferecendo não apenas um começo temporal, mas também um começo essencial, principal, uma condição de outras aprendizagens: o amor como uma forma de afeto alegre, para dizê-lo com Espinosa, uma força potenciadora – da diferença – e agregadora – no comum: uma energia que cria uma comunidade dos singulares, uma possibilidade de assistir, para dizê-lo com Badiou, ao nascimento do mundo. O amor espaço e tempo: uma forma de sensibilidade para se relacionar com outras e outros na reinvenção constante de um mundo sonhado, sempre em construção, provisório, esperançando com um mundo mais mundo para todas e todos.

Vale um esclarecimento. O fato de que aprendi a amar o povo nordestino nesta viagem não significa que não o amasse antes da viagem ou que não aprenderei a amá-lo diversamente em outras viagens. Significa que o tempo e as condições desta viagem propiciaram uma intimidade singular para a aparição do amor. Todos entregamos o espaço e o tempo que são condição do amor: meu deslocamento era talvez mais evidente, mas muita gente se deslocava para os encontros e se arriscava em condições ainda pouco seguras e muito incertas. E os encontros tinham hora marcada para começar, mas o relógio era rapidamente desatendido. O tempo das conversas era outro tempo; ninguém "precisava" estar aí, eram encontros voluntários, desejados, prazerosos. Dessa forma, entregue especial e temporalmente ao encontro, aprendi a amar diferentemente o povo nordestino, sendo essa diferença uma forma de intensidade, profundidade, espessura. E também aprendi a me sentir amado pelo povo nordestino, cada vez que sentia essa amorosidade infinita no acolhimento, na escuta, no oferecimento a um encontro inesperado, incerto e improvável tão singular e próprio dessa terra. De maneira que o povo nordestino não é apenas objeto da amorosidade; é também sua própria fonte, emanação, e o amor que me ensinou e ofereceu se expande a outras terras onde praticar uma pedagogia menina da pergunta. É um amor-vida, com vocação de amor-mundo. Surge da aprendizagem, pelo corpo, da amorosidade que alimenta uma pedagogia menina da pergunta popular, filosófica, sonhadora.

Há um exemplo que ilustra, sinto, o que estou querendo expressar. Estávamos em Angicos, terra do Curso de Alfabetização de 1963, coordenado por Paulo Freire, aquele que alfabetizou 300 adultos em 40 horas e foi um começo violento, ainda por recomeçar. Foi o sinal inicial, de Paulo Freire, para o Brasil e para o mundo, de que a educação pode começar um outro mundo mais justo, democrático, igualitário. Aquele dia de outubro, o sol rachava a terra; tínhamos visitado algumas escolas da cidade, o campus da UFERSA, o Centro de Cultura Popular Paulo Freire e conversado com quase todos os 15 adultos sobre viventes daquele curso. Um por um, com a ajuda de minha doutoranda angicana Carlineide Almeida, tínhamos visitado os sobreviventes do curso que estão ainda em Angicos. Foram visitas intensas, emocionadas, significativas. Uma delas foi a Paulo Alves, campesino, homem forte, sereno, franco, numa casa humilde, pequena, limpa, digna, de portas abertas… Conversamos um tempinho e entregamos a ele, como a todos os cursistas, um exemplar do recentemente lançado *Paulo Freire: um menino de 100 anos* (Kohan, 2021). Quando saíamos, Paulo nos perguntou quando eu iria embora de Angicos. Era uma segunda-feira, dia 11 de outubro de 2021. Falei que iria na quinta-feira, dia 14. Ele me perguntou: "Você poderia passar por aqui na quarta à noite?". Passei, claro. Era um pouco tarde, porque tínhamos várias tarefas a fazer. Carlineide, inclusive, até duvidou da pertinência de ir tão tarde, dados os hábitos locais de dormir cedo. Falei: "Vamos, se a luz estiver apagada, volvemos". O senhor Paulo estava sentado à porta nos esperando. Ele tinha lido boa parte do livro e queria nos dizer o que pensava dele. Ainda bem que fomos. Correspondemos a uma amorosidade incontestável, um gesto generoso, um convite genuíno a um novo encontro. O senhor Paulo nos ensinou uma amorosidade que é absolutamente fundante do ato educativo.

Essa amorosidade foi também inspiração para novos começos. A realidade educacional do interior de Rio Grande do Norte é muito dura.

Os efeitos da ditadura são sentidos no presente. Durante os exercícios de pedagogia menina percebemos práticas educativas muito distantes da própria inspiração freiriana. Uma pergunta com longa história não me abandonava durante a viagem: o que fazer? Depois de dar muitas voltas, pensamos que era necessário reinventar Paulo Freire justamente onde ele começou, e fizemos nascer a ideia da "alfabetização filosófica". Uma equipe do NEFI recriaria o curso de 1963 até chegarmos a um Plano Nacional de Alfabetização Filosófica! Muito ousado? Delirante? Sonhador? Depois de Angicos passamos por Caicó e Pau dos Ferros. Nesta última cidade, onde recriamos uma roda para comemorar o Dia do Professor, Maria Aparecida, coordenadora da 15ª Diretoria Regional de Ensino e Cultura de Rio Grande do Norte, quis sonhar junto e… pasmem: a alfabetização filosófica já começou! Em junho de 2022 uma equipe de 10 membros do NEFI realizamos uma primeira formação de 40 horas para 300 alfabetizadores de jovens e adultos como parte do Programa "Supera RN", dentro da Política de Superação do Analfabetismo do Estado do Rio Grande do Norte. Em setembro e outubro de 2022, Carlineide esteve acompanhando turmas alfabetizadoras em diversos municípios da região. Estamos esperando alguns apoios cúmplices para, em 2023, levar o sonho a Angicos e Caicó e novamente a Pau dos Ferros.

B Escola e corpo, sabores do saber

Uma segunda aprendizagem diz que o ato de educar não pode ser separado do corpo e, mais especificamente, de algumas ações que realizamos com o corpo, como tocar, abraçar, cheirar, degustar. Quero me deter um pouco neste último verbo, porque aprendi que educar é indissociável de comer, alimentar-se e toda uma série de práticas associadas: cozinhar, mas também plantar, acender, catar, colher, coletar, recolher, pescar, cozinhar, cozer, aquecer, temperar, apimentar, degustar, nutrir-se, devorar, experimentar, saborear e tantas outras ações (algumas bem menos apreciadas e aparentemente menos graciosas, como lavar a louça e pôr a mesa): educar adota outro significado quando está acompanhado da partilha de um prato de comida quente ou de frutas ou de pães feitos em casa. A comida na escola é partilhada, saboreada junto, faz parte de uma cerimônia coletiva.

Nesse sentido, aprendi a relacionar fortemente verbos relativos ao educar e ao se alimentar de diversas maneiras e em múltiplos sentidos: as cozinhas são uma parte principal da escola, e também fora da escola a comida oferecida nas rodas mais informais é uma parte importantíssima do encontro educativo; a comida que está nos armários das casas onde fui acolhido fez parte das boas-vindas; e aprende-se muito e tanto nas visitas às feiras e aos mercados; nas mesas compartilhadas antes ou após os círculos; nas hortas de escolas agrícolas e urbanas; na preparação e no lugar outorgado à comida nas festas em comunidades quilombolas; nas formas de buscar os alimentos oferecidos em escolas indígenas; no lugar dado aos alimentos nas salas de aula e nos lugares de encontro dos assentamento do MST; no espaço e tempo da alimentação nas creches comunitárias. E junto com a comida, fazem parte essencial da escola as cozinheiras!!! Que são quase sempre mulheres negras, bonitas, charmosas, sorridentes, talentosas, trabalhadoras, generosas, incansáveis...

A cena com alimentos que mais me impactou merece umas palavras singulares: era domingo, depois do meio-dia, numa cidadezinha muito pequena, distante umas duas ou três horas de carro de Feira de Santana, na Bahia. Tínhamos feito uma atividade a pedido de Adriana, professora de uma escola multisseriada. Ela nos perguntou se faríamos algo em Feira de Santana, e a convidamos a um encontro que faríamos no sábado na Escola Estadual José Ferreira Pinto de Feira. Ela respondeu que poderia ir, mas que, se ela fosse, só ela aproveitaria o encontro, e ela queria que as suas crianças também aproveitassem. Era mais uma amostra da amorosidade do povo nordestino: uma professora com um modesto salário, que precisa de três horas todos os dias para chegar à sua escola, importava-se muito mais com as crianças do que com ela própria. Como eu já tinha um compromisso num assentamento do MST em Santo Amaro na segunda-feira seguinte, só restou o domingo para lhe propor visitar a sua escola. Ela aceitou prontamente, e a Escola Municipal Maria Andiara da Silva Souza, de Barra de Jaguara, foi uma festa aquele domingo. Saímos cedo e chegamos à escola na metade da manhã. Éramos muitos, tantos que não cabíamos na escola. Fomos acolhidos com comida, muito abundante, feita especialmente, e depois andamos até a igreja ali pertinho. Tivemos uma manhã linda de apresentações culturais, poesia, baile, música e nossa roda de pedagogia menina com crianças e a comunidade na própria igreja. Depois, não faltaram, claro, algumas fotos e uma nova comida a nós oferecida. Tinha deixado o carro numa ruazinha em frente à escola, perto da igreja. Voltei andando e estava abrindo o carro e me preparando para sair quando um vizinho de uma casa em frente à escola vem até o carro e me entrega uma sacola cheia de acerolas, certamente de um pé de sua casa. Ele não me disse nada, só me entregou a sacola enorme, sorriu e voltou logo para sua casa. Eu só atentei para lhe devolver o sorriso e lhe agradecer, muito surpreendido. Não o reconheci. Muito provavelmente deve ter estado na roda de conversa na igreja, talvez fosse pai de alguma das crianças da escola, e foi uma forma de me agradecer pela visita. Conservo até agora a imagem do homem carregando o saco e vindo até mim com as acerolas do seu quintal. Não disse nada; só sorriu e me entregou o saco. Pareceu-me um gesto lindo e de generosidade pura por desnecessário, inesperado, incalculado. Dando-me muito, o melhor, o fruto que vem da própria terra e se colhe com as próprias mãos. Dava-me, assim, sua terra e seu tempo. Dava-se dessa forma ao visitante educador com um gesto propriamente educador: quem educa quem?

Que educar tem a ver com alimentar-se significa também que a escola é para muitas crianças (também professores e outros servidores) o lugar principal da comida ou o lugar da comida única ou principal, aquela que mais necessitamos, que nos nutre, energiza-nos, dá-nos sustento e substrato para a vida. Significa também que há muita amorosidade nas cozinhas das escolas públicas do Nordeste que visitei nesses meses e a comida é também importante pela amorosidade com que é preparada e oferecida. Significa também que o modo como nos relacionamos com a comida (na escola ou nos lugares onde educamos) tem impactos e efeitos educativos (ou contraeducativos). Significa que, na maneira como nos relacionamos com a comida, tecemos laços com amigas e amigos, dividimos segredos, compartilhamos sonhos, testemunhamos o amor (ou o desamor) pelo que fazemos e por aqueles com quem fazemos o que fazemos. E significa, por último, que há muito o que pensar, perguntar e sonhar no modo como nos relacionamos com o que comemos e com quem comemos o que comemos: o entre nós. Também em torno da comida podemos pensar em problemas políticos relacionados à nossa alimentação, como o aquecimento global, a fome, a contaminação do ar, a destruição dos rios e mares, a degradação da terra e tantos outros semelhantes. A comida é um prato cheio numa educação filosófica, nos mais diversos sentidos que as leitoras e os leitores queiram encontrar nesse prato.

c) Uma pedagogia menina da pergunta

É de se esperar que um educador ensine e que um educador viajante ensine viajando, ao longo do percurso de suas viagens. Quem sabe eu possa ter ensinado algumas coisas através da pedagogia menina da pergunta praticada nesta viagem. Mas devo dizer que aprendi muitíssimo em toda a viagem, e uma das aprendizagens principais da viagem tem a ver com a própria pedagogia menina da pergunta. A viagem permitiu-me aprender, entre tantas outras coisas, uma pedagogia menina da pergunta a partir do seu exercício. Não que fosse a primeira vez que a tivesse praticado ou que não tivesse sentido antes a sua força. Mas, em certo sentido, a pedagogia menina da pergunta encontrou uma forma própria, inédita e inusitada, que foi se mostrando na própria viagem.

O que é afinal a pedagogia menina da pergunta? Como defini-la ou, pelo menos, caracterizá-la? Para alguns, poderia ser uma metodologia praticada durante a viagem: uma forma didática. Para outros, uma inspiração. Para outros ainda, um princípio para sulear as práticas na viagem, para dar-lhes direção e sentido. Talvez alguém a caracterizaria como uma forma de vivenciar a relação pedagógica. Quiçá seja um pouco de cada uma dessas coisas. Paulo Freire, interrogado sobre seu método em Angicos, responde que não tinha método, mas o que sempre teve foi curiosidade e compromisso político "em face dos renegados, dos negados, dos proibidos de ler a palavra, relendo o mundo" (PELANDRÉ, 2014, p. 14). Disse também, nessa mesma entrevista, que cada educador é seu método. A pedagogia menina da pergunta talvez seja uma afirmação prática desse compromisso político numa forma pedagógica que vive e alimenta a curiosidade dos que a praticam.

Como quer que a concebamos, e ainda com um percurso muito longo por percorrer nesse sentido, a pedagogia menina da pergunta é ela mesma uma das aprendizagens principais da viagem: viajando, aprendi a senti-la, a conhecê-la, a pensá-la, a praticá-la, a problematizá-la, a saboreá-la, a pensar nela e a... amá-la. Foram mais de 200 rodas de conversa inventadas, exercitadas e compartilhadas no próprio percurso, e nelas aprendi, amorosamente e no seu exercício, uma forma de viver a pedagogia, da mão das perguntas, do perguntar e do se perguntar. Em alguma medida sou ou estou sendo uma pedagogia menina da pergunta: uma forma pedagógica que me habita e passou a ser inseparável dos modos em que habito a educação. Traçaremos algumas descobertas sobre elas a partir desta viagem.

Aprendi na viagem que a pedagogia menina da pergunta é uma forma amorosa de habitar a educação, que ela tem cores, terras, sabores, cheiros, abraços e, portanto, ela exige corpos que se encontrem com seus sentidos maximamente ativos e atentos. Aprendi também que ela exige uma presença de corpos, um tempo presente e um espaço propício e propiciado como um presente, um oferecimento, uma gratuidade; compreendi, também, que as perguntas e o perguntar requerem uma atenção especial de parte de educadores e educadoras. Por quê? Tentaremos, no que segue, escrever alguns caminhos possíveis que nos ajudem a entender alguns dos porquês que nutrem a atenção especial que requerem, justamente, as perguntas numa pedagogia menina da pergunta. Afinal, é uma pedagogia menina da *pergunta*. Ao que se atentar especialmente quando das perguntas e o perguntar?

Notemos, primeiramente, uma distinção: uma coisa são as perguntas, o substantivo, o produto, o resultado, o efeito, e outra, o perguntar, o verbo, o processo, o percurso, o caminhar. As perguntas são só o efeito de um processo complexo, o perguntar, e há muitas coisas que se pode fazer ao se encontrar com uma delas. Embora respondê-las seja uma mania de muitos docentes em muitas escolas, vale perceber que se trata apenas de uma dentre muitas outras opções. De fato, tendemos a responder a todas as perguntas quando talvez só umas poucas exijam e precisem serem respondidas. E ao responder a uma pergunta, podemos estar castrando uma curiosidade, como Paulo Freire (1985) sugere. É curioso: fazemos com as perguntas o que talvez seria mais interessante não fazer, e não fazemos com elas outras coisas que seria necessário fazer. Por exemplo, escutá-las com atenção, algo que, embora se trate de uma condição evidentemente necessária para depois se poder fazer algo de significativo com elas, é poucas vezes praticada, sobretudo com a atenção que requer toda pergunta numa roda de pedagogia menina. E para escutar uma pergunta precisamos nos dispor um tempo de escuta; é preciso então "inventar" um tempo suspenso, não corrido, devagar para que uma pergunta possa de fato chegar até nós. Impossível escutar uma pergunta com pressa ou preocupado com as horas do relógio.

Nesse sentido, posso afirmar que, na viagem das perguntas, aprendi a não fazer (quase) nunca a primeira opção (responder as perguntas) e a tentar fazer (quase) sempre que possível a segunda (escutá-las com atenção). O "quase" indica a sobrevivência da pergunta, e com ela uma ampliação do possível, ainda dentro das formas possíveis de relação com a pergunta: porque pode haver sentidos, em algum caso, para responder alguma pergunta, assim como também, em outro caso, para não escutar alguma outra com atenção. Mas essas são condições excepcionais, fora do "esperável" no exercício de uma pedagogia menina da pergunta.

Tirando esses casos, muitos dos meus esforços nas rodas de pedagogia eram tanto de não responder as perguntas que surgiam quanto de não deixar que elas fossem respondidas por quem quer que seja ao mesmo tempo que tentava convidar todas as pessoas a escutar com atenção as perguntas. A tendência em rodas pedagógicas a responder as perguntas é incrivelmente forte, imediata, impulsiva. As duas coisas não foram fáceis. Para "piorar" um pouco a situação, eu, como professor vindo de uma universidade pública do Rio de Janeiro, era quase sempre colocado nesse lugar de quem iria responder as perguntas, dar aula, trazer um saber importante, enfim, essas coisas que se esperam de um professor titular de uma universidade reconhecida.

Então, meu primeiro esforço era desfazer o lugar em que era colocado. Eis o ritmo desse desfazer: a não resposta perante a expectativa inicial gera surpresa; quem era esperado que falasse escuta; em vez de responder, pergunta; ecoa uma pergunta com outra pergunta; devolve a curiosidade; busca suspender o tempo de curiosidade aberto por uma pergunta antes que ele seja encerrado; convida a novas perguntas; novas perguntas surgem e aos poucos elas são lançadas sem a expectativa inicial; gradativamente, a roda se enche de perguntas, vindas de todas e todos os participantes; eis que, depois de algum tempo, a surpresa se torna encantamento pela possibilidade aberta de pensar juntos. O "algum tempo" é variável, claro, em quantidade e qualidade de tempo. As vezes as rodas são exercícios exigentes de uma paciência que não temos e precisamos inventar. Mas esse tempo chega. E, com ele, mais perguntas e outra relação com elas. E, a partir delas, pensamos. E brincamos, porque o tempo suspendido de uma pergunta se parece com o tempo de uma criança brincando: é um mesmo tempo perdido, de curiosidade, entrega, ensimesmamento, paixão, amorosidade.

Para além da separação entre perguntas e o perguntar, ainda temos a distinção entre perguntar e perguntar-se, que incorpora uma dimensão singular de sentido, porque, quando entra em ação o perguntar-se, o perguntar já não recai no fora de quem pergunta, senão no/a próprio/a perguntador/a. Nesse caso, em que o/a perguntador/a e o/a perguntado/a são comuns, o verbo reflexivo devém uma oportunidade singular para abrir o mundo interior de quem pergunta, e o que parecia tranquilo, fixo, confortável pode se abrir a um caminho de deslocamento aberto e sem rumo seguro. Agora já não é só o mundo que está em questão, mas também como nos relacionamos com ele e como o habitamos. Enquanto perguntar externa uma dúvida ou inquietação desde um lugar que pode estar ou ser de tranquilidade, perguntar-se pode levar a dúvida e a inquietação até o mais fundo de si. Quando o perguntar se torna um, já não habitaremos mais o mundo da mesma maneira que antes.

"Pode se abrir." "Pode estar." "Pode ser." "Pode levar." Abrir, estar, ser e levar. Verbos que uma pedagogia menina da pergunta conjuga. Porque ela abre, carrega e transporta. Permite ser o estar de uma maneira. O poder é de potência e de possibilidade. Não há certezas do que abre um perguntar-se, se é que algo abre. Ele é uma força, mas também uma latência: um caminho pode se abrir... no pensamento e na vida... ao se perguntar, descortinam-se outros possíveis e potências que habitam dentro e fora do pensamento, ou, para dizê-lo com outras palavras, na vida que atravessa o dentro e o fora do pensamento. Aprendi, nesta viagem, que a pedagogia menina da pergunta vive de descortinar novos possíveis e novas potências dentro e fora do pensamento daqueles que, perguntando, perguntamo-nos; aprendi também que se perguntar é uma forma de perder certo controle e certeza sobre nós mesmos, também é de se abrir a potências e possibilidades outras.

O que e por que perguntamos? Qual é a relação entre o perguntar e o saber? E entre perguntar-se e (não) saber-se? Perguntamo(-no)s o que não sabemos porque queremos sabê-lo? Ou perguntamo(-no)s o que já sabemos para que os outros saibam que o sabemos? Ou perguntamo(-no)s o que sabemos para deixar de sabê-lo? Ou perguntamo(-no)s o que não sabemos para continuar sem sabê-lo? O mundo que se abre com o perguntar(se) é infinito para percorrer um caminho entre o saber e o não saber, para não se fixar num saber e estar sempre a caminho do saber… e do não saber… entre um e outro…com outros… em movimento… do (não) saber ao (não) saber… de um parêntese a outro parêntese…

Talvez um exemplo possa nos ajudar a pensar. Estávamos na Cidade Evangélica dos Órfãos, em Bonança, Pernambuco. Dentre todas a perguntas, uma, de Mateus, um menino de 11 anos, chamou a nossa atenção. Já tinha passado boa parte do encontro, várias rodadas de perguntas, e ele pergunta: "Isso aqui é uma palestra ou uma palavra?". Naquele dia conversamos bastante sobre essa pergunta. Ele não entendia bem onde colocar o que estava acontecendo, que nome lhe dá. Entre os anfitriões, Reginaldo faz uma leitura interessante: ela teria a ver com as experiências escolar e religiosa do menino. Na escola, Mateus escuta "palestras", falas, dissertações de professoras e professores. Na igreja, ele escuta "a palavra", as mensagens dos pastores e líderes. Faz muito sentido essa leitura. Sobretudo porque mostra que estávamos fazendo algo que não cabia muito no que se faz na escola ou na igreja: perguntarmo-nos. Em outras palavras, o Mateus estava sugerindo que não tinha experiência nem palavra para nomear o nosso exercício.

Ao mesmo tempo, as rodas de uma pedagogia menina da pergunta me alertaram que tanto as perguntas como o perguntar podem ser exercitados de maneira autoritária, indesejável, controladora, ameaçadora: o perguntar como exercício de poder, controle ou intimidação; perguntar para mostrar quem de fato sabe ou pensa saber sobre algo; perguntar para demarcar territórios habitáveis e não habitáveis, campos restringidos de investigação ou limites explícitos à liberdade do pensamento; perguntar como intimidação, agressão ou ameaça. Aprendi, então, que não se trata simplesmente das perguntas e do perguntar(-se); que não é um "vivam as perguntas (ou o perguntar(-se))" e "morram as respostas (ou o responder(-se))", mas de se atentar para e cuidar dos sentidos que animam umas e outras e das formas como nos relacionamos com essas possibilidades e práticas.

Por isso, uma pedagogia menina da pergunta não propõe enaltecer ou consagrar, sacralizando um valor absoluto para as perguntas, o perguntar ou o perguntar-se: eles estão sempre situados, num contexto, sujeitos a uma multiplicidade de condições. A pedagogia menina da pergunta é um exercício tentativo, errante, tateante de fazer das perguntas e do perguntar(-se) formas amorosas de se relacionar consigo e com outras e outros na busca de problematizar o mundo compartilhado para abrir o mundo habitado e sonhar com novos mundos ainda por habitar e para encontrar formas amorosas, inquietas e infantis de compartilhar essas aberturas e os sonhos que nascem com elas.

D Uma filosofia alegre, ambulante e popular

A palavra filosofia tem aparecido relativamente pouco nesta escrita. Alguém poderia se surpreender, inclusive eu mesmo. Tenho escrito livros que começam e terminam com a filosofia, que estão dedicados a ela desde o início até o fim. Neles, ela aparece no título, no prefácio, em cada capítulo, nas conclusões, nas referências. Mostra-se onipresente. E aqui alguém poderia notar quase uma ausência ou, pelo menos, uma presença dissolvida, discreta. Um movimento pendular? Tenho dúvidas e pergunto-me sobre a maneira de entender esse movimento, como se eu mesmo estivesse fazendo parte desse movimento pendular. Não quero cair em leituras analíticas de uma relação pessoal com a filosofia nem simplificar algo que parece bastante complexo. Contudo, sinto que essa oscilação talvez mostre algo interessante para pensar que vai muito além de uma relação pessoal. Por isso, atrevo-me a compartilhar as palavras que seguem.

Por um lado, é verdade que na presente escrita a filosofia tem aparecido muito pouco, pelo menos explicitamente, enquanto palavra, conceito, dispositivo. Isso é uma consequência lógica de que ela também apareceu muito discretamente na viagem. Nem sequer está no nome da viagem. Por que não apareceu? Os motivos são diversos. Alguns são externos: a palavra "filosofia" em alguns casos afasta, em outros desorienta ou distrai, e, finalmente, em alguns pode dar pistas falsas sobre os encontros propostos. Em outro sentido, devo confessar que talvez eu me sinta um pouco cansado da palavra "filosofia", ou de alguns dos seus usos e da forma como ela, afinal, vem sendo maltratada por seus inimigos e até por alguns que dizem defendê-la. Assim, nossa relação acaba sendo afetada, e isso também pesa, querendo ou não, na hora de dar nome a uma atividade. Acabo às vezes por "esquecê-la", sem querer. E é verdade que ela não só não aparece no título da viagem que esta escrita narra, mas também não aparece no nome da pedagogia praticada e ela pouco tem sido pronunciada nos exercícios realizados, a não ser quando ela era explicitamente chamada pelos meus anfitriões. Talvez deva dar mais atenção e cuidado a esse distanciamento com a filosofia.

Ao mesmo tempo, junto a certa distância, sinto que essa espécie de varredeira operada nela pode significar mais uma ressignificação do que um abandono: em parte porque não há como abandonar o que nos faz ser o que estamos sendo e o que está em nós por constituinte e condição; por outra parte, porque a filosofia é uma dessas coisas que sempre encontra um lugar, mesmo quando ela não é percebida: ela não precisa ser chamada ou nomeada para se fazer presente. A sensação é de que a filosofia está presente onde estejamos, lisonjeada, ignorada, festejada, combatida, em qualquer forma de relação que estabeleçamos com ela. E sinto que a viagem teve muito de filosofia, ainda que ela tenha mostrado um perfil baixo e quase que aparecesse distraída e ocasionalmente em cena. Por último, sinto que também aprendi, durante a viagem, bastante de filosofia, e inclusive de novas relações com essa senhora chamada filosofia; uma filosofia que, como uma vez me disse uma menina numa escola pública em Bari, Itália, foi inventada por uma senhora que não queria esquecer que tinha sido uma criança. A mais justa história que já ouvi sobre a invenção da filosofia: ela foi inventada para não esquecermos que somos infância.

Algo semelhante Giuseppe Ferraro (2022) sugere quando afirma que a filosofia não se ensina, mas que se pode ensinar com ela. Ou que ela é um saber sem conteúdo, um saber sentimental das ligações, relações, laços sociais. A filosofia não seria algo que se faz, se pratica ou se aplica, mas um espaço e um tempo em que se pode estar: não fazemos filosofia com, para ou entre crianças, mas estamos em filosofia com elas (porque elas de fato já estão na filosofia). De modo que talvez eu tenha estado durante toda a viagem na filosofia mesmo sem nomeá-la, como as crianças que estão na filosofia sem que seus professores tomem nota; por isso, esta viagem poderia ter sido nomeada como uma "viagem na filosofia", tanto quanto foi chamada de "viagem nas perguntas". Ou "viagem numa filosofia infantil" para reunir as duas. Ou talvez a filosofia não precise ser nomeada porque ela está incluída nas duas palavras do título como uma dimensão afirmada nos exercícios de pedagogia menina: na viagem e nas perguntas.

Aparecem então algumas roupas, vestidos, formas em que a senhora se tem mostrado nesta viagem, porque, é notório, a filosofia na qual viajei é apenas uma dentre muitas, e essa filosofia viajante pode parecer para alguns por momentos até deselegante, desajeitada, despreparada, como perdendo a compostura e propriedade que lhe são habitualmente outorgadas e confundindo-se com outras senhoras que costumava ver de longe ou de cima para baixo. Ela se esquece de nomes e endereços e se põe a andar à escuta das perguntas que a movimentem. Quer escutar a todas e todos. Como diz Giuseppe, dá escuta, no sentido de oferecer a possibilidade a quem fala de se escutar a si mesmo na escuta do outro (Ferraro, 2022). Conversa. Privilegia a atenção e o cuidado. Mantém suspendido o tempo de sempre: o presente. Detém-se em gestos imperceptíveis. Alimenta-se, como (quase) sempre da força de uma pergunta. Pergunta-se. Torna-se pergunta.

Essa filosofia tem recebido apelidos, nomes, adjetivos. Como (quase) sempre, também ali há uma disputa de sentidos. Alguns a chamam de filosofia popular. Popular de povo, da terra, dos sentidos (Durán; Kohan, 2018). Assim mostra sua sensibilidade, sempre presente, mas às vezes desatendida ou maquiada, para, como diria Paulo Freire, estar junto "dos renegados, dos negados, dos proibidos de ler a palavra, relendo o mundo" (Pelandré, 2014, p. 14). Como se ela pudesse tirar, de uma nomeada, um rastro altivo com que alguns a tem querido sempre apresentar. É verdade: ela viaja para escutar e escuta a todas e todos por igual. Não mede idades, gêneros, etnias, classes. Dá escuta, sobretudo, aos que falam baixo, aos que habitualmente não são escutados, aos que, alguns pensam, nada têm a dizer.

Ambulante, itinerante, perambulante, errante, nômade, peregrina, deambulante, viajante são alguns outros nomes que ela tem recebido. É verdade, com todos os matizes que cada nome apresenta, eles têm em comum uma marca indelével da filosofia que me acompanhou na viagem: essa senhora não se estaciona. Sai dos lugares cômodos. Anda. Desloca-se. Transita. Pergunta. Mexe-se. Pergunta-se. Volta a perguntar. A se perguntar. Caminha. Outra vez. Acorda cedo, com o sol. Dorme tarde, com as estrelas. Durante o dia, movimenta-se. O movimento parece, por momentos, cíclico. Por outros, espiralado. Talvez seja uma combinação de diferentes movimentos. Não anda em linha reta. Nem sempre avança. Ao contrário, parece muitas vezes dar voltas sem sair do lugar. Outras, retrocede, volta e refaz o caminho.

A filosofia acompanhou-me, durante a viagem, sorrindo. Ela sorri viajando. Muito. Sobretudo, sorri. Não para de sorrir. É verdade: talvez as perguntas, o perguntar-se e o movimento nos corpos sorridentes das e dos perguntantes a façam sorrir mais do que outras coisas. Da mesma forma a regozija o brincar de uma criança. Ela parece mesmo estar alegre. Sinto algo mais do que uma sensação ou sentimento. Sinto, na forma como a filosofia tem me acompanhado durante a viagem, um afeto, uma afetividade, uma força afetiva. Uma alegria de viver contagiante. Uma paixão que traz vida. Ainda perante a miséria e as dores, na falta de alimento e na terra castigada, parece não se cansar de sorrir e de afirmar uma potência de vida alegre, que se manifesta a cada passo, num abraço, numa mão estendida, na possibilidade de um novo encontro.

A senhora filosofia viaja com alegria e, também, com certa obstinação. Ela é determinada. Não desiste. Insiste. Resiste. Persiste. Quando um caminho fecha-se, busca um outro, alternativo. Ou abre um caminho diferente, provisório, arriscado. Ela parece mesmo precária, frágil, exposta. Ao mesmo tempo, expressa-se com vivacidade. Afirma gestos próprios. Canta. Recita. Uma melodia singela. Canta e sorri. Dança. Às vezes desajeitada e sem muito ritmo. Não importa. O ritmo vem com a música. O importante é cantar, dançar, comemorar a vida, ali onde ela se expressa na sua inteireza e profundidade.

Assim, a filosofia apareceu finalmente nesta escrita. Mostrando uma vez mais sua força: peregrina, popular, dançarina. Filosofia deambulante, terrena, cantarina. Rindo-se de muitos. Em primeiro lugar, dos que a pretendem deixar enclausurada. Em segundo lugar, de si mesma e dos que a escrevemos e habitamos. Salve, filosofia. Obrigado pela sua companhia. Pela sua escuta, seu cuidado e sua atenção. Pelo seu sorriso. Estamos juntos, errantes, pequenos, malabaristas. Estamos juntos, mesmo que não sobrem as palavras.

E A força infinita da infância

Como sempre, deixamos a infância para o fim. Não porque com ela termine algo, ao contrário, pela sua força de mostrar que, ainda quando algo parece terminar, pode estar acolhendo e afirmando começos. Pela força geradora e gerativa da infância. A infância, meninice, acompanha-nos desde os inícios. Não podia faltar numa viagem menina ou numa viagem de pedagogia menina. De quantas e quais maneiras tem nos acompanhado e se manifestado a infância durante a viagem? Haveria muitas maneiras de pensar (com) essa pergunta: olhando para as pegadas que aparecem nos testemunhos das e dos anfitriões; nas marcas deixadas pelas diferentes infâncias encontradas durante a viagem; nos registros de infantes cronológicos e não cronológicos nas rodas de conversa, alguns dos quais aparecem, também, nos textos dos anfitriões; nas novas perguntas e nos novos sonhos escutados e inventados durante a viagem…

A infância aparece nas minhas lembranças cada vez que uma criança durante a viagem volta a atenção para si mesma e se relaciona com aquilo que a rodeia de um jeito inesperado. Cada vez que uma criança devém muitas outras coisas e toda vez que tantas coisas nos inspiram devires-criança. Lembro-me de um sonho impossível surgido durante a viagem. Estávamos em Eusébio, na periferia de Fortaleza. Foi o sonho que inspirou o título deste livro. Uma criança toca, olha, chama, respira, pergunta e se pergunta. Com ela, perguntamo-nos por outros possíveis e também por outros impossíveis. Uma criança sonha, como Lara, em Eusébio, um sonho em que caibam todos os sonhos. E, com seu sonho, todos sonhamos mais infantilmente. É um sonho impossível, claro, e com ele uma criança nos lembra que a pedagogia exige afirmar o impossível.

Já que estamos afirmando infâncias, talvez seja interessante nos remetermos ao começo da viagem. No município de Serra estive muito próximo da educação infantil e da infância, das pessoas que cuidam dela e das pessoas de todas as idades que a habitam. Nayara Santos Perovano, que trabalha na Secretaria de Educação Infantil do município, percebeu da seguinte forma a infância afirmada durante minha passagem pelos centros de educação infantil de Serra (o testemunho completo está na parte anterior): "uma infância que cria, inventa, imagina, que é cheia de curiosidades, é caótica, indagadora, uma infância que nos tira do lugar, uma infância amorosa, uma infância livre dos contornos engessados e preestabelecidos…".

Muitas dessas notas apareceram já de diversas formas e com outras palavras amigas na presente escrita. Os primeiros verbos – "criar", "inventar", "imaginar" – são próprios de um registro afirmativo da infância por demais transitado aqui, rememorando aquela criança nietzschiana que é, na verdade, metamorfose do espírito e, com ela, uma possibilidade para qualquer ser humano de afirmar a vida na sua potência criativa frente às forças negativas e destrutivas. Ela refere esse dizer sim do brincar, de uma roda que gira sobre si mesma, de um novo início, de uma afirmação incondicionada da vida. Aparece também, no testemunho de Nayara, a curiosidade que associamos à pergunta e ao perguntar(-se) que muitas crianças habitam com tanta tranquilidade e firmeza.

A infância aparece no testemunho da Nayara com outras notas que já indagamos, como uma amorosidade e uma aptidão para nos tirarmos do lugar, para nos pormos em movimento, para nos sacudirmos e desestacionarmos. O que permite também perceber e apresentar a ela mesma como "livre dos contornos engessados e preestabelecidos". Mais uma vez, a infância é percebida em movimento. Finalmente, uma nota da própria indagadora, o que parece também um desprendimento esperável de sua curiosidade.

Por fim, aparece também, nesse testemunho, uma palavra inquietante e destacável pela singularidade. Não temos registro dela até aqui. A infância é apresentada por Nayara como caótica, no meio de uma série de outras atribuições. A infância é provocadora de caos. Caosificadora e caosificante. Propiciadora, produtora de caos, qual seja, de uma profundidade insondável, que escapa às pretensões de captura. Inquieta e desobediente da ordem, das hierarquias, dos arranjos prefixados, dos esquemas e das estruturas, a infância adora uma balbúrdia: desarruma, bagunça, desordena, atrapalha e perturba. Essa infância tem me acompanhado durante toda a viagem.

Para terminar... sonhando

Estava revisando esta escrita num dia em que participava de uma aula do Programa de Mestrado em Filosofia para Crianças da Universidade dos Açores, coordenado pela professora Magda Carvalho. Era uma aula de fim de semestre, e os estudantes apresentavam seus trabalhos de conclusão de um seminário de escrita. Nesse mestrado, as aulas acontecem por Zoom – desde antes, até, da pandemia –, e os alunos estão em lugares tão distantes quanto Brasil, Chile, Açores, Peru, Portugal continental. A aula tinha sido particularmente estimulante, com as apresentações de Sandra e Leo. Era a vez de David, e ele fez uma brincadeira: apresentou uma série de afirmações sobre a filosofia que tinham sido feitas por crianças ou filósofos e pediu que identificássemos a única dentre elas que pertencia a um filósofo; ou seja, todas as frases, menos uma, eram de crianças. As frases eram todas muito boas, e a graça do exercício é que é mesmo muito difícil de acertar: todas as frases pareciam de uma criança e também de um filósofo, ou seja, uma criança e um filósofo são indiscerníveis quando escrevem sobre a filosofia (e talvez não só). A brincadeira, ainda antes do mistério do filósofo escondido entre crianças ser revelado, me fez pensar que a filosofia é mesmo um estado de infância. E a infância, um tempo de filosofia.

A brincadeira continuou, e o David revelou o mistério. Vejamos a frase que efetivamente resultou ser de um filósofo (e não de uma criança): "A filosofia é saudade (nostalgia)… o desejo de se sentir em casa em qualquer parte". A frase foi apresentada como de uma menina chamada Li, mas corresponde de fato a Novalis, filósofo alemão de fins do século XVIII. É uma frase muito sugestiva, especialmente para quem, como eu, está pensando na viagem da pedagogia menina. Senti que com essa frase poderia terminar este livro, pois ela descreve, quase como eu teria gostado, minha relação com a filosofia na viagem aqui narrada. A filosofia aparece novamente com a força da saudade. Não saudade da filosofia, mas a filosofia como uma forma de saudade. A filosofia como uma viagem. Como um desejo, em viagem, de encontrar a casa em cada lugar. Sinto saudade da viagem, de todas as casas que encontrei em cada lugar. Não poderia terminar de melhor forma o livro, por obra de amigos viajantes: encontrando a casa, as e os que me acolheram nas suas casas, na viagem. Sentindo-me viajando em casa, assim como me sentia em casa viajando. Assim foi esta viagem. Por isso dá saudades.

Não foi a única frase extraordinária das que apresentou David, e, sendo de um filósofo, e não de uma criança, melhor acompanhá-la de outras frases de crianças dessa turma do David. Por exemplo, a de Clara, que disse que "A experiência da filosofia é estar, a maior parte do tempo, a dizer 'não sei'". É realmente muito boa. Adoro o "a maior parte do tempo". Porque Clara percebe, com a luminosidade que vem do seu nome, que não se pode dizer sempre "não sei". Mas também percebe que a filosofia está muito mais próxima do não saber que do saber. Ou a de Afonso, que disse que a experiência da filosofia "é uma 'sensação de divagar'. Falamos sobre algo relacionado que se afasta: começa-se num assunto e acaba-se noutro…". Afonso mostra o movimento que decanta da filosofia, o vagabundear, deambular, que ela provoca. Ou ainda o Balta, que disse que "Onde quer que estamos, estamos sempre em filosofia. A filosofia faz parte das minhas brincadeiras que são feitas na mente com coisas incompreensíveis". Fantástica frase do Balta, que aprendeu a brincar com as coisas incompreensíveis e a sentir-se sempre à vontade nessas brincadeiras.

Não sabendo, divagando, estamos sempre em filosofia e infância, brincando com coisas incompreensíveis. Lembro-me do sonho de Lara: um mundo onde caibam todos os sonhos. Um sonho impossível numa viagem para não saber; uma viagem para divagar; uma viagem para não deixar de sonhar com coisas incompreensíveis. Uma viagem infantilmente pedagógica e filosófica. Uma viagem para divagar enquanto não sabemos diante do incompreensível. Uma viagem real, verdadeira, de amorosidade esperançante.

Enquanto terminava de revisar as provas do livro, ainda respirando aliviado pela vitória de Lula no segundo turno das eleições, me topei nas redes sociais com um vídeo de Ariano Suassuna[1] que, além de me fazer rir, muito, permite perceber um sentido profundo da viagem e do Brasil. Ariano, com a sua habitual lucidez bem-humorada, mostra o que o Nordeste tem para ensinar ao sudeste e ao Brasil, e os perigos de uma visão superficial do mundo e do ser humano. E lembra de Machado de Assis que dizia que no Brasil existem dois países diferentes: o país social e o país real. Ariano interpreta que o país social é o nosso, o dos privilegiados, e o país real é o do povo. Machado afirma que o país real é bom, revela os melhores instintos, mas o país social é caricato e burlesco. Felizmente, no segundo turno das eleições venceu o Brasil real. E foi esse Brasil que encontrei na viagem. Um Brasil para seguir sonhando. Assim, este livro só pode terminar como começou, infantilmente: sonhando sonhos impossíveis, como que o Brasil social aprenda do Brasil real e que o Brasil real seja um mundo de justiça, amorosidade e liberdade. Um livro, como uma viagem, de sonhos impossíveis.

---

[1] Disponível em: https://bit.ly/3TbaI5k. Acesso em: 4 nov. 2022.

Referências

AMORIM, Celeste Dias; CESTARI, Luiz Artur dos Santos. Discursos ambientalistas no campo educacional. *Revista Eletrônica do Mestrado em Educação Ambiental*, v. 30, n. 1, p. 4-22, 2013.

BARBOSA, Maria Carmem Silveira; HORN, Maria da Graça Souza. Organização do espaço e do tempo na escola infantil. In: CRAIDY, Maria; KAERCHER, Gládis Elise P. da Silva (Orgs.). *Educação infantil: pra que te quero?*. Porto Alegre: Artmed, 2001. p. 67-79.

BARROS, Manoel de. *Memórias inventadas: as infâncias de Manoel de Barros*. São Paulo: Planeta do Brasil, 2008.

BIESTA, Gert. *Para além da aprendizagem: educação democrática para um futuro humano*. Belo Horizonte: Autêntica, 2013.

BRAYNER, Flavio Henrique Albert. "Paulofreireanismo": instituindo uma teologia laica?. *Revista Brasileira de Educação* [on-line], v. 22, n. 70, p. 851-872, jul.-set. 2017. Disponível em: http://bit.ly/3DCFH4v. Acesso em: 3 fev. 2022.

CESTARI, Luiz Artur dos S. Um pensamento pedagógico emergente das práticas educativas como humanização e diferença. *Conjectura: Filosofia e Educação*, Caxias do Sul, v. 25, p. 1-23, 2020.

DELEUZE, Gilles. *Conversações*. Rio de Janeiro: Editora 34, 1992.

DELEUZE, Gilles; GUATTARI, F. *O que é a filosofia?*. Rio de Janeiro: Editora 34, 1997.

DERRIDA, Jacques. *Anne Dufourmantelle convida Jacques Derrida a falar da hospitalidade*. São Paulo: Escuta, 2003.

DURÁN, Maximiliano; KOHAN, Walter Omar. *Manifesto por uma escola filosófica popular*. Rio de Janeiro: NEFI, 2018. Disponível em: filoeduc.org/editora. Acesso em: 15 out. 2022.

FERRARO, Giuseppe. *A escola dos sentimentos*. Rio de Janeiro: NEFI, 2018. Disponível em: filoeduc.org/editora. Acesso em: 15 out. 2022.

FERRARO, Giuseppe. *Crianças em filosofia*. Rio de Janeiro: NEFI, 2022. Disponível em: filoeduc.org/editora. Acesso em: 15 out. 2022.

FREIRE, Paulo. *Pedagogia do oprimido*. 31. ed. Rio de Janeiro: Paz e Terra, 1974.

FREIRE, Paulo. [São Paulo: s.n.], 1985.1 vídeo (54min 37s). Publicado pelo canal TV UNICAMP. Disponível em: https://bit.ly/3Uc74cL. Acesso em: 15 out 2022.

FREIRE, Paulo. *Pedagogia da indignação: cartas pedagógicas e outros escritos*. São Paulo: Editora UNESP, 2000.

FREIRE, Paulo. *À sombra desta mangueira*. 11. ed. Rio de Janeiro: Paz e Terra, 2015.

FREIRE, Paulo. *Pedagogia da autonomia: saberes necessários à prática educativa*. 67 ed. Rio de Janeiro; São Paulo: Paz e Terra, 2021.

FREIRE, Paulo; FAUNDEZ, Antonio. *Por uma pedagogia da pergunta*. 11. ed. Rio de Janeiro: Paz e Terra, 2021.

FREIRE, Paulo; HORTON, Myles. *O caminho se faz caminhando*. Petrópolis: Vozes, 2018.

KOHAN, Walter Omar. *Infância, estrangeiridade e ignorância: ensaios de filosofia e educação*. Belo Horizonte: Autêntica, 2007.

KOHAN, Walter Omar. Infância e filosofia. In: SARMENTO, Manuel; GOUVEA, Maria Cristina Soares de (Orgs.). *Estudos da infância: educação e práticas sociais*. Petrópolis: Vozes, 2008. p. 40-61.

KOHAN, Walter; BORBA, Siomara (Orgs.). *Filosofia, aprendizagem, experiência*. Belo Horizonte: Autêntica: 2008.

KOHAN, Walter Omar. *O mestre inventor: relatos de um viajante educador*. Belo Horizonte: Autêntica, 2015.

KOHAN, Walter Omar. *Paulo Freire mais do que nunca: uma biografia filosófica*. Belo Horizonte: Vestígio, 2019.

KOHAN, Walter Omar. Tempos da escola em tempo de pandemia e necropolítica. *Práxis Educativa*, v. 15, p. 1-9, 23 jun. 2020. Disponível em: http://bit.ly/3NCWGbm. Acesso em: 8 jan. 2021.

KOHAN, Walter Omar. *Paulo Freire: um menino de 100 anos*. Rio de Janeiro: NEFI, 2021. Disponível em filoeduc.org/editora. Acesso em: 12 out. 2022.

MEDEIROS, Shirlene Santos Mafra. *Memórias e identidade social da formação docente em Rio de Contas-BA, nas décadas de 1920 a 1960: reminiscências das educadoras e educadores da cátedra à universidade*. 2016. 337 f. Tese (Doutorado em Memória: Linguagem e Sociedade) – Universidade Estadual do Sudoeste da Bahia, 2016.

NANCY, Jean-Luc. *El intruso*. Buenos Aires: Amorrortu, 2006.

PELANDRÉ, Nilcéa Lemos. Entrevista com Paulo Freire. *Eja em debate,* Florianópolis, a. 3, n. 4, jul. 2014, p. 13-27.

RANCIÈRE, Jacques. *O mestre ignorante: cinco lições sobre a emancipação intelectual.* 3. ed. Belo Horizonte: Autêntica, 2020.

RANCIÈRE, Jacques. *O ódio à democracia.* São Paulo: Boitempo, 2014.

RILKE, Rainer Maria. *Rilke: cartas a um jovem poeta.* Porto Alegre: L&PM, 2013.

VEIGA, Edson. Paulo Freire: Como é visto no exterior e legado do educador brasileiro. *UOL Educação,* 12 jan. 2019. Disponível em: http://bit.ly/3U7tgEY. Acesso em: 8 fev. 2022.

Este livro foi composto com tipografia Adobe Garamond Pro e impresso em papel Off-White 80 g/m² na Formato Artes Gráficas.